U0754548

勤奋积累 造就人生

蔡福金 著

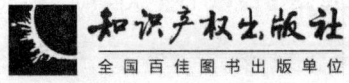

知识产权出版社
全国百佳图书出版单位

内容提要

本书分励志、经济、企业、文化、为政五个篇章进行阐述。全书53篇大部分是作者几十年积累的比较有份量有价值的讲稿、发表的文章。有人生感悟、成功诀窍、经验集粹、商道精华、人物评价、学术新论等。如对提升个人事业竞争力、人生成功八字方针,对提升地区经济竞争力、加强企业战略管理、企业如何做大做强,对书画家、书画产业如何正确发展等,都有深入的分析和独到的见解,不乏新思路、新经验、新观点。

责任编辑:赵 军 **责任出版:**卢运霞

图书在版编目(CIP)数据

勤奋积累,造就人生/蔡福金著. --北京:知识产权出版社,2013.9
ISBN 978-7-5130-2350-4

Ⅰ.①勤… Ⅱ.①蔡… Ⅲ.①社会科学—文集 Ⅳ.①C53

中国版本图书馆 CIP 数据核字(2013)第 236980 号

勤奋积累 造就人生

QINFEN JILEI ZAOJIU RENSHENG

蔡福金 著

出版发行:知识产权出版社

社 址:北京市海淀区马甸南村 1 号		邮 编:100088	
网 址:http://www.ipph.cn		邮 箱:zhaojun99668@126.com	
发行电话:010-82000893 82000860 转 8101		发行传真:010-82000893	
责编电话:010-82000860 转 8127		责编邮箱:zhaojun@cnipr.com	
印 刷:保定市中画美凯印刷有限公司		经 销:新华书店及相关销售网点	
开 本:787mm×1092mm 1/16		印 张:18.75	
版 次:2014 年 1 月第 1 版		印 次:2014 年 1 月第 1 次印刷	
字 数:300 千字		定 价:48.00 元	

ISBN 978-7-5130-2350-4

2001 年 6 月刘延东（时任中央社会主义学院党组书记、中央统战部常务副部长）与作者（院党组成员、副院长）在校园合影

2000 年 6 月出席在开罗举行的《埃中文化交流研讨会》

2008 年 12 月应邀在石家庄《燕赵讲坛》演讲：如何提升个人事业发展的竞争力

1998 年 2 月出席在美国纽约、华盛顿、洛杉矶举行的《海峡两岸和平统一学术研讨会》，其间在白宫前留影

1999 年 12 月主持召开《中华文化与二十一世纪学术研讨会》

2000 年 7 月应邀出席在香港举行的《香港回归祖国三周年文艺晚会》

2008 年 1 月在《亚太投融资经济年会暨高峰论坛》演讲: 如何提升企业的核心竞争力

2008 年 9 月在《改革开放三十周年暨中国改革与发展高峰论坛》演讲: 如何加强企业战略管理

2009 年 10 月在《中国百位杰出女民营企业家》首发式暨颁奖大会上演讲: 中国女企业家的五个特点

与夫人卞秀珍在北京颐和园合影

作者在办公室

（二〇〇六）

（一九九八）

（一九九五）

（一九八一）

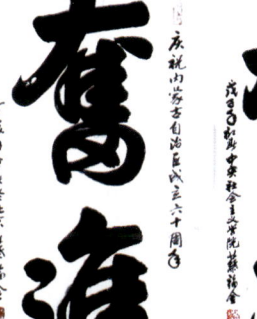

（二〇〇六）

（二〇〇八）

（二〇〇九）

（二〇一一）

(10|1)

(100|6)

(10|1)

(10|1)

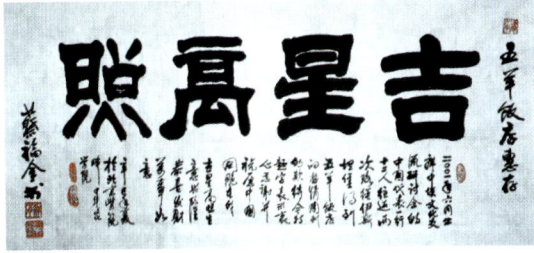

(100|1)

(10|1)

(10|1)

(10|1)

目　　录

代序 ……………………………………………………… 赵宝敏 1

励志篇

青年人应当如何思考和把握人生的意义
　　——在北京某部队院校给全校师生的演讲 ……………… 9

如何提升个人事业发展的竞争力
　　——在石家庄《燕赵讲坛》的演讲 ……………………… 18

领导干部驾驭经济社会发展全局应当具备的基本素质、
基本能力和工作作风
　　——在北京大学"县域经济与社会事业发展高级研修班"的讲课
提纲 …………………………………………………………… 30

企业家应当成为慈善家
　　——《北京闽商》2013 年北京福建商会成立十周年特刊 ………… 36

人生应当有所作为
　　——《小草》歌词之我见 ………………………………… 39

事业的良师　家庭的益友
　　——《中国青年报》征文稿 ……………………………… 41

基础与份量
　　——回忆莆田六中初中生活对我人生的影响 …………… 44

人生事业的奠基石

    ——有感于莆田一中高中生活对我人生事业的影响 ……………… 47

经济篇

今后十年是我国企业发展的黄金时期

    ——在福建省莆田市北京商会迎春联谊会上的致辞 …………… 55

中国 GDP 总量何时超过美国

    ——兼谈我国经济快速发展能持续多长时间 ……………… 58

为共和国进入"超英赶美"时代而振奋 ……………… 64

如何提升地区经济的核心竞争力

    ——在云南省昭通市水富县"经济论坛"上的演讲 ……………… 67

实施项目带动战略,提升地区经济发展的核心竞争力

    ——在厦门市翔安区"经济发展论坛"上的演讲 …………… 72

学习邓小平关于发展非公有制经济的重要论述 ……………… 77

蔡福金:对莆田商会、莆田企业和妈祖文化的几点建议 … 86

关于建设社会主义新农村的若干问题

    ——在中央党校社会主义新农村专题培训班的讲课 ……… 93

国际金融危机的影响和我们应当如何正确应对

    ——给北京莆田一中校友会全体校友的演讲 …………… 102

从国际金融危机看企业传播策略

    ——在第十九届北京企业媒体沙龙上的发言 …………… 106

品牌评价与品牌建设

    ——在第三届中华电子品牌排行榜颁奖盛典暨高峰论坛上的

演讲 …………………………………………………… 109

抓住机遇,迎接挑战

    ——在"诚信中国高峰论坛"上的演讲 …………… 111

推进政府管理创新,提高驾驭经济社会发展能力

——在"北京大学政府管理交流中心成立暨中国地方政府服务

创新研究体系启动仪式"上的致辞 ············· 115

共同探讨应对当今复杂的金融形势

——在"两岸三地金融高峰论坛暨鑫鹏基投资公司开业仪式"

上的致辞 ············· 117

学习邓小平关于"先富"和"共同富裕"的重要论述 ········ 119

企 业 篇

谈谈中国私营企业发展的若干问题

——在辽宁省社会主义学院举办的"中日中小企业发展研讨

会"上的发言 ············· 129

如何加强企业战略管理

——在"赢在中国高峰论坛"上的演讲 ············· 136

中国女企业家的五个特点

——在《中国百位杰出女企业家》首发式暨颁奖大会上的演讲 ··· 145

军工企业发展民品必须处理好五种关系 ············· 147

企业做大做强应当把握"六大要素"

——在山西大同考察时的讲话 ············· 153

对企业坚持"两个文明"一起抓的探索 ············· 155

企业如何加强党的制度建设 ············· 162

解决热点问题 疏通思想疙瘩

——企业开展形势教育的做法和体会 ············· 165

论疏导与心理 ············· 172

论职工队伍管理教育的六种手段 ············· 177

论管人管事管思想 ············· 183

论军转民与观念转变 ············· 188

文化篇

书画家、书画产业应当如何正确发展
　　——在"全国诗书画大赛颁奖典礼"上的演讲 ………… 197

多出精品,多出人才,创新发展中国书画艺术
　　——在"中国专家学者协会书画创作研究院成立揭牌仪式暨新闻
　　发布会"上的演讲 ………… 204

妈祖文化进京的重要意义以及如何在北京传播妈祖文化
　　——在"2011'首届妈祖文化(北京)论坛"上的发言 ………… 206

妈祖精神对中国当代精神文明建设的积极影响和作用
　　——在"纪念妈祖信俗申遗成功三周年暨妈祖文化专家访谈会"
　　上的专家访谈 ………… 210

关公文化的当代价值
　　——在湖北省当阳市"玉泉寺关庙落成开光庆典"上的讲话 ……… 215

关于拓展文化品牌亮点的建议
　　——在石家庄市委宣传部召开的"《燕赵讲坛》名师座谈会"上的
　　发言 ………… 219

推动全民健身运动,弘扬中华优秀传统文化
　　——首届中国(河北)民间传统健身大赛开幕词 ………… 221

为什么中国不经过资本主义社会发展阶段就建立社会
主义社会 ………… 222

关于树立社会主义荣辱观的几个重要问题
　　——在北京大学马克思主义学院党建高级研修班的讲稿 ……… 230

论"无私奉献"与"按劳分配" ………… 244

人皮鼓与康熙严惩贪官的传说 ………… 250

谈谈电影《南拳王》中的虎门销烟 ………… 252

为政篇

社会主义学院应当有哪些特色 ……………………………… 257

对加强非公有制经济代表人士培训工作的几点思考 …… 264

中华文化学院是怎样成立的 ……………………………… 271

中华文化学院首次举办海外班的基本情况和体会 ……… 276

中华文化学院以海外培训交流为主开展全新的工作 …… 279

后记 ………………………………………………… 蔡福金 285

代　序

记者按：

　　在采访之前，早已听闻蔡教授的学识和口才，殊不知见面后，还有更让人吃惊的地方，那就是他的活力四射和超前思维，也许正是这种积极向上的生活态度，才让这位年近古稀的老人，看上去好像年轻了 20 岁。

蔡福金：勤奋积累，造就人生

记者　赵宝敏

　　蔡福金，1941 年出生，福建莆田人，正厅级。历任航天部三院团委书记，导弹总装厂政治部主任、党委副书记（兼纪委书记），中央社会主义学院副教务长、秘书长、党组成员、副院长等职务。他是邓小平理论研究学者，又是民营企业研究专家；他的书法圆润苍劲，自成一体，他的国画得过大奖；他讲课旁征博引，引人入胜，他学富五车，桃李满天下；他有艺术的儒雅，又有商道的精明；他不仅有为数众多的名誉、头衔、社会职务，更有渊博的知识和充沛的精力。当有人问他人生感悟时，他说："四个字：勤奋、积累。"

邓小平理论研究学者

　　蔡福金是一名 60 年代无线电工程专业毕业的大学生，却成了邓小平理论研究学者，这是什么原因呢？蔡福金给我们做了解答。原来，他大学毕业后，被分配到航天部，由于文章写得好，画儿画得不错，组织上让他改行做政治工作。他深知，隔行如隔山，改行后唯一的出路，就是从零开始，重新学习。他如饥似渴地刻苦学政治，学理论，学写作，不脱产学习电大中文专业，又获取一个大专文凭；后来又讲团课，又讲党课；还经常主持会议，或组织干部、党员、青年学习培训，给他们讲课辅导。他几十年坚持不懈，长期积累，打下了扎实的政治理论功底，练就了良好的口才，提高了文字工作能力。早在三十多岁时就在坐满2300多人的礼堂里作过理论学习辅导，在《北京日报》发表8000多字的人物通讯，受到领导和职工的好评。

《邓小平文选》出版发行后，他在几年时间里，反复阅读三卷《邓小平文选》和有关理论书籍，从《邓小平文选》中摘录一百多条重要的观点和论述，进行分类比较、分析、研究。从此，他与邓小平理论研究结下了不解之缘。他在中央社会主义学院工作期间，社会主义学院的丰厚资源更是给他的理论研究提供了一片沃土。他把学习研究邓小平理论的体会，总结写成文章，发表了《改革是第二次革命》《学习邓小平关于发展非公有制经济的重要论述》《对加强非公有制经济代表人士培训工作的几点思考》等多篇论文。其中：《对加强非公有制经济代表人士培训工作的几点思考》被选入《中国改革丛书——世纪论典》《学习邓小平关于发展非公有制经济的重要论述》被选入中央党校《邓小平理论研究文库》，并被国家教育部选定为全国高校课程《邓小平理论概论》的主要参考文献。

近几年，他用邓小平理论和科学发展观作指导，拓宽了研究的领域。比如：对市场经济的规律，地区经济的发展，新时期对领导干部基本素质、基本能力的要求，人才成功规律等，进行了诸多研究。近年来，在云南昭通、厦门翔安的经济论坛上发表《如何提升地区经济发展的核心竞争力》的演讲，在当地引起强烈的反响。应邀在石家庄《燕赵讲坛》、在全市范围演讲《如何提升个人事业发展的竞争力》，受到热烈欢迎，全场鼓掌二十几次。最近在北京大学"县域经济与社会事业发展高级研修班"上讲《领导干部驾驭经济社会发展全局应当具备的基本素质、基本能力和工作作风》的课程，深受干部学员的欢迎。在北京某部队院校给全校师生演讲《青年人应当如何思考和把握人生的意义》，有针对性的观点和生动丰富的实例，不时穿插幽默的语言，引起全校师生一阵又一阵热烈的掌声。

民营企业研究专家

《邓小平文选》对非公有制经济发展有许多重要论述，这些理论把在国营大型军工企业工作多年的蔡福金引向另一个广阔的领域——民营企业研究。他在中央社会主义学院从 1993 年起主管民营企业培训，坚持多年从事民营企业管理方面的教学和研究，是有一定知名度和影响力的民营企业研究专家。他为企业"问诊""把脉"、咨询、指导，给 些民营企业当顾问，到民营企业辅导讲课，是名副其实的民营企业的"好大夫"。一些民营企业经营管理上出现问题，经他一针见血"诊断"，往往能很快找出症结，解决困惑和难题。这离不开他长时间的理论研究和执著探索。

蔡福金主编《当代民营企业家》，讲授《民营企业如何做实做强做大做久》《如何提升企业的核心竞争力》《如何加强企业的战略管理》《品牌运作发展的 12 条谋略》《面对国际金融危机和激烈的市场竞争，企业如何转型、调整、优化、升级》等近 20 个课题，在世界杰出华人财富大会、亚太投融资经济年会、中国品牌峰会、中国企业高层论坛、中国企业电子商务博览会、中国音乐高层论坛等，在北京人民大会堂、钓鱼台国宾馆、京西宾馆、全国政协礼堂等，在北京、天津、河北、山东、上海、福建、浙江、辽宁、吉林、河南、云南、湖北、江苏、四川等地给数万人讲课，深受欢迎。

长期刻苦学习、深入调研、积极探索、科学总结，使蔡福金在民营企业研究方面有了许多理论创新。如企业管理的"四大基石"，企业的"七大经营战略"，企业成功的"五大要素"，企业"一业为主，多元发展"的"四种模式"，企业稳健发展的"九条法则"，企业做强做大的"十五种方法"，市场营销的十八种模式、方法和技巧，特许加盟连锁经营的"一个公式"、"六个统一"、"七个步骤"等；尤其是他长期观察、研究、总结出来的企业管理架构"大厦"示意图，是企业管理研究方面的创新和突破。这个架构图既透彻明了，又简单好记。用这个架构图去观察繁烦庞杂的企业管理，就像X光机透视一样，一般企业存在的问题和弱点，可以做到一针见血、一目了然。蔡福金讲课，风趣幽默，深入浅出，层次清晰，逻辑性强，深受听众和企业界的欢迎，他被很多企业家认识和喜爱，成为他们的良师益友。

中央社会主义学院举办民营企业培训班，在全国产生了积极的重要影响。一是，这种班他们举办得早，在邓小平南巡讲话的第二年就开始办；二是，讲课内容针对性、操作性强，深受企业界的欢迎；三是，学员层次高，他们大多是由各省市、自治区推荐的著名民营企业，如新希望集团、新疆广汇集团、北京用友集团、福建万利达集团、贵州神奇制药、福建匹克集团、重庆力帆集团、福建恒安集团、福建七匹狼集团、天津宝成集团、浙江正泰集团、大连韩伟集团、广州香江集团等。

中华文化研究学者

蔡福金积极参与创办中华文化学院（与中央社会学院是"一个实体，两块牌子"），并于1997年1月成立，被任命为首任副院长。他常年组织港澳台和海外华人、学生学习中文、国画、书法、民族音乐和舞蹈等，为弘扬中华文化、促进祖国和平统一作出应有的努力。

谈起中华文化学院，蔡福金深有感情。他说："从成立学院的起因、起名、报批、成立我都参与其中。"他为中华文化学院的成立付出很多精力和心血。为了起名他绞尽脑汁；为了报批他不知起草了多少次报告；为了到国家教委办批件，他不知跑了多少趟做工作。他作为最主要的当事人、承办人，把这些历史过程总结写成文章——《中华文化学院是怎样成立的》，载入《中央社会主义学院成立 50 周年校庆纪念文集》。

蔡福金开创了中央社会主义学院历史上第一个海外班，并作为学者出访美国、埃及、中国香港等地进行中华文化的研究和交流，主编《中华文化简明读本》《文化与寻根——港澳台和海外华人华侨学者论中华文化》等书籍。发表《论中华文化与海峡两岸之和平统一》（合作）等文章。在"二十一世纪中华文化国际高峰论坛"上演讲《新时期弘扬发展中华文化应当把握五条原则》，与海内外 150 多位专家学者进行交流；在湖北当阳发表《关公文化的当代价值》的演讲，被一些刊物转载，引起学术界的重视。

书画家

蔡福金还是书画家，他发表国画《硕果》《松梅图》《高瞻远瞩》和书法《奋进》《雄风》《功在千秋》等多幅作品，他的书画作品被国内外机构、人士收藏。现为全国名人书画艺术界联合会副会长、中国花鸟画研修院顾问、中国山水画研修院顾问、中国专家学者协会书画创作研究院名誉院长、清新书画院名誉院长、《中华艺术家》杂志艺术顾问、《科技信息报》书画专家顾问等。

他自幼爱好书画，自学成才。多年来精心学习徐悲鸿、齐白石、李苦禅、吴作人、田世光、娄师白等名家的国画技艺，博取名家之长，形成自己的风格。蔡福金的国画，以小写意兼工笔为主，尤其擅长画松、画菊花等花鸟画。国画《报喜图》获中央直属机关系统书画大赛特等奖，选送中国美术馆展览。

书法方面，他长期学习研究舒同、启功、刘炳森等名家的书法技艺，尤其是专心学习研究清代皇帝乾隆的书法艺术，拍摄了乾隆书法艺术照片二百多张，进行观察、临摹、学习，逐步创作形成"乾隆体"榜书，笔墨厚实，刚劲有力，深受各界赞赏和市场认可（网上2009年2月售价3千元1尺），并应邀给许多企业、学校、报刊、网站题名、题词。有《中国书画网》《中国书画家网》《世界华人书画网》《中国书画交易网》《中国书画服务门户网》《中华文教网》《中国人物榜》《时代中国网》《和谐中国网》《蔡氏宗亲网》等多个网站播发他的书画作品。

谈到练习书法、作画的感受，蔡福金总结了三个步骤：观察、体悟、动笔。比如画菊花，要经常仔细观察各种菊花的形状和结构，要狠狠地观察，把它看到脑子里去，牢牢记住它，还要观察别人画的菊花；把两者结合起来，把菊花的形、神保存在大脑里，进行消化、体悟，反复琢磨；最后把消化好的"菊花"一笔一笔落在纸上。这样创作就容易成功。

爱观察、爱琢磨，长期积累的习惯成就了蔡福金的书法和绘画，也造就了他的事业和人生，他的姓名和业绩（作品）被编入：《中华名人大典》《中国专家大辞典》《中国书画家大辞典》《世界优秀华人教育专家名典》《中国专家学者辞典》《中国世纪专家传略》《二十一世纪杰出专家》《共和国专家成就博览》《二十一世纪人才库——中国专家人才卷》等。

"勤奋、积累"是蔡福金的座右铭，正如他自己所说的："做人，做事，做企业，做品牌，都不能只求一时一事，而要作为一个系统工程，长期乃至一辈子坚持不懈。"他的勤奋，他的多思，累积造就出一个多才多艺的人生。

励志篇

　　人生是宝贵的，但人生是短暂的，人生苦短！

　　人生应当有所作为，才活得有价值、有意义。青年人一开始就应当认真思考和把握人生的价值、人生的意义，立志成才。而且，我们都处在一个蒸蒸日上、百舸争游的伟大时代，大浪淘沙，每个人都应当锐意进取，力争上游，提高个人事业发展的竞争力，才不会被时代潮流所淘汰。领导干部要不断提高自身的基本素质、基本能力，养成良好的工作作风。企业家应当为社会、为人类多做善事，给人们留下美好的"记忆"，提高生命的价值量。

青年人应当如何思考和把握人生的意义

——在北京某部队院校给全校师生的演讲

（2009 年 7 月 18 日　北京）

今天应邀给大家讲一堂课，题目是：青年人应当如何思考和把握人生的意义。先讲两个故事，真人真事，真实的故事。

第一个故事，袁宝璟的故事。袁宝璟，辽宁省辽阳人，80 年代末大学本科金融专业毕业，分配到北京市大兴建设银行工作。不久结婚，有个女孩，结果因为那时工资太低生活困难，小两口老吵架只好离婚，妻子带走女儿。这使袁宝璟感到非常痛心，同时他悟出一个道理："世间什么最重要？钱最重要！这一切悲剧都是因为没有钱造成的。"于是，他下决心赚很多很多钱！摆地摊、做小买卖，赚了一些钱就搞小投资，几年功夫赚了几十万。他用这笔钱购买农科院的小麦杂交良种，租 300 亩地种，一年获利 500 多万；他开始炒股票，因为炒得早，又是学金融的，懂炒股技巧，几年赚了几千万。他开始办企业而且越做越大，开矿、到国外开油田，利润滚滚，资产上亿。结果他杀人了，被抓起来！

什么原因呢？因为他钱太多了，财大气粗，企业内外各有一个人老和他作对，他便花钱雇来凶手杀掉他们，一个被凶手当场开枪打死，另一个中了六枪，重残。雇凶杀人是死罪！他的第二任妻子带三岁的儿子去探监，哭成泪人。袁宝璟说：你不要哭，我有好多好多钱都交给你，我死后你把咱们的儿子培养成人，我在阴间也就安心了。他妻子说：我不要钱，我要你活！你给我钱，我全部都捐给国家，救你一条命！袁说：你知道我有多少钱吗？有495亿！（当时可能是地地道道的全国首富！）结果他妻子把495亿钱全部捐给国家，他的死罪变成"死缓"，但是到了第二年，2006年11月，袁宝璟仍然被执行了死刑。

第二个故事，霍英东的故事。大家知道，霍英东是大企业家、大实业家、大慈善家，全国政协副主席。他去世前，把子女、亲朋好友、媒体记者请到跟前说：我这辈子自己给自己打分，可以打120分以上，因为我是实业家、政治家、慈善家。

以上两个例子形成鲜明对照：袁宝璟，事业发展到高峰却走向犯罪，给人民、社会、家庭造成严重损害，人生的下场可悲！而霍英东，是辉煌的一生，灿烂的一生，圆满的一生！

从这里，我们大家应当认真思考一个问题：人的一生究竟应当如何度过？人的一生究竟应当如何生活才有意义、才有价值？

为了说明这个问题，我们必须弄清四点：

第一点，首先必须认清时代

认清我们当今所处什么样的时代。毛泽东所处的时代是半殖民地半封建的时代，因此必须推翻"三座大山"，建立新中国。我们当今所处的时代是：实现中华民族复兴的伟大时代，是中国在世界和平崛起的伟大时代！这是有根据的。2006年底，中国GDP（国民生产总值）世界第四，美国第一，日本第二，德国第三，中国第四，英国第五。现在，中国商品走向世界，中国资本走向世界，中国劳动力、智力走向世界，中国工程走向世界，中国文化走向世界，许多国家纷纷举办中国文化节、中国文化年，成立孔子学院等。因此，我在2006年《世界华人财富大会》上演讲时说："胡锦涛总书记率领我们走向世界!"引起全场的热烈掌声。

我们正处在中华民族伟大复兴的伟大时代,中国在世界和平崛起的时代!中国超英赶美的时代!这是看得见摸得着的,实实在在的。2006年底我国GDP超过英国,世界第四。什么时候超过美国呢?专家预测,大约2030年中国GDP将超过美国,成为世界第一大经济体!到那时,世界货币将有三种:美元、欧元、人民币。

因此,可以说:我们正处在中华民族伟大复兴的时代,也是青年人大显身手、施展才华、大展宏图、大有作为的时代!孔子说:三十而立,四十而不惑。再过20年,中国GDP将超过美国。到那时在座的各位才刚刚40岁,"不惑之年",是大有可为的年龄!那么,现在就应该好好学习、好好准备着,将来好大干一场、大展宏图!

第二点,明确价值、明确人生的价值

什么叫"价值"?价值,是指一个物品内在的品质。用货币表示的价值,叫价格。人活得有没有价值?霍英东活得很有价值,他的一生打分,打120分以上。

什么是人生的价值?我认为,作为一般人,人的一生只要对社会、对人民有用、有作为、有贡献,就有价值。当然,综观世人,对社会对人民有用、有作为,大概可分为三种:大用、中用、小用(大作为、中等作为、一般作为)。毛泽东是人民的大救星,"校园网"推出中国历史"十大伟人",说:"毛泽东是近代革命的巨人,巨人中的巨人";邓小平是改革开放的总设计师。这都是人生伟大作为的最典型代表。还有,比如袁隆平,杂交水稻之父,可以每年增产7000万斤,身价100多亿人民币;比如阿里巴巴老总马云,2007年5月8日比尔盖茨说,下一个"比尔盖茨"就是中国的马云;汶川大地震中,女警察用乳汁救活婴儿等。这些都是对社会对人民有作为有贡献的,这就是人生的价值。可以看出来,人生对社会的作为、对人民的贡献确实有大、中、小之分。

第三点，做到四个"树立"

要使人的一生能有较大的作为、较大的贡献，那就必须长期坚持、长期积累、全面发展，做到四个"树立"：有理想、有道德、有文化、有纪律。这好像是老话，其实这是人生起步的奠基石，人才成长的方向盘；这四者很有哲理、很有逻辑，而且是互相关联的。不要把这四个"树立"看得太政治化、太口号化了，要尽可能实在一些，尽可能切合实际有用。

第一个"树立"，有理想

一般都说，树立共产主义理想，这个提法没有错。我觉得，应当更实在一些。理想，实际上就是人生的定位定向，人的一生从模糊走向清晰。简单说，"理想"就是：你将来想干什么，要达到什么目标？比如同学们定的目标：当工程师、高级工程师、高级技师，优秀白领、公务员；或者当民营企业家，资产达 100 万、1000 万、上亿！或者当教师、教授等，是很具体的。

如何树立呢？（1）目标要切实可行，看得见、摸得着，实实在在。（2）要不断鼓舞自己为达到理想目标而不懈奋斗。

这个理想目标如何选择定位呢？我总结一个定位公式：

理想目标定位=个人资源优势+社会需求=事业成功

其中，个人资源优势=个人天赋+后天学习+整合外部资源

举个例子。你看，毛泽东所处的中国是半殖民地半封建的黑暗社会，迫切需要拯救 4 万万苦难同胞，这是"社会需求"；而毛泽东又具有突出的个人资源优势，是伟大的政治家、军事家、理论家，他领导全党、全国人民推翻"三座大山"，建立了新中国；同时也造就了人民的大救星、伟人毛泽东！这就是：社会需求+个人资源优势=事业成功。当然是他率领全党、全国人民长期艰苦奋斗的结果。

再举一个例子,演艺界有一位很出名的明星,她搞艺术是一流的,但办企业就缺乏企业管理的资源优势,不仅企业亏损,自己还带手铐进了牢房。虽然有"社会需求",但她缺乏"企业管理的资源优势",必然失败。

第二个"树立",有道德

山西常家大院有一副有名的对联:

拥林千亩眼底苍浪方悟种树若种德
存书万卷笔下瀚海才知做文如做人

多么深刻,多么精辟!这幅对联说明一个真理:做事先做人,做人先"种德"。

道德是什么?道德是人们对一个人的言行总的评价。群众评价这个人是高尚、还是缺德;这个人是个好人,这个人差劲、不守信用等。袁宝璟,君子爱财取之有道,但他最缺德的是雇凶杀人,毁了几个家,造成严重的社会后果。

道德,是管全面的,管终身的。具体分为职业道德、家庭道德、婚姻道德、社会公德、商业道德等。

第三个"树立",有文化

文化,包括基础知识、专业知识、社会知识等。人的一生应当尽可能使自己的文化知识做到"渊"和"博"。知识就是力量!人有智商、健商、情商等。我觉得,智商是第一位的。我国解放战争三大战役,两军对垒,人民解放军打败了蒋介石的800万军队,说到底,是毛泽东和蒋介石的智力较量。历史事实证明:毛泽东的智商远远超过蒋介石!

怎么来的高智商呢?智商=先天+后天。毛泽东天赋好,加上勤奋学习,必然智慧过人。他是伟大的政治家、军事家、理论家,又是思想家、哲学家、史学家、诗人、书法家等。他在日理万机的战争年代，仍然坚持不停地学习。这种孜孜不倦学习知识的精神，确实值得我们年轻人好好学习。

第四个"树立"，有纪律

毛泽东说，青年时期最重要的两条：一条是学习，一条是纪律。青年人成功的前提是这两条，失败的原因也是这两条。忘记学习，违反纪律，成不了人才。袁宝璟智商不低，有人说他是个商业天才，可是违犯法纪，毁了他！

人生要成功，一定要树立法纪观念，一定要在法律、纪律允许的范围内施展才华、发挥你的聪明才智，必然会越干越好。一定要遵纪守法、遵守一切规章制度。这是人生事业成功、人生安全的最基本保证。对企业来说，企业安全是第一；对人生来说，人生安全也是第一的。这是大的安全观。

第四点，人生成功的八字方针

十年树木，百年树人。人的一生，就像盖大楼一块砖一块砖地盖上去，一开始就要把基础打好。人的一生如何才能成功？有人说是四大要素：配偶、恩师、平台、机遇。我不太同意这种观点。因为这些都是客观因素，人生成功关键是主观因素，这是决定因素。

我归纳了人才成功的八字方针。强调主观因素要坚持八个字：

第一字，正。正派，做正派的人，办正派的事。讲正气，一身正气。一辈子不搞歪的、斜的。主持正义，以正克邪，相信正义终将战胜邪恶。一辈子走得正、做得正。公众对胡耀邦的评价是：一身正气，一生正气。

第二字，勇。勇气、勇敢、大胆。大胆追求人生的理想目标，百折而不挠。尤其是在困难、危险、危机的情况下，能够鼓起勇气战胜困难，大胆地去夺取胜利。这方面要学习伟人毛泽东那种革命的勇气和胆略。到革命最困难的时候也丝毫不动摇，他始终相信

"星星之火，可以燎原"，始终坚持艰苦卓绝的斗争，领导全党、全国人民终于推翻了"三座大山"，建立了新中国。还要学习伟人邓小平，他人生三起三落，从不气馁，从不灰心，终能领导全党全国人民实现改革开放，才有今天中国走向繁荣富强。所以，我们对自己确定的正确的奋斗目标，一定要勇敢、大胆地去奋斗、去实现，不达目标决不罢休。要始终做到三个"坚"：坚定而不动摇，坚强而不懦弱，坚韧而不脆弱。

第三字，严。对自己一定要严格要求，要严格再严格，从不放松，从不懈怠。严守法纪，严守承诺，还要严守时间。工作作风、办事、说话力求严谨。一辈子"严"字当头。这样长期坚持严格要求自己，不仅能有效地打造自己、提升自己的素质，而且会影响家庭、子女和周围的人，养成一种好的作风，形成一种好的风气。

第四字，善。要与人为善，千万不要恶。在当今处处讲竞争的社会环境下，强调"善"字特别有意义。要善待竞争对手，善待朋友，善待家人，善待民众，善待社会，多做善事，绝不做恶事。"善"能净化灵魂。"善"者得道，得道多助。"厚德载物"就是这个道理。因此，在激烈的市场竞争中，一定要讲职业道德、商业道德和社会公德，千万不要"恶"。那些做假药、假酒、假烟、假货的人，如果有一点真正的善心、讲一点良心道德的话，这些假冒伪劣现象，就能得到有效的遏制。俗话说："怒从心头起，恶自胆中生。"如果能有真正的"善"心，就能去除"恶"念、"邪"念，可以避免许多恶性事件、刑事案件的发生。袁宝璟个人资产达到 495 亿，可以说是当时中国的首富，结果面对对手，"恶"字当头，雇凶杀人，一条半人命，毁了别人，也毁了自己，还毁了几个家庭，给人民、给社会造成严重危害。

第五字，勤。一生要勤奋、勤劳、勤快，从不懒惰、懒散、偷懒。应当做到"六勤"：

（1）脑勤：要多思，经常思考分析问题。

（2）眼勤：要多学，多看，多观察，眼观六路。

（3）耳勤：要多听，倾听各种不同意见，耳听八方。

（4）手勤：要多动手，多写、多记，资料要多输入电脑。

（5）嘴勤：要多问，不懂就问，不耻下问。还要多宣传。

（6）腿勤：要多深入实际，多到实地看看，多了解实际情况。

能做到"六勤"，就可以不断接受新事物，了解新情况，保持清醒的头脑，提高个人的本领和基本素质。

第六字，学。一辈子坚持学习，干一行学一行，活到老学到老。当今是知识经济的时代，知识会转化为经济，经济离不开知识。因此，必须与时俱进，坚持学习，不断学习新知识、新技术、新理论、新观点、新理念、新方法、新经验，才能不断提高竞争力。

应当如何学呢？（1）必须抓住重点学，特别要集中学习那些与提高个人素质和竞争力有关的知识，大概有三四种知识必须长期坚持学好：与个人职业、事业有关的基础知识、专业知识，尤其是前沿理论、前沿专业知识；与本岗位系统有关的资料信息，尤其是前沿信息；党和国家的方针政策以及对本岗位系统的方针政策；个人健康、保健知识等。（2）必须制定学习计划，制定一年、三年或五年的学习计划，并坚持实现之。（3）必须坚持做学习笔记。

第七字，积。就是积累。积累对人生事业的发展极为重要，而往往被人们所忽视。有些人对自己从事的事业或工作往往是"东一榔头，西一棒子"，或者像"狗熊掰棒子，掰了一个扔一个"，不懂得如何积累，不能长期坚持积累，他的素质水平就提不高。

积累是提高个人资源优势和竞争力的重要途径和方法。知识要积累，技术要积累，创新创造要积累，工作经验要积累，社会关系资源要积累，个人知名度、影响力要积累等。要积累就要做有心人，从现在开始积累，不间断地积累，长期积累，才会有效果。科学家搞研究，工程师搞设计，作家写小说，收藏家搞收藏，书画家作书画，艺术家搞表演等，都是一次又一次地下功夫，一次又一次地积累，一点一滴、一步一步地积累，积少成多，最后量变转为质变，才能出成果。一开始就想一口吃成一个胖子，那是不可能的。

第八字，康。就是身体健康。要竞争，要熬夜，要拼搏，要东奔西跑，要艰苦奋斗，都必须要有健康的身体和充沛的精力。

归纳起来，青年人应当如何正确思考和把握人生的真正意义呢？那就是今天讲的4句话16个字：**认清时代、明确价值、四个"树立"、八字方针**。做到这4句话16个字，人生必定过得有价值、有意义！

同学们，你们现在正处在国家发展的黄金时期、个人成长的黄金年龄段，是长身体、长知识、长志气的关键时期！本人衷心祝愿在座的各位青年人珍惜当今伟大时代、珍惜人生、珍惜青春、珍惜宝贵时光，努力学习，健康成长，为中华民族的伟大复兴作出应有的贡献！

如何提升个人事业发展的竞争力

——在石家庄《燕赵讲坛》的演讲

（2008 年 12 月 6 日　河北石家庄）

一、为什么当今要特别强调提升竞争力

一讲竞争，有的人就感到害怕，有的人感到紧张，有的人觉得太过分了，最好不要竞争，大家过太平日子。其实，这些观念是保守、消极的，应当加以转变。那么，为什么当今要特别强调提升竞争力呢？讲五条理由：

第一、这是由时代特征和市场经济规律决定的。当今中国是什么时代？是以社会主义经济建设为中心的时代，这里的经济就是社会主义市场经济。我国改革的目标是建立健全社会主义市场经济体制。而市场经济的规律就是竞争。

第二、究竟什么是竞争？竞争就是力争上游，鼓励先进，鞭策落后，淘汰落后。竞争就是打破"大锅饭"、打破平均主义，调动各方面的积极性。历史事实早已证明：那种"干不干一个样，干好干坏一个样"的状况，对自己、对集体、对社会都是很有害的。竞争是通过市场这只无形的手合理地调配各种生产要素，提高劳动生产率，生产物美价廉的产品，满足人们的需求，从而淘汰落后的产品、落后的技术、落后的企业、落后的生产力。竞争的结果是优胜劣汰。

所以，竞争能够出技术、出人才、出成果、出效益。竞争能够推动企业发展、经济发展、社会发展、促进社会生产力的发展。落后必然淘汰，落后必然挨打。这是事实、是历史，也是真理。中国改革开放 30 年，实行社会主义市场经济，鼓励竞争，取得举世瞩目的巨大成就，就是有力的例证。

因此，作为当今社会的每一个人都要正确认识竞争，都要大胆迎接竞争、适应竞争，从容应对竞争，并在竞争中力争上游，取得胜利。不要害怕竞争、逃避竞争，让竞争所淘汰。

第三、当然我们所说的竞争是合法竞争、正当竞争，反对不正当竞争，取缔非法竞争。国家专门颁布了《反对不正当竞争法》，还制订了规范市场竞争的一系列法规。因此，竞争必须遵纪守法，遵守竞争的规则。竞争要讲职业道德、商业道德和社会公德。各级政府及有关市场管理、产品质量、安全、卫生、防疫等各个部门对竞争都要加强监管。"三鹿奶粉"事件就是一个违犯市场竞争法规、违反商业道德、祸害百姓的典型事例。

第四、竞争成败的根本原因是竞争力问题。现在企业讲竞争力，事业也讲竞争力。全球名牌大学公布排行榜，全国大医院公布排行榜。地区讲竞争力，国家也讲竞争力。地区竞争力提升了、经济上去了，就能带动该地区百姓富起来，造福一方百姓。2008 年全球国家竞争力报告发布，中国的竞争力已从全球的第 34 位提升到第 30 位，竞争力排在最前列的国家是美国、瑞士、丹麦、瑞典等。胡锦涛总书记、温家宝总理多次强调，要提升我们国家的核心竞争力，是非常英明正确的。

实际上，个人事业的发展也有竞争力问题。这是一个非常重要的问题，它对一个人的成长、个人智慧的充分发挥、人生价值的充分实现，以及对整个国民素质的提高，对我们整个国家国际竞争力的提升，都具有重要的意义。但是，至今还有相当多的人不知道：究竟什么是个人事业发展的竞争力？以及如何提升个人事业发展的竞争力？因此，他们往往在"盲目"和"随意"中遭到挫折，或竞争失利，或事业失败，造成不必要的损失。

第五、战争年代要研究战争，市场经济的年代要研究竞争，尤其要下功夫研究竞争力以及如何提升竞争力。只有提升竞争力，才能实现可持续发展。所以，全面提升全国企业的竞争力，提升地区经济的竞争力，提升个人事业发展的竞争力，提高国民的基本素质，提升中华民族的综合素质，实现人才强国战略，对提升我们国家的国际竞争力，实现我们中华民族的伟大复兴，意义何等之重大。

二、什么是竞争力、核心竞争力和个人事业发展的竞争力

1. 什么是竞争力。竞争力是指在市场或社会上的竞争能力。

2. 什么是核心竞争力。核心竞争力，是当今社会一个非常重要的概念，有企业核心竞争力、国家核心竞争力等。胡锦涛总书记2007 年在"嫦娥一号"庆功大会上强调指出："只有把发展的基点放在自主创新上，才能真正提升国家的核心竞争力。"后来，在"神舟七号"庆功大会上他又一次强调这个问题。说明，核心竞争力这个概念非常重要，我们应当很好地加以理解。

什么是核心竞争力？核心竞争力是指诸多竞争力中的核心部分，称核心竞争力。什么是企业核心竞争力？企业核心竞争力是指企业在长期经营过程中形成的、不容易被竞争对手仿效的、能带来超额利润的独特能力。企业核心竞争力有 4 个特性：（1）稀缺性；（2）难以替代性；（3）难以模仿性；（4）独特的市场竞争性。

我国理论界对企业核心竞争力还有两种理解：

第一种理解，认为企业核心竞争力是获取客户和用户资源的能力。有人说，核心竞争力是核心技术，但是只有吸引顾客的技术才有用。这种理解，认为企业核心竞争力是指企业在市场终端的独特竞争能力。

第二种理解，认为企业核心竞争力是对企业内部资源和外部资源的整合能力。整合能力越强，企业核心竞争力就越强。这种理解，认为企业核心竞争力是由企业内外两种资源整合而来的。

这两种理解都是正确的：第一种讲的是"果"，讲企业核心竞争力在市场终端表现的结果。第二种讲的是"因"，讲企业核心竞争力的来源，是从企业内部和外部两种资源整合而来的。这种理解对我们理解个人事业发展竞争力有重要的借鉴意义。以上这两种理解都是对的，只是理解的侧重面不同。

3. 什么是个人事业发展的竞争力？个人事业发展的竞争力，是指个人事业发展过程中逐步形成的竞争能力，包括个人事业发展的竞争优势和个人事业在社会或市场中表现出来的综合竞争能力。

三、如何提升个人事业发展的竞争力

这是本文的主题，要展开讲四点，也可以说是四个步骤。

第一、必须找准个人资源的真正优势

这里的个人资源，包括先天资源和后天资源、现在资源和潜在资源。个人的这种资源可能有一个或若干个，但必须是与周围同类人群的比较优势。一般人这种资源有一种，或两种，有的人可能有几种资源，比如伟人毛泽东。最近大学校园网推出中国历史"十大伟人，我们崇拜"的栏目，介绍中国历史上的十大伟人：毛泽东、邓小平、周恩来、孔子、秦始皇、屈原、孙中山、鲁迅、宋庆龄、梁启超。毛泽东就有几种个人资源优势，他雄才伟略，"校园网"上说："毛泽东是近代革命的巨人，巨人中的巨人。"毛泽东的个人资源优势：他是伟大的政治家、军事家、理论家，这是最主要的，同时又是思想家、哲学家、史学家、诗人、书法家等。

个人资源是多一些好，还是少一些好？这不一定。这里的关键是两个字：精、深。比如著名演员王刚，他先是播音员、主持人；后来当演员，表演出色，成了"和珅专业户"；再后来，因为他一贯

喜爱收藏，又做了收藏栏目主持人。他个人的几种资源优势都发挥得很好。著名歌唱家宋祖英，就是唱歌，其他项目如演电视剧、当主持人等一概拒绝，她就是发挥一种资源优势——唱歌，成了当今最红的女歌唱家。可见，个人资源多也好，少也好，主要是求精、求深。

而且，个人真正的资源优势必须找准。找准了才能形成竞争力。要准确认定你的长项究竟是什么，这也不是一件容易的事，有的人往往找错。找的不准或找错了，不仅形不成竞争力，还往往造成不必要的损失，甚至造成不良的后果。举一个例子：大家知道，演艺界有一位很出名的明星，曾经得过"影后"的桂冠，说明她的演技是一流的。这是她的长项，她的资源优势。可是，后来她去办企业，搞服装、化妆品，还有房地产，搞得一塌糊涂。俗话说："隔行如隔山"，她既不懂企业管理，又不懂市场营销。结果，几年下来，不仅企业亏损倒闭，自己还触犯法律进了牢房。出来之后，她"回归主业"搞演艺，重新发挥自己的资源优势，她的个人事业又红火起来：既拍电视剧，往往演"女一号"，片约不断；又当制片人，又拍广告，每年收入一千多万。这种例子多得很。说明，找准自己的资源优势，找准自己的长项，何等之重要！个人资源优势找准了，就要抓住不放，千万不要放弃，管理学上叫做"主业不能丢"。"主业是命根子"。

第二、必须正确选择个人的职业或事业

（1）人生职业、事业定位定向的重要性。俗话说：女怕嫁错郎，男怕干错行。说明选择职业、事业多么重要，这实际上是人生职业、事业的定位定向问题。孔子说：三十而立，四十而不惑，五十而知天命，六十而耳顺，七十古来稀。三十而立，就是说人到三十岁就该立业、选择职业了，确立你一生的事业。这是距今2000多年前孔子说的话，现在"立业"的年龄大大提前了，一般到二十来岁的时候，就要考虑人生职业、事业的定位定向问题，初步确定你一生究竟做什么，大概能达到什么样的目标、能为社会作出什么样的贡献。这是确定人生事业、实现人生价值的大事。

（2）人生职业或事业选择、定位的两个公式。

第一个公式：人生职业、事业定位公式

人生职业、事业定位 = 个人资源优势 + 社会需求（市场需求）

公式右侧这两个要素，是人生职业、事业定位的必要因素，两者缺一不可。第一个要素，首先要明确你个人的资源优势是什么，上面已经讲了，你究竟有什么长项，究竟能干什么，有什么专业知识，有什么技能，有什么特长等。比如，你是学工商管理类专业的，社会活动能力强，你的就业定位方向，可以先干"市场营销"，将来再逐步锻炼提升。又如，你是学文史类专业的，口才好，你的就业定位方向，可以先去当教师，以后再逐步发展。第二个要素，就是要仔细分析当时的社会需求（市场需求）和潜在需求（发展态势），越是迫切需求又是有些人不大愿意去的地方（部门、单位、企业等）和岗位，越是有人的发展空间和好的发展前景。现在大学生毕业，纷纷到农村下基层，纷纷到边远地区就业，是实现这两个要素最佳结合的典型例子。

第二个公式：人生职业、事业目标定位公式

人生职业、事业目标定位 ≈ 个人事业发展竞争力

这里讲的是目标定位，你个人事业发展要达到什么样的目标？人生职业、事业发展的目标定位应当近似于个人事业发展的竞争力。因此，个人职业、事业发展的目标不要定的太低。定得太低，容易缺少奋斗动力；但也不要定得太高。定得太高，高不可攀，容易丧失信心。人生职业、事业目标定位应当与个人事业发展的竞争力基本上相匹配，恰如其份。这就进一步说明，个人事业发展竞争力的强弱对一个人的一生来说有多么重要，你的个人事业发展竞争力强，实现你的事业发展目标就可以高一些；否则，只能低一些。这样的目标定位，既有奋斗动力，又能够逐步达到，使自己的人生价值得

到很好的实现。

（3）人生职业、事业的定位定向可能有一次或几次，这往往是人生轨迹的大转折，一定要十分重视。要根据个人的资源优势（包括潜在优势）和社会职业的发展前景，进行充分的比较分析后加以确定。应注意三点：一要紧紧抓住面临的机遇，千万不要盲目地白白丢掉难得的发展良机；二不要搞错，千万不要选错职业、选错岗位、选错事业、走错道路；三要找几个知心朋友、有见识的人进行深入比较分析之后，作出慎重的决定。这里还要牢记两句话：

第一句，一定要做自己喜欢做而且是自己会做的事。

第二句，千万不要做那种虽然有某些诱惑但却是自己不会做的事。

第三、必须千方百计提高个人技术业务专长和综合素质

要提高个人事业发展的竞争力，关键是提高个人的技术专长和综合素质，两者缺一不可。一个人没有技术业务专长，往往没有竞争力；有的人一夜成名或一夜暴富，但很快垮掉了，原因是综合素质不行。俗话说：只要功夫深，铁杵磨成针。磨成针的必须是铁杵，如果是木杵，任你怎么磨也是磨不成针的，因为它不具备磨成针的基本素质。邓亚萍说："打乒乓球打的是球技，但是打到最后关键的时刻，打的却是个人的心理素质、综合素质。"说明，个人的技术业务专长和综合素质这两方面是缺一不可的，都必须下真功夫、下苦功夫，千方百计提高它，才能具有真正的个人事业发展竞争力。下面，先谈如何提升个人的技术业务专长：

（1）从事技术、研究、教学等工作的。第一，当今必须力争达到高学历、高学位、高职称，这是提高个人事业发展竞争力的硬件；第二，必须对自己的专业进行正确的定位定向；第三，必须千方百计打造自己的技术业务专长，一辈子刻苦努力、坚持不懈，你的技术业务越专越长，就越有竞争力。如果你的技术业务专长，能达到

上面所说的稀缺性、难以替代性、难以模仿性，那你就绝对具有极强的竞争性。例如，那些大画家的专长，徐悲鸿画马、齐白石画虾、黄胄画驴、李可染画牛、李苦禅画鹰、范曾画人物，他们经过一辈子的艰苦磨炼，达到了上述这种境界，不仅是稀缺性，甚至是"唯一性"！他们一幅画拍卖价几万、几十万、几百万，甚至几千万、上亿。摹仿的作品就不值钱了，一幅几百元。

（2）从事机关工作和服务行业的，也必须具有本岗位的基本技能和自己的业务特长，如综合分析能力、口头表达能力、文字工作能力、电脑操作能力、组织管理能力、外交公关能力、策划办事能力等。这些方面的能力越强就越有竞争力。

现在谈如何提高个人的综合素质。提高个人综合素质的方法，为了好记，把它归纳成八个字，叫"八字方针"。

上一篇《青年人应当如何思考和把握人生的意义》，在北京某部队院校的演讲，本人归纳了人生成功的八字方针。本人经过长期观察研究认为，只有坚持这八字方针，才能提高个人的综合素质；也只有坚持这八字方针，才能提高个人事业发展的竞争力，人生才能取得成功。两者是完全一致的。下面再一次谈谈这"八字方针"。

第一字，正。正派，做正派的人，办正派的事。讲正气，一身正气。一辈子不搞歪的、斜的。主持正义，以正克邪，相信正义终将战胜邪恶。一辈子走得正、做得正。公众对胡耀邦的评价是：一身正气，一生正气。

第二字，勇。勇气、勇敢、大胆。大胆追求人生的理想目标，百折而不挠。尤其是在困难、危险、危机的情况下，能够鼓起勇气战胜困难，大胆地去夺取胜利。这方面要学习伟人毛泽东那种革命的勇气和胆略。到革命最困难的时候也丝毫不动摇，他始终相信"星星之火，可以燎原"，始终坚持艰苦卓绝的斗争，领导全党、全国人民终于推翻了"三座大山"，建立了新中国。还要学习伟人邓小平，他人生三起三落，从不气馁，从不灰心，终能领导全党全国人民实现改革开放，才有今天中国走向繁荣富强。所以，我们对自己确定的正确的奋斗目标，一定要勇敢、大胆地去奋斗、去实现，不达目标决不罢休。要始终做到三个"坚"：坚定而不动摇，坚强而不懦弱，坚韧而不脆弱。

第三字，严。对自己一定要严格要求，要严格再严格，从不放松，从不懈怠。严守法纪，严守承诺，还要严守时间。工作作风、办事、说话力求严谨。一辈子"严"字当头。这样长期坚持严格要求自己，不仅能有效地打造自己、提升自己的素质，而且会影响家庭、子女和周围的人，养成一种好的作风，形成一种好的风气。

第四字，善。要与人为善，千万不要恶。在当今处处讲竞争的社会环境下，强调"善"字特别有意义。要善待竞争对手，善待朋友，善待家人，善待民众，善待社会，多做善事，绝不做恶事。"善"能净化灵魂。"善"者得道，得道多助。"厚德载物"就是这个道理。因此，在激烈的市场竞争中，一定要讲职业道德、商业道德和社会公德，千万不要"恶"。那些做假药、假酒、假烟、假货的人，如果有一点真正的善心、讲一点良心道德的话，这些假冒伪劣现象就能得到有效的遏制。俗话说："怒从心头起，恶自胆中生。"如果能有真正的"善"心，就能去除"恶"念、"邪"念，可以避免许多恶性事件、刑事案件的发生。有一个叫袁宝璟的企业老板，产业做的很大，个人资产达到495亿，可以说是当时中国的首富。结果面对对手，"恶"字当头，雇凶杀人：一条半人命，毁了别人，也毁了自己，还毁了几个家庭，给人民、给社会造成严重危害。

第五字，勤。一生要勤奋、勤劳、勤快，从不懒惰、懒散、偷懒。应当做到六勤：

（1）脑勤：要多思，经常思考分析问题。

（2）眼勤：要多学，多看，多观察，眼观六路。

（3）耳勤：要多听，倾听各种不同意见，耳听八方。

（4）手勤：要多动手，多写、多记，资料要多输入电脑。

（5）嘴勤：要多问，不懂就问，不耻下问。还要多宣传。

（6）腿勤：要多深入实际，多到实地看看，多了解实际情况。

能做到六勤，就可以不断接受新事物，了解新情况，保持清醒的头脑，提高个人的本领和基本素质。

第六字，学。一辈子坚持学习，干一行学一行，活到老学到老。当今是知识经济的时代，知识会转化为经济，经济离不开知识。因此，必须与时俱进，坚持学习，不断学习新知识、新技术、新理论、新观点、新理念、新方法、新经验，才能不断提高竞争力。

应当如何学呢？（1）必须抓住重点学，特别要集中学习那些与提高个人素质和竞争力有关的知识，大概有三四种知识必须长期坚持学好：一是与个人职业、事业有关的基础知识、专业知识，尤其是前沿理论、前沿专业知识；二是与本岗位系统有关的资料信息，尤其是前沿信息；三是党和国家的方针政策以及对本岗位系统的方针政策；四是个人健康、保健知识等。（2）必须制定学习计划，制定一年、三年或五年的学习计划，并坚持实现之。（3）必须坚持做学习笔记。

第七字，积。就是积累。积累对人生事业的发展极为重要，而往往被人们所忽视。有些人对自己从事的事业或工作往往是"东一榔头，西一棒子"，或者像"狗熊掰棒子，掰了一个扔一个"，不懂得如何积累，不能长期坚持积累，他的素质水平就提不高。

积累是提高个人资源优势和竞争力的重要途径和方法。知识要积累，技术要积累，创新创造要积累，工作经验要积累，社会关系资源要积累，个人知名度、影响力要积累等。要积累就要做有心人，从现在开始积累，不间断地积累，长期积累，才会有效果。科学家搞研究，工程师搞设计，作家写小说，收藏家搞收藏，书画家作书画，艺术家搞表演等，都是一次又一次地下功夫，一次又一次地积累，一点一滴、一步一步地积累，积少成多，最后量变转为质变，才能出成果。一开始就想一口吃成一个胖子，那是不可能的。

第八字，康。就是身体健康。要竞争，要熬夜，要拼搏，要东奔西跑，要艰苦奋斗，都必须要有健康的身体和充沛的精力。

总之，人生一辈子，始终坚持"正、勇、严、善、勤、学、积、康"的八字方针，必能提高个人的综合素质和个人事业发展的竞争力，事业必能取得成功。

第四、千方百计整合外部资源，提高个人事业发展的竞争力

上面已讲，我国理论界对企业核心竞争力的第二种理解：企业核心竞争力是对企业内部和外部两种资源的整合能力。同样，个人事业发展竞争力，也应当是整合个人内部资源和外部资源的结果。那么，应当如何整合外部资源呢？主要有4种方法：

第一种方法，学习。千方百计学习同行或竞争对手的技术、方法、经验、绝窍、模式和长处。比如日本的汽车、照相机等产品，不少技术是学习借鉴别的国家而最后超过其他国家的。

第二种方法，拜师。对同行中的高手、大师、名家，要虚心求教，或结拜为师，或聘为顾问。把他们头脑中的技术、知识、智慧、经验等整合过来，变成你自己的技术、知识、智慧和学问。

第三种方法，调入。对同行中的技术精英、业务尖子，要尽可能的调入本人事业的团队，以提升个人事业团队的竞争力。为了事业竞争的需要，那些技术精英、策划专家、营销能手、业务尖子，往往被反复高价"挖"来"挖"去，就是这个缘故。

第四种方法，合作。要建立事业发展的战略合作伙伴。当今世界的主题是和平与发展。"合作共赢"是当今世界的主要潮流，"合作"是主旋律，以合作求和平，以合作促发展，共同建设和谐世界。在国际上，我国建立了中美、中俄等许多战略合作伙伴关系，这对我国长期和平发展具有重要的现实意义和长远意义。同样，个人事业的发展也应当如此。俗话说：同行是冤家，是竞争对手。为了事业的发展战略和发展大局，就应当变"冤家"为"朋友"，变竞争

对手为合作伙伴，尽可能地将同行、强手结成合作伙伴，结成铁三角、铁四角、铁五角，多方合力，提升事业发展的竞争力。例如文艺界张国立、张铁林等明星组合的"铁三角"，企业界河北几个大钢铁公司强强联合、组建河北钢铁集团等，都大大提升了事业发展的竞争力。

　　总而言之，通过以上四个方面：**找准个人的资源优势、正确选择个人的职业和事业、千方百计提高个人的技术业务专长和综合素质、千方百计整合外部资源**，就可以提升个人事业发展的竞争力。

领导干部驾驭经济社会发展全局应当具备的基本素质、基本能力和工作作风

——在北京大学县域经济与社会事业发展高级研修班的讲课提纲

（2009 年 8 月 23 日　北京大学）

一、领导干部驾驭经济社会发展全局面临的历史机遇和严峻挑战

（一）面临的历史机遇

1. 中国特色社会主义理论体系，为领导干部驾驭经济社会发展全局提供了锐利的理论武器和行动指南。（**武器**）

（1）中国特色社会主义理论体系的内涵。

（2）在当代中国，坚持中国特色社会主义理论体系，就是真正坚持马克思主义。

2. 我国经济社会处在快速发展的战略机遇期，为领导干部驾驭经济社会发展全局创造了难得的发展机遇。（**时代**）

（1）世界发达国家经济发展的一条共同规律。

（2）中国经济快速发展至少还可以持续 20—30 年。

3. 我国改革开放 30 多年取得巨大成就，为领导干部驾驭经济社会发展全局打下坚实的发展基础。（**基础**）

（1）我国 GDP 总值已超过英、法、德，名列世界第三。

（2）我国改革开放 30 年的巨大成就为领导干部驾驭经济社会发展全局打下坚实基础。

4．以胡锦涛为总书记的党中央的坚强领导和一系列方针政策，为领导干部驾驭经济社会发展全局指明正确的方向。（**方向**）

（1）以胡锦涛为总书记的党中央的一系列英明的方针政策。

（2）充分解放和发展生产力，大力促进我国经济快速发展。

（二）面临的严峻挑战

1．国际金融危机对中国经济的影响和冲击。

（1）国际金融危机对中国经济的影响。

（2）国际金融危机何时见底。

（3）中央采取正确的应对方针和有效的保增长一揽子计划。

2．我国经济发展总的态势和存在的困难。

（1）我国上半年经济发展总的态势是企稳回升，积极向好。

（2）对当前经济发展应当保持清醒的头脑。

3．社会生活中还存在一些复杂矛盾和突出问题。

（1）一些领域，道德失范、秩序混乱、行业不正之风屡禁不止；

（2）一些地方社会治安不好，犯罪活动猖獗，黄赌毒和封建迷信等丑恶现象沉渣泛起；

（3）一部分人理想信念动摇，思想道德扭曲，对社会主义前途丧失信心；

（4）随着市场经济的发展，商品交换原则容易侵蚀到社会政治生活领域，影响人们的思想观念、价值取向等。

4．领导干部自身存在的问题：

（1）有的领导干部政治理论水平不高；

（2）有的领导干部依法执政能力不强；

（3）有的领导干部驾驭市场经济能力不强；

（4）有的领导干部解决复杂矛盾的本领不大；

（5）有的领导干部统筹协调能力不强；

（6）有的领导干部事业心、责任感不强，思想作风不端正，工作作风不扎实，脱离群众；

（7）有的领导干部以权谋私，违法乱纪，贪污腐化。

二、领导干部驾驭经济社会发展全局应当具备的基本素质

1. 具有共产主义远大理想和建设中国特色社会主义的坚定信念。

（1）中国共产党的最高理想和最终目标是实现共产主义。

（2）在当代中国，坚持中国特色社会主义道路，就是真正坚持社会主义。

2. 具有适合本职工作岗位需要的政治理论水平。

（1）具有适合本职工作岗位需要的马克思列宁主义、毛泽东思想和中国特色社会主义理论体系等政治理论水平。

（2）如何提高政治理论水平。

3. 具有强烈的革命事业心和政治责任感。

（1）什么是革命事业心和政治责任感。

（2）树立强烈的革命事业心和政治责任感。

4. 坚持解放思想，实事求是，与时俱进，开拓创新。

（1）坚持党的解放思想、实事求是的思想路线。

（2）弘扬求真务实精神，大胆探索，与时俱进，开拓创新。

5. 坚持民主集中制的组织原则。

（1）什么是民主集中制。

（2）如何坚持民主集中制。

6. 具有很高的政策水平和法纪观念，坚持依法执政、依法办事。

（1）领导干部必须在宪法和法律的范围内活动和工作。

（2）领导干部必须依法执政、依法办事。

7. 能够把握地区经济社会发展的方向、战略重点和工作中心。

（1）紧密结合地区实际情况，认真贯彻落实科学发展观。

（2）地区经济平稳快速持续发展的七大战略：

      A、地区优势资源定位和开发战略；

      B、引进外部资源和项目的合作、发展战略；

      C、地区产业结构调整优化升级战略；

      D、地区龙头企业集群的培育和发展战略；

      E、地区产业集群的培育和发展战略；

      F、统筹兼顾，地区经济社会全面协调发展战略；

      G、长期坚持，地区经济社会可持续发展战略。

8. 具有很高的组织领导管理水平。

9. 具有与本职工作岗位相适应的文化水平和专业知识。

10. 坚持群众路线，深入调查研究。

11. 清政廉洁，勤政高效。

12. 加强道德修养，能够自重、自省、自警、自励、自制。

（1）牢固树立马克思主义的世界观、人生观、价值观，牢固树立正确的权力观、地位观、利益观。

（2）加强道德修养，是提高领导干部素质、拒腐防变的根本要求。

（3）要求做到自重、自省、自警、自励、自制。

三、领导干部驾驭经济社会发展全局应当具备的基本能力

1. 具有科学判断形势的能力。

2. 具有把中央的路线方针政策、上级指示与当地实际情况相结合的能力。

3. 具有驾驭市场经济的能力。

（1）牢固树立市场经济观念。

（2）努力实现企业化、市场化、产业化、规模化、国际化。

4. 具有坚持改革开放、开拓创新的能力。

5. 具有依法执政的能力。

6. 具有应对复杂局面和突发事件的能力。

7. 具有统揽全局、协调各方的能力。

（1）统揽全局、协调各方，是各级党委在同级各种组织中发挥核心领导作用的基本原则。

（2）"统揽全局、协调各方"的基本思路和格局。

8. 具有综合分析、科学决策的能力。

9. 具有很强的监督管理和控制的能力。

10. 具有正确识人、选人、用人的能力。

（1）贯彻干部队伍革命化、年轻化、知识化、专业化的方针。

（2）坚持德才兼备、实绩突出和群众公认的识别干部、选拔干部的原则。

四、领导干部驾驭经济社会发展全局应当具备的工作作风

1. 稳。不是保守，而是总揽全局，综观各方，审时度势，周密思考，运筹帷幄。

2. 准。抓工作，处理人和事，处理复杂的事情和突发事件等，都要分清是非，准确掌握政策和法纪界限，不出偏差。

3. 全。要求做到全面，统筹协调各方关系。避免片面性和主观主义，避免"单打一"，避免短期行为和左右摇摆。

4. 新。要求与时俱进，不断创新，克服保守陈旧观念。抓工作要有新思路、新方法，形成新机制，打开新局面。

5. 严。对自己和亲属要严，对身边的人和下级都要严，不松散。要严守纪律，办事、说话都要严谨。

6. 勤。工作勤奋、勤快、勤劳，全身心扑在工作上，不怕困难，不怕艰苦。

7. 深。深入实际、深入基层、深入群众，工作不飘浮，避免作表面文章、搞形式主义。

8. 实。求真务实。工作实干，办实事，注重实效，办事扎实。为人实在，讲实话，不浮夸，不弄虚作假。

9. 快。工作雷厉风行，不拖拉，不推诿。时间观念强，办事效率高。

10. 廉。严格遵守法纪和各种规章制度，抵御各种利欲诱惑，廉洁执政，两袖清风。

五、管理方法

1. 程序化管理

2. 制度化管理

3. 数量化管理

4. 目标管理

5. 人本管理

6. 逐级管理

7. 横向管理

8. 闭合回路原理

9. 滚雪球原理

10. 弹钢琴原理

11. 条与块结合

12. 点与面结合

13. 奖与罚结合

14. 当前与长远结合

15. 兴利与除弊结合

企业家应当成为慈善家

——发表在《中央社会主义学院学习论坛作品集》《北京闽商》2013 年北京福建商会成立十周年特刊

《中华国粹》登载一篇文章，题目是《黄如伦：依于仁，游于艺》，读后很有感触。文章主要内容，先说黄如伦的"仁"，后说他的书法艺术。

黄如伦，1951 年生于福建连江，旅菲华侨，中国致公党福建省副主委，福建省政协常委，现任世纪金源集团董事局主席，兼任中国商业联合会副会长、中国侨商会常务副会长等职。如今，黄如伦所办的世纪金源集团在大陆投资达 1000 多亿元人民币，有房地产开发、星级大饭店、大型购物中心、金融资本运营、矿业开发和物业管理六大支柱产业，下辖 8 个区域集团、50 多家子公司，员工达数万人。

正如文章所说的，"黄如伦的事业辉煌令人惊叹，而他的爱心和慈善之举更令人感佩。"数年来，他先后为公益事业捐款 12 亿元人民币，在北京、山东、云南、新疆等地多处捐款兴建中小学教学楼，捐建博物馆、医疗中心，修桥铺路，设立各种助学金、奖学金、孤寡老人赡养基金、抚养孤儿基金，捐建希望小学 167 所，捐建中学、大学各 1 所。他连续五年荣登"中国慈善排行榜"榜首。还教育儿子与他一道继续做好慈善事业。

读了介绍黄如伦的文章，我联想到了著名的大企业家、实业家、全国政协原副主席霍英东。他 2006 年 10 月逝世，享年 84 岁。霍英东临终前对子女和亲朋好友说：我给自己这一生打分，可以打 120 分以上，因为我是实业家、慈善家、政治家。这是他人生价值的追求和体现。他从煤工到富商，从舢板客到国家领导人。他在事业发展的同时，长期出资大力支持国家和地方的足球、羽毛球、乒乓球、篮球、游泳等体育项目，出资修建体育场馆，出资大力支持残疾人事业，大力支持我国的教育事业等。

大家知道，我国的慈善事业还处于初级阶段，近十年来虽然发展迅速，慈善捐款规模从原来的每年几十亿元增长到每年几百亿元（2008 年汶川地震全国慈善捐款突破千亿元），但每年几百亿元的善款规模仍不足美国的三十分之一。中国社会公众对慈善事业的关注和期望，与中国慈善事业的发展水平形成强烈的反差。

因此，我认为，像以上两个典型例子那样，企业家应当成为慈善家！这是民众的需要，社会的需要，也是企业发展的需要，具有重要的现实意义和深远的历史意义。

一、企业家成为慈善家，为社会献爱心，办善事，可以直接救助贫困人群、弱势群体，帮助民众解决各种困难。温家宝总理会见中外记者时说："我们的经济工作和社会发展都要更多地关注穷人，关注弱势群体。"企业家先富起来了，更应当如此。

二、企业家成为慈善家，献爱心，办善事，济贫救困，体现社会主义的高尚道德，可以逐步形成良好的社会风气，提高社会的道德水平。这在当今市场经济的环境下，是很有积极意义的。

三、企业家成为慈善家，企业"取之于社会，用之于社会"，可以促进社会和谐发展。黄如伦说："看到没有书读的孩子我会心酸，没有人赡养的老人我会心疼，我财力毕竟有限，不能帮助所有贫困人群，但能够尽一点绵薄之力，我已经很欣慰。"体现了中华民族扶贫救难、乐善好施的传统美德和人道主义精神，对促进社会和谐发展有着重要作用。

四、企业家成为慈善家，对树立企业形象、打造企业品牌，促进企业做强做大，必然产生积极作用。品牌是企业的形象、企业的资本、企业的资源。企业家为社会、为民众多做善事，必然在社会和民众中产生良好的声誉，树立良好的企业形象，打造优秀的企业品牌，反过来必然显著改善企业的经营氛围，促进企业做强做大，促进企业取得更大发展。

五、企业家成为慈善家，应当成为企业家人生境界和人生价值的目标追求。企业家必然要追求企业利润的最大值，这天经地义，但更重要的是追求人生价值的最大值！企业利润可以达到最大值，但企业家的人生价值不一定能达到最大值。国内一位著名的企业家语重心长地说：人生苦短！人生就那么短短的几十年，人总是要死的。一个人来到人世间时七八斤，离开时剩下七八两。钱，固然重要，但它生不带来，死不带去。比钱更重要的是什么呢？是"记忆"：就是你的一生究竟给民众留下多少美好的记忆，给社会留下多少美好的记忆，给人类留下多少美好的记忆。这就是人生境界和人生价值的目标追求！应当多做善事，多给民众、给社会、给人类留下美好的记忆！

企业家应当成为慈善家！

人生应当有所作为

——《小草》歌词之我见

（本文发表在 1987 年 8 月 30 日《中国青年报》"艺术天地"，引起全国青年在该报上讨论三个月，最终使《小草》这首歌曲从中小学音乐课本中撤出。）

歌剧《芳草心》的主题歌——《小草》，曾很流行过一阵子，笔者没有看过这出歌剧，但我以为《小草》中的有些词句值得商榷。

歌词前半部先用三句话叙述这棵无名小草：既没有鲜花那样芬香，也没有树木那样高大；接着，用两句话描述小草对自身这种状况的态度是：从来都不感到寂寞，从来都不感到厌烦和气恼。为什么呢？最后一句点破了自我安慰的缘由：你看，像我这样没有作为的伙伴，世界上不是比比皆是、遍及天涯海角吗？

这段歌词表面上似乎是对小草现状的客观描述，但实际上是在颂扬小草这种"无为""无争"的思想。这里的关键在于：小草对无为（"没有花香，没有树高"）和无名（"无人知道"）的现状，采取了看左右、随大流、与世无争的心安理得的态度，这与当今"改革开放"时代的要求不相符合，我以为是应当摒弃的。

这种"无为""无争"的思想来源于我国的传统文化，来源于春秋战国时期道家学派老庄的思想。老子在政治思想上主张"无为而治"。这里的"无为"包括"寡欲""绝学""不争""不言"。庄子发展了老子的思想，提出"安之若命""顺应世俗"，主张通过"坐忘"，解脱一切苦恼，逍遥自得。《小草》歌词内容和这种思想确有一些相似之处。

两千多年来，在我国正是由于这种"无为"的思想和这种"无争"的传统文化的影响，人们逐渐形成一种消极保守的心理状态：苟安守旧，忍耐无为，乞求恩赐，安贫乐道，不求进取，安于现状，不求有功，但求无过等。正因为如此，你看今天这首宣扬"无为""无争"思想的《小草》让许多人很容易接受，很容易引起共鸣，唱起来顺口，听起来顺耳。

显然，这种"无为""无争"的思想和"不求进取"的心理状态，与今天"改革开放"时代潮流的要求是不相符合的，与提倡改革创新、力争上游、锐意进取、开拓发展的时代精神是相违背的。

人生应当有所作为。

附：《小草》歌词

没有花香，没有树高，我是一棵无人知道的小草；从不寂寞，从不烦恼，你看我的伙伴遍及天涯海角。春风啊春风你把我吹绿，阳光啊阳光你把我照耀，河流啊山川你哺育了我，大地啊母亲把我紧紧拥抱。

事业的良师　家庭的益友

——《中国青年报》征文稿

看到《我和中国青年报》征文，顿时勾起我一串串难忘的回忆。

说句心里话，我和《中国青年报》是很有缘分、很有感情的。我个人的成长、事业乃至全家人的工作、学习、生活、事业，都与《中国青年报》有着须臾不能分离的联系。

我是初中时入的团，那是 50 年代中叶，《中国青年报》就在我青年时代的心田里播下纯真的种子，毛主席题写的"中国青年报"五个苍劲大字，深深地烙在我的脑海里。大学毕业后改行做政治工作，当了团委书记，干了 13 年青年工作，我和《中国青年报》的关系就更加亲密了，哪一年能不订《中国青年报》？哪个时候能离开《中国青年报》？

离开共青团工作岗位后，我被调到一个大型军工企业任政治部主任、党委副书记至今，又主管共青团工作，仍离不开《中国青年报》。每每看报时，诸多报纸中我最喜欢的是《中国青年报》，几乎是每篇都读，涉及工作、学习和个人喜爱的写作、书画之类的文章、字画、资料，往往都要剪下来，分门别类粘贴、装订成册，以备日后使用。

生活中的事情，往往就那么巧。我当团委书记期间，我爱人在另一个单位也当团委书记，前后四年时间。她组织青年参加《中国青年报》举办的"三热爱"（热爱中国共产党、热爱祖国、热爱社会主义）知识竞赛，还得了奖，她自己被评为优秀团干部。我的两个孩子，老大是女儿，从初二到高三，连续五年当团支书；老二是儿子，去年考上高中，又是团支书。邻居都说：我们家四个共青团书记。两个孩子所在的班级都订《中国青年报》，不论是开展共青团活动，还是开展黑板报比赛、智力竞赛，那一项都离不开《中国青年报》。

最令人难忘的，要算《中国青年报》1987 年 30 日发表我那篇引起一场不大不小争论的拙文《人生应当有所作为——〈小草〉歌词之我见》了。

那是 1986 年秋天，我在党校学习时，看到《中国青年报》举办"讨论中国传统文化"的征文。当时在党校，我们党委书记班要和宣传干部班进行联欢，每天课前课后都要练歌，其中就有《小草》这首歌。我一边练唱一边琢磨，总觉得《小草》这首歌有几句歌词不大对劲。当时，党校正在上哲学课，我结合哲学课的学习资料，用几个晚上写成这篇 700 多字的小文章，寄给《中国青年报》理论部。

事情的发展出乎我的意料。1986 年秋天寄给《中国青年报》理论部参加中国传统文化讨论的这篇小文，过了一年，1987 年 8 月 30 日在《中国青年报》星期刊"艺术天地"上发表了，真是喜出望外！而且，更加令人意想不到的是，这么一篇不到千字的小文，竟然在全国的许多地方引起巨大的反响，从而展开了激烈的争论。

由我这篇小文章引起的关于《小草》歌词的讨论，从 1987 年 8 月 30 日一直延续到 12 月 13 日，将近三个月时间，我也始终紧紧跟着阅读三个月争论的全部文章和评论。编辑部收到全国各地 1500 多篇稿子，《中国青年报》"艺术天地"栏目开设《小草》歌词讨论专版，发表干部、学生、教师、工人、战士们不同观点的几十篇稿件。据编辑部介绍，令人感动的是：上海、山东、甘肃、天津等地的学校、文化宫还以《小草》歌词的讨论为主题，专门举行主题班会、命题作文、专题讲座、专题讨论等活动。许多读者欢迎这种讨论，

"觉得这是一件好事，因为大家的思想机器开动起来了，这对启迪青年一代的思想特别重要。"

这场讨论，不仅波及学校、厂矿企事业单位、波及部队和农村、波及青年界，而且还波及音乐界、教育界、理论界。事情又过一年，1988年11月《人民日报》副刊还发表两篇有关《小草》歌词的文章：《教人做小草的歌》《从"小草说"到歌曲功能》。这两篇文章的内容，涉及当时正在全国中小学使用的《音乐教材》"种上这株《小草》是否合适"的问题，涉及歌曲功能等音乐理论问题，将这场讨论上升到中小学教材、上升到青年学生思想教育、上升到歌曲功能和音乐理论的高度。

这场讨论，使我受到深深的教育和启迪。作为小文章的作者，我自然十分关注这场讨论，心情尤为激动。每篇讨论文章我都认真地看上几遍，从中学到不少有益的东西，确实受益匪浅，终生难忘。我非常感激编辑部对这篇小文的重视和关怀；非常佩服编辑的组织才华，能够十分圆满成功地领导这场几乎是全国范围的讨论；非常感谢全国广大读者、广大青年对我那篇文章的赞同、肯定和支持。

岁月流逝，情谊永存。

回忆几十年来我的工作、学习、事业、家庭与《中国青年报》的密切关系，令人振奋，令人鼓舞，感激之情油然而生。最后，我想引用唐代诗人王之涣《登鹳雀楼》的绝句作为本文的结束语：

白日依山尽，黄河入海流。
欲穷千里目，更上一层楼。

基础与份量

——回忆莆田六中初中生活对我人生的影响
（载入莆田六中建校八十周年纪念文集《忆青璜》）

我在莆田六中念初中是 1954 年 9 月至 1957 年 7 月，时间已经过去将近半个世纪。但现在回忆起来，那段青少年生活仍记忆犹新、历历在目，心里还有一种留恋、感激、自豪的感觉。可以说，莆田六中三年初中生活，为我人生道路奠定了良好的基础，对我人生和事业产生了积极的很有份量的影响。这里仅举两个例子。

"乌贤"是母校老师们对音乐课老师黄贤春的昵称。

那一届（五七届）初中分六个班，我被编入丁班，班主任是游金星老师。初一就有音乐课，每周上一节课，由黄老师教课。当时他在莆田县里很出名，同学们传说着他的传奇故事：他年青时在上海参加大赛，京胡断了一根弦竟然能演奏到底，赢得全场热烈掌声，荣获第二名。黄老师留着平头，穿着很整洁，总是提一把小提琴来上课，同学们非常看重他。他从音符、音阶、音节、指挥、五线谱及民族乐器：二胡、京胡、板胡、笛子、洞箫、琵琶、三弦等，一一讲授，一丝不苟。后半节课黄老师往往边拉提琴边授课，同学们跟着琴声学唱，课堂气氛很活跃。印象最深的是：他要求每个学生到初中毕业必须学会一种乐器，否则音乐课不及格。这一招很灵，同学们都动起来了，最起码的条件必须有一把乐器。我没钱买二胡，只好花 1 元钱买一把蛇皮破了的京胡，再花 2 元钱到涵江街上乐器店给破京胡蒙一张新的蛇皮，总算有了把京胡，按照黄老师教的演奏技法，课余时间在宿舍里吱啦吱啦地学个不停。到初三音乐课结束时学生们逐个演奏，黄老师逐个判分，我得80分。我对乐器有些兴趣，后来还学会吹笛子、弹三弦、拉小提琴等。虽然水平不高，高中一进莆田一中，就被选入校乐队，又练习又参加演出，成了文娱活跃分子。

陈鹤老师教初中美术课，也很出名。学生中传说，他是有名的书画家，擅长画虎，还会作诗，是诗、书、画三绝的名家，同学们很敬佩他。我从小就喜欢美术，小学时曾获得全校美术比赛第二名。在莆田六中遇上这么出名的陈鹤老师教美术课，真是喜出望外！陈老师教素描、水彩画，教我们画水中游动的鹅，教画松树，教同学们观察松树的树杆、树枝、树皮、树叶的特点以及和其他树木的区别。这些事对我启发特别大，我学画非常投入。于是，莆田六中青璜山那有名的一百多棵松树成为我观察、写生的"标本"。我用钢笔画了几十幅松树的写生稿，为我以后的业余绘画打下了良好的基础。从初中起寒暑假我时常在家里写生，为家人和乡亲们画放大照片，也成为我青年生活的一大乐趣。

初中的音乐课、美术课虽然并非主课，但黄老师、陈老师教得好，我对这两门课又特别感兴趣，它对我后来的成长乃至我的人生和事业都产生了重要的影响。

因为我会乐器，高中毕业刚入福州大学无线电工程系就被推荐到系学生会。无线电工程系是新建的系，学校居然拨一大笔经费让我为系学生会购买一批乐器，我成为系学生会第一任文体部长。后来系里发现我画得好，就调任宣传部长，组织板报比赛、广播稿，协助办展览等，干了四年。正因为在大学里社会工作等方面表现突出（当然还有家庭出身好、学习成绩优良），遇到福州大学这一届（六五届）毕业生全国统一分配，我有幸被分到保密单位——七机部（航天部）。当时毕业分配工作是秘密进行的，全校才挑选6名进七机部，这是十分难得的！也为我的人生事业打下良好的基础。

　　说来也巧，也可能是因为在大学社会工作等方面的表现和我的业余爱好，进入航天部第一年就被改行做政治工作。虽然当时思想不通，但只好服从组织，在这条道路上一步一步走下去。后来担任航天部三院团委书记，导弹总装厂政治部主任、党委副书记（兼纪委书记），调任中央统战部下属的中央社会主义学院副教务长、秘书长、副院长。从航天部到中央统战部，在我整整36年的工作、事业中，可以说我的主课——数理化和大学的无线电工程专业知识几乎没有用，而非主课——在莆田六中初中学习的美术、音乐课的基础知识，对我人生、事业却产生着直接的间接的潜移默化而且是极为重要的影响。

　　在中央社会主义学院从事统战教育培训和行政管理等工作。我在报刊上发表了多幅书画作品。1997年迎党的十五大、迎香港回归，我绘的国画《报喜图》获中央统战部特等奖、中央直属机关一等奖，选送中国美术馆展览。《报喜图》画的就是陈鹤老师教的松树和六只山喜鹊报喜。统战工作讲究以书画交友、会友，我的书画在莆田六中初中打下基础，但纯属业余爱好，水平确实不高，可是在统战交友方面却派上了用场。我的书画作品赠送给民主党派、民族、宗教、私营企业和无党派代表人士班的学员，还赠送给香港、台湾、美国、加拿大、土耳其的华人和国际友人，增进了与各界人士、海外华人和国际友人的往来、联络和友谊。

　　我的人生和事业渗透着莆田六中对我的教导和培育。永远牢记莆田六中！永远牢记莆田六中的领导、老师和我的学长们！

人生事业的奠基石

——有感于莆田一中高中生活对我人生事业的影响
（载入莆田一中百年华诞纪念文集《梦绕莆田一中》，
收入《莆田一中校友励志故事》）

    我在莆田一中念高中是在1957年9月至1960年7月期间，已经过去将近半个世纪了。值此庆贺莆田一中百年华诞之际，回忆起莆一中高中三年勤奋刻苦、蓬勃向上的学习生活，仍记忆犹新、历历在目，心里有种留恋、自豪、感恩、敬仰的感觉。高中三年，正当十七八岁的青春年华，既是人生中最富浪漫遐想的年龄，又是从青年转变为成年的关键阶段，是接受新鲜事物最敏感的时期。莆田一中的三年高中生活对我人生的影响极为深刻，可以说，它为我人生道路奠定了良好的基础，是我人生事业的奠基石。

严谨办学作风的深刻影响

    我是1957年9月1日到莆田一中上高中的。记得这一届（60届）高中分为9班，我被编入乙班。学习一段时间后，明显感觉到学校鲜明的特点：学校管理严，校风正，老师教学水平高，学生普遍刻苦好学、蓬勃向上。最明显的是：学校管理有条不紊，办学作风严谨。这种严密的组织管理，无形中对我产生熏陶、感染和启迪作用，对我人生事业产生极为深刻的影响。这里仅举几个例子。

比如，学校非常重视每学期的期末复习考试，组织得很严密，有计划、有步骤、有重点，一环扣一环，步步深入，效果显著。大约在期末考试前一个月，学校就开始发期末总复习提纲，有的学科课还没上完，就陆续在讲课前进行"10分钟小测验"（甚至不记分），以引起同学们对总复习的重视。在全面复习的基础上，对数理化学科一些综合性的重点例题有步骤地进行详细讲解，要求做到举一反三，巩固所学的知识。而且，从高二开始，数理化各科就有计划、有重点地将各类综合性例题、试题在各阶段复习考试中反复讲解和测试，使同学们不断提高运用所学知识分析问题和解决问题的能力。复习考试能够收到显著效果，与有计划、有步骤、环环相扣的组织管理有很大关系。

又如，莆田一中每届运动会，都会出成绩出人才，打破校、县、省记录甚至打破全国中学生记录。在总裁判长翁祖烈老师的组织指挥下，运动会组织得非常严密，井井有条，开展得非常成功。还有学校的歌咏比赛、文艺晚会、抗洪救灾、助农劳动等，都组织得很严密，有领导、有计划、有步骤、有分工、有落实、有检查、有总结，每一个活动都有始有终，处处体现严谨的办学作风。

莆田一中严谨的办学作风、严密的组织管理，对我产生深刻的影响，使我从中逐渐感悟到：组织管理是教学和各项活动贯彻始终的一条主线，是决定教学和各项活动取得成功的重要因素。要重视管理，要树立严谨的工作作风，要学会严谨的组织管理方法。比如，大学毕业后我分配在航天部工作。在航天部三院任团委书记期间，我成功组织了十几个厂所的车铣钳铇磨等11个工种800多名青工参加的大型技术比赛；又如在中央社会主义学院工作期间，我负责40周年校庆的具体组织工作，1996年10月16日在人民大会堂组织648名代表（部级以上代表近百名）接受党和国家领导人李瑞环、胡锦涛、荣毅仁的亲切接见、合影留念，没有出一点疏漏，圆满完成任务，受到领导的表扬。我还担任过学院的副教务长、秘书长、副院长，主管学院的教学、行政等管理工作。如果说我走上工作岗位后在组织管理方面有一点点长进的话，从根源上说，和年青时在莆田一中受到的熏陶、感染和启迪有很大关系，正是母校严谨的办学作风和严格的组织管理，为我今天的发展与成就打下良好的基础。

勤奋刻苦学习精神的深刻影响

莆田一中还有一种特殊的风气：学生们普遍自觉勤奋刻苦，好学上进，对知识如饥如渴，对学习不知疲倦，无形中同学们还在悄悄地互相攀比较劲，生怕自己落后。在莆田一中有一种催人好学上进的无形力量，不知不觉地鼓舞你、鞭策你、推动你争分夺秒地学习，让你在不知不觉中养成晚自习温习旧课、早自习预习新课的习惯，形成校园不怕困难、喜爱读书的良好风气。

记得读高一时，教我们化学的江宗朴老师还特地指导我们做课堂笔记，告诉我们要重点记老师讲课时那些带体会和归纳性的语句，这些语句往往是课本上没有的，课堂笔记本每页的右侧要用钢笔划出两三公分宽的空白处，专门记这些重要内容，再用红笔作上记号。这种良好的学习方法至今我还保持着，受益匪浅。

从高一起我被推荐为班里的语文科代表。语文老师教我们如何钻研课本、如何运用参考书、如何将课本和参考书对比着学，找出两者的异同等，这对深化理解课文主题、扩大知识面很有益处。为提高同学们运用汉字的准确性，我有时还从参考书上找一些错别字写在教室后面的黑板上，供大家学习订正。

高三下学期，学校提倡同学们自行组成学习小组，三四人一组，一起订复习计划，一起复习，互相帮助，互相交流，共同提高。记得当时同学们纷纷成立小组，给小组起各种各样的名字，表决心并抄在红纸上贴出去。我和林祥槐、刘嗣坚、方金树同学四个人成立一个小组，但不知起什么名字好。林祥槐同学是组长，就去问班主任姚文元老师，姚老师给我们组起名为"状元组"。当时，我们也不敢改。现在看来，这个名字确实太过分了。我们四人总在一起复习，每道题先分开做，再对答案和看解题方法，互相交流，不知不觉中学科成绩提高得倒很快。

在莆田一中所养成持之以恒的学习习惯、勤奋刻苦的学习精神和良好的学习方法，对我的人生事业起到重要作用。我从中感悟到：人的一生必须坚持学习；必须干一行、学一行、爱一行；读书学习无止境，知识积累无止境。

我在大学学的是无线电工程专业，毕业分配到航天部却改行做政治工作，先后任团委书记、政治部主任、党委副书记（兼纪委书记）。在此期间，我就认真学习共青团业务知识、党建知识和社会科学知识（政治经济学、哲学、科学社会主义），还给党团员上辅导课、党课和团课等。后调到中央社会主义学院从事统战教育培训工作，我就学习统战理论、非公有制经济管理和中华文化等知识。从航天部到中央社会主义学院，数十年坚持不懈的学习、工作、实践、研究，有了一些心得体会，就加以归纳整理，撰写了《论疏导与心理》《论职工队伍管理教育的六种手段》《军工企业发展民品必须处理好五种关系》《谈谈中国私营企业发展的若干问题》《加强对非公制经济代表人士培训工作的几点思考》《学习邓小平关于发展非公有制经济的重要论述》等 50 多篇论文，并在报刊上发表。《学习邓小平关于发展非公有制经济的重要论述》这篇论文收入中央党校《邓小平理论研究文库》，并被国家教育部选定为全国高校课程《邓小平理论概论》的主要参考文献；还主编《当代民营企业家》《文化与寻根——港澳台和海外华人华侨学者论中华文化》《中华文化简明读本》等书籍。这些成绩的取得与年青时在莆田一中养成喜爱读书学习的习惯和良好的学习方法是密切相关的。

精湛高超的教学艺术的深刻影响

在莆田一中高中三年，非常荣幸能够聆听莆田地区最著名的教师——江宗朴、赖汝楫、郑大成等老师的课堂教学，感到十分难得。当时，江老师教化学，赖老师教几何，郑老师教代数。他们上课时，教室后边经常有成排校内外老师观摩听课。他们讲的课，在我听过的无数位教师的课中，质量是最好的，水平是最高的，可谓教学艺术精湛高超。现在回想起来，我觉得可以把他们的教学艺术归纳为以下几个特点：

一是层次性。江、赖、郑等老师上课，一开始总是温故引新，让同学们的思路很自然地进入新课内容，然后再由浅入深、从易到难，引导、训练同学们分析思考问题的方法；讲解疑难问题时，又像剥竹笋似地把难点一层一层地剥开讲透；每节课结束前，他们总是把课堂所讲的内容简明扼要地归纳为若干个要点，让同学们记下来。

二是逻辑性。江、赖、郑等老师讲解新的定律、定理，都要举出两三个实例来证明，使同学们学会举一反三；新课所讲的内容都与以前学过的知识（定理、定律等）相互衔接，前后呼应，而不是前后割裂、相互对立；赖老师还教我们综合归纳的方法，使所学的知识既有关联性又有逻辑性，便于记忆。

三是生动性。江、赖、郑老师讲课语言简练，通俗易懂。江、郑老师比较了解学生的性格特点，课间往往采取提问的方式活跃课堂气氛。江老师还讲一些亲切幽默的话，这样一下就拉近了师生之间的距离。听莆田一中老师讲课，总有一种循循善诱、诲人不倦的亲切感。

四是启发性。江、赖、郑老师讲课总是启发同学们的思路，讲授思考问题的方法，达到由此及彼，逐步加深理解的目的；有些定理、定律讲透后，解题时总是启发学生们如何正确运用刚学过的公式和知识；对有些内容，江、郑老师讲课时总是"引而不发"，当场提问，或留课后让同学们自己解答。

对莆田一中老师教学艺术特点进行以上的归纳肯定不全，这只是本人印象较深的一部分。但莆田一中老师的教学风范和教学艺术特点却对我人生和事业产生重要而深刻的影响。正因为受到这些因素的感染和影响，本人也特别热爱教学、讲课等工作，特别热爱学校教育这一行；正因为如此，它成为本人从航天部调到中央统战部下属的中央社会主义学院工作的一个重要原因，从而改变了我后半生人生道路的走向和轨迹。

中央社会主义学院是中国民主党派高中级干部和无党派代表人士的高级党校。本人调到学院后，莆田一中老师的师德、师风、师业等更成为我心中学习模仿的榜样，莆田一中老师以上教学艺术特点更是我认真学习仿效的重要内容。后来我分管海外人士和民营企业培训等工作时，便长期注重学习研究中国民营企业管理问题，学习研究有关民营企业管理的各种资料，并通过到企业调研，与企业人士交谈等，研究总结出：《民营企业管理"大厦"架构示意图》《民营企业"一业为主、多元发展"的4种模式》《市场营销的6个运作谋略和18种营销模式、方法和技巧》《品牌运作发展的15条谋略》《企业团队管理的15条基本工作方法》《民营企业如何做实、做强、做大、做久》等课题，在本院以及北京人民大会堂、钓鱼台国宾馆、京西宾馆、全国政协礼堂等，在北京、天津、上海、辽宁、吉林、山东、河北、河南、浙江、福建等几十个省、市讲课，受到当地领导和企业界听课者的欢迎。现在我已退休，但还有一些社会兼职，有时仍接受咨询、应邀讲课或参加其他活动。如今我仍要坚持学习，活到老，学到老，还要学习绘画、写字，参加书画活动。

我的人生和事业渗透着莆田一中对我的教诲和培育。永远感恩莆田一中！永远感恩莆田一中的领导、老师和学长们！

（2006年2月于北京）

经济篇

　　中国 GDP 总量什么时候能超过美国、成为世界第一大经济体？为什么说今后十年是我国企业发展的黄金时期？如何提升地区经济发展的核心竞争力？我们应当如何正确应对国际金融危机？为什么说"中国发展非公有制经济不会产生新的资产阶级？"我国社会如何从部分人、部分地区"先富"达到"共同富裕"等问题，是人们普遍关心的热点问题。这些问题，试在《经济篇》中进行探讨、解读。

今后十年是我国企业发展的黄金时期

——在福建省莆田市北京商会迎春联谊会上的致辞

（2012 年 1 月 9 日　北京）

当前，我国企业面临着非常好的发展机遇，可以说是：百年不遇，千载难逢！

为什么呢？从时代上讲，世人都认为：19 世纪是英国人的世纪；20 世纪是美国人的世纪；21 世纪呢？人们都说是中国人的世纪！我认为，这个判断是正确的。

请看，进入 21 世纪的第一个十年：2001—2010 年。我们用我国GDP 的发展数字进行说明：

中国解放初，GDP 才 3 千亿人民币（下同）；过了 37 年，到1986 年我国 GDP 达到 1 万亿；又过 15 年，到 2001 年，我国 GDP 达到 10 万亿；2002 年召开党的十六大，以胡锦涛为总书记的新的党中央接班后，从十六大到十七大，从 2002 到 2010 年，仅用 9 年时间，我国 GDP 就从 2001 年的 10 万亿持续快速增长，达到 2010 年的 40万亿！何等快速，何等惊人！谱写了中华民族发展史上的光辉篇章，这在世界经济发展史上也是罕见的！

以胡锦涛为总书记的十六大、十七大这两届中央领导班子成就辉煌！为中国的繁荣强盛、为中华民族的伟大复兴作出重大贡献！

在国际经济格局中，21 世纪这头十年我国 GDP 实现了三级跳：

连续超过英国、法国、德国这些老牌的发达国家！我国 GDP 在世界排序从 2005 年的第五位到 2006 年超过法国提升到第四位、2008 年超过德国提升到第三位、2010 年超过日本提升到第二位，仅次于美国，成为世界第二大经济体。我国的国际地位大幅提升、国际话语权大幅提升！

那么，展望今后十年，21 世纪的第二个十年：2011—2020 年，中国又将如何呢？

中国社会科学院给中央的一个报告，叫《中国经济体蓝皮书》，预测中国 2020 年 GDP 总量将超过美国，也就是在中国共产党建党 100 周年的前夕，中国将成为世界第一大经济体，重新实现康熙、乾隆时期中国经济世界老大的地位！

去年召开的国际金融高峰论坛上，许多国际金融专家认为：今后十年内，人民币将成为世界货币。到那时，世界货币很可能是三种：人民币、欧元、美元。

那么，GDP 是什么东西？GDP 与企业又有什么关系呢？

GDP 是一个国家、一个地区的国民生产总值、经济总量，是衡量一个国家、一个地区生产力水平、经济实力的最重要的经济指标。从经济学上讲，一个国家或地区的 GDP 增速可以分为四种：增速 7% ~9% 以上的为快速增长；增速 4% ~6% 的为中速增长；增速 1% ~3% 的为低速增长；增速零以下的为负增长。

一个国家的 GDP 如果处在低速增长或负增长时期，该国经济必然是经济萎缩、市场萧条，必然造成大批企业倒闭、大批工人失业。美债危机，美国大批中产阶级失业，占领华尔街；欧债危机，希腊等国出现经济萧条、企业倒闭、工人罢工等。说明，一个国家的 GDP 与企业的生存与发展密切相关。

那么，中国 GDP 快速增长还能持续多长时间？许多经济学家预测：中国 GDP 快速增长还能持续 20—30 年。其根本原因和根本动力是什么呢？归纳起来，可以用一个公式进行表述，那就是：

国内需求+中央英明决策=四化（工业化、信息化、城镇化、农业现代化）。主要是国内需求和党中央英明的"四化"发展战略，拉动我国经济能够持续快速增长！

可见，今后十年，是国家发展的黄金时期，也是企业发展的黄金时期。机不可失，时不再来，机遇难得！

总而言之，一句话：希望广大企业家抓住机遇，开拓前进！

中国 GDP 总量何时超过美国

——兼谈我国经济快速发展能持续多长时间

(发表在《中央社会主义学院学习论坛作品集》《世纪人物》2012 年第 8 期、《湄洲论坛》2012 年第 4 期、《莆田学院报》2012 年 9 月 25 日)

我国经济快速增长究竟能持续多长时间？我国 GDP 总量何时超过美国？这两个问题，是全国上下在制定、贯彻"十二五"规划过程中十分关注的问题。

大家知道，国民生产总值 GDP，是全球公认和通用的衡量一个国家或地区经济实力和生产力发展水平的核心经济指标。2011 年 2 月 14 日日本内阁府公布的数字：2010 年日本 GDP 为 54742 亿美元，低于中国的 58786 亿美元。日本稳坐 40 余年的"世界第二经济体"之位被中国所取代，中国 GDP 仅次于美国，成为世界第二大经济体。于是，一个时期来国内外经济界、理论界、各种媒体议论纷纷，中心议题是：中国 GDP 总量何时能超过美国、成为世界第一大经济体？

比如，据媒体资料，国际上一个"经济合作与发展组织"（OECD）的专家称：中国可在 2015 年超过美国，重新恢复曾经拥有过的世界最大经济体的地位。一份《1978—2025 中国经济增长》的外媒报告称，从中国过去的 GDP 增长速度预测未来，按购买力计算，到 2012 和 2015 年之间，中国经济规模超过美国。而国际货币基金组织（IMF）最新报告预测：中国将取代美国成为世界最大经济体，时间为 2016 年。

显然，中国 GDP 总量追赶并超过美国，这将是今后一个时期国际经济格局变化发展的重大事件，也是世界各个国家和媒体高度关注的大事和议论的核心问题。那么，以上这些说法究竟对不对？中国 GDP 总量究竟何时能超过美国呢？本人学习研究了一些资料，对以上两个问题谈一点肤浅的理解和认识，仅供各位讨论研究时参考。

一、新中国成立以来 GDP 的增长情况

据有关资料，我国解放初 GDP 还不到 3 千亿元人民币（下同）。就相当于 2008 年福建省泉州市 GDP（2705 亿元—福建省公布的资料）的水平。看那个时候我们国家的经济何等之微弱！据新华社报道，过了 37 年，到 1986 年，我国 GDP 达到 1 万亿元，改革开放初见成效！邓小平同志说：我国国民生产总值达到 1 万亿元的时候，国力增强了，就可以办一些大一点的事了。又经过 15 年的艰苦奋斗，到 2001 年，我国 GDP 达到 10 万亿元，这是多么可喜的伟大成就！改革开放取得卓著成效！

2002 年 11 月召开党的十六大，以胡锦涛为总书记的党中央接班后，提出了科学发展观、构建和谐社会等一系列英明正确的重大战略方针。中国真是：政通人和，国泰民安，社会稳定，繁荣盛世！充分解放和发展社会生产力，大大促进我国经济的发展：据新华社报道，仅用 5 年时间，到 2006 年，我国 GDP 达到 20 万亿元。这是何等惊人的发展速度！接着，仅用 2 年时间：2007、2008 年，我国 2008 年 GDP 达到 30 万亿元！2009 年，在全球金融危机的背景下，许多国家经济受到严重冲击而大幅下滑，中国经济仍继续增长，GDP 达到 34 万亿元！2010 年中国 GDP 大幅增长，达 40 万亿元！

从 2007 到 2010 年，仅用 4 年时间，我国 GDP 总量就增长 20 万

亿元，平均每年增长 5 万亿元，这是中华人民共和国发展史上的辉煌篇章！是中华民族发展史上的奇迹！在世界经济发展史上也是罕见的！

在国际经济格局中，中国"十一五"期间 GDP 总量的快速增长，在世界排序实现了"三级跳"：中国 GDP 在世界排序从 2005 年的第五位到 2006 年超过法国提升到第四位、2008 年超过德国提升到第三位、2010 年超过日本提升到第二位！

二、我国经济高速增长能持续多长时间

从经济学上讲，国民经济增长速度可以分为四种：7% 以上为高速增长；6% ~ 4% 为中速增长；3% ~ 0% 为低速增长；0% 以下为负增长。我国改革开放以来，国民经济增长逐步提速，到"十五"期间 GDP 逐步达到高速增长阶段，甚至达到两位数的增长速度。"十五"期间，我国经济平均增速为 10.1%，"十一五"期间经济平均增速为 11.14%。预测"十二五"期间经济增速很难低于 8%。

但是，大家知道，任何一个国家的经济发展，不可能始终保持直线高速增长的状态，它必然是一条曲线，有上升阶段，就必然有下降阶段。那么，我国经济高速增长阶段究竟能持续多长时间？

根据专家预测，我国经济高速增长至少还可以持续 20 ~ 30 年。原因是，中央关于实现工业化、信息化、城镇化、农业现代化等重大发展战略将持续有力地推动我国经济高速增长：

（1）我国正处在工业化前期向工业化后期过渡的黄金时期。无论是从经济学，还是从发达国家的发展实践看，所有发达国家的发展历程都经过了"工业化时代"，按中国的俗话说，叫"无工不富"。那么，一般"工业化时代"的经济增长，又可以分为四个阶段：

第一阶段，前工业化时期。农业比重大，工业比重小，经济不可能高速增长。

第二阶段，工业化前期。农业比重下降，工业比重上升，只要有投资，有市场，经济就高速增长。

第三阶段，工业化后期。农业比重继续下降，工业比重继续上升，经济持续高速增长。

第四阶段，后工业化时期。是工业化完成之后的阶段，农业比重很小，工业比重占第二位，第三产业占第一位，经济保持相对稳定的状态，很难高速增长，一般处在中速甚至低速增长（3%以下）。

我国现正处在工业化的第二阶段向第三阶段过渡的经济高速增长时期，到完全实现工业化，经济持续高速增长还有 20—30 年。

（2）我国城镇化推动经济高速发展的空间很大。据统计，我国城镇化率已有明显提高，新中国成立之初只有 10%，到 2010 年已达到 46%。但离发达国家的城镇化水平还有很大的距离：日本 75%，美国 78%，一般发达国家城镇化率达到 70%。

据专家分析，我国的城镇化要从现在的 46% 提升到发达国家的 75%，今后 30 年每年城镇化率必须提高一个百分点，这意味着每年有 2000 万农村人口将进城居住、生活、就学、就业，就要拉动大规模的建设投资。我国工业化、信息化、城镇化、农业现代化将有力推动经济持续高速增长 30 年。

（3）拉动 GDP 快速增长靠"三套马车"：一是消费，约占 GDP 的 40% 左右；二是投资，包括政府投资和非政府投资，约占 GDP 的 50% 左右；三是净出口（出口减去进口），约占 GDP 的 10% 左右。据国家统计局公布，2010 年最终消费拉动 GDP 增长 3.8 百分点，投资拉动 GDP 增长 5.4 百分点，净出口拉动 GDP 增长 0.8 百分点。说明，内需（消费+投资）对拉动 GDP 增长是最主要的（拉动 GDP 增长 9.2 百分点）。我国人口多、地域大，有 13 多亿人口的消费市场和需求，有广阔的投资地域，内需潜力很大；区域经济发展不平衡可让不同发展水平的产业在国内转移等，这些都为 GDP 高速增长提供了有利条件和巨大空间。

三、我国 GDP 总量何时超过美国

通过前面两个问题的阐述：一是了解新中国成立以来我国 GDP 的增长过程，了解 2010 年我国 GDP 总量超过日本，来之不易，这是全党全国人民长期艰苦奋斗的结果；二是了解我国经济高速增长（7% 以上）将持续 20～30 年。这是讨论回答本文主题的基础和前提。

有了这两个已知数，还需要有三个已知数：美国 2010 年的 GDP 总量、美国近 10 年 GDP 平均增长速度和人民币对美元的市场汇率增长率。有了这 5 个已知数，就可以求 1 个未知数——X 年中国 GDP 总量超过美国。可能还有其他因素，但这 5 个因素最重要，缺一不可。实际上，这只是一道典型的代数题。

已知：2010 年中国 GDP 是 58786 亿美元，美国 GDP 是 146602 亿美元；假设：中国 GDP 增速为 8%（预测今后几年我国经济增速很难降到 8%），美国按过去十年平均增速为 1.7%，人民币对美元的市场汇率（目前，1 美元＝6.392 元人民币）每年升值率为 5%。当然，这些假设都必须尽量切合实际，测算才能基本准确。

按以上条件测算结果是：2020 年中国 GDP 总量将超过美国，成为全球最大经济体。

根据中国社科院《中国经济体蓝皮书》预测，"金砖五国"中的印度到 2020 年可能跃居世界第五，到 2040 年接近或超过美国。到那时，世界经济形成"新三强"格局：中—印—美；而"金砖五国"中的俄国、巴西、南非在可预见的未来，很难创造超过美国的奇迹。

四、必须清醒、科学地看待今天中国 GDP "世界第二"

我们在探讨我国 GDP 何时超过美国的同时，尤其必须清醒、科学地看待今天中国 GDP 总量"世界第二"：

（1）我国人均 GDP 低，仍然是发展中国家。2010 年我国 GDP 总量虽然超过日本，成为世界第二大经济体，但不是"第二经济强国"，我国人均 GDP 仅有 4291 美元，只有日本的 1/10，美国的 1/12，排在全球第 105 位。只从中国人均 GDP 这一指标就足够证明：中国仍然是一个人均收入中等偏下的发展中大国。还有人均拥有汽车、钢材、医疗设备和教育资源等指标也很低，都可以证明这一点：中国是发展中国家的属性没有变。

（2）我国在科技、创新、自主品牌、高端产业发展、环境保护等诸多方面与发达国家相比，还有很大差距。

（3）要科学、理性地对待 GDP 这一重要指标。我们既反对"唯 GDP 论"，又反对"GDP 否定论"；在科学发展的主题下，GDP 依然是一个重要的经济指标。我们要全面、客观、科学地对待 GDP，用科学、理性的精神去完善、改进，去追求更高质量、更好水平、更有内涵的 GDP，去科学实现"中国 GDP 总量超过美国"的宏伟目标。

（4）冷静观察、认真应对某些西方人士炒作"中国威胁论""中国责任论"和"捧杀中国"。他们的种种言论，万变不离其宗，其目的就是想借此转移视线、推卸责任、掩盖矛盾，要求中国承当所谓的"更多责任"，在贸易投资、气候变化、能源开发等诸多领域作出更多的让步。我们必须冷静观察、认真应对。

总而言之，只要我们按照中央的要求：不动摇、不懈怠、不折腾，中国 GDP 总量超过美国以及中华民族伟大复兴的目标一定能够实现！

（2011 年 9 月于北京）

主要参考文献
（1）中国社会科学院：《中国经济体蓝皮书》
（2）厉以宁：《谈我国经济社会可持续发展的四大问题》
（3）王进雨：《2015 年中国 GDP 将占世界总量近五分之一》

为共和国进入"超英赶美"
时代而振奋

(发表在《中央社会主义学院学习论坛作品集》《世纪人物》2010年第6期;《莆田京人》2009年第一期)

一个时期来,从报刊资料上得知:我国GDP(国民生产总值的英文缩写)连续几年先后逐一超过英国、法国、德国,仅次于美国和日本,名列世界第三。感到非常振奋。

记得那是1958年我念高一的时候,听广播里说:我们中国要"超英、赶美"。后来,又看到报纸上用大字标题登载这样的文章,心情特别激动。过了整整50年,我们都老了。但是,今天,这个宏伟的愿望实现了,我们中华民族的伟大愿望实现了!今天,我们中华人民共和国切切实实进入"超英、赶美"的辉煌时代,这怎能不令人振奋呢!

改革开放30多年来,我国面貌发生翻天覆地的巨大变化,经济社会发展取得举世瞩目的惊人成就。为了进行前后对比,我们列举GDP的一些数据进行说明:

据有关资料,我国解放初GDP还不到3千亿元人民币(下同)。就相当于2008年福建省泉州市GDP(2705亿元——福建省公布的资料)的水平。看那个时候我们国家的经济何等之微弱!据新华社报道,过了37年,到1986年,我国GDP达到1万亿元,改革开放初见成效!邓小平同志说:我国国民生产总值达到1万亿元的时候,国力增强了，就可以办一些大一点的事了。又经过 15 年的艰苦奋斗，到 2001 年，我国 GDP 达到 10 万亿元，这是多么可喜的伟大成就！改革开放取得卓著的成效！

2002 年 11 月召开党的十六大，以胡锦涛为总书记的党中央接班后，提出了科学发展观、构建和谐社会等一系列英明正确的重大战略方针。真是：政通人和，国泰民安，社会稳定，繁荣盛世。充分解放和发展社会生产力，大大促进我国经济的发展：据新华社报道，仅用 5 年时间，到 2006 年，我国 GDP 达到 20 万亿元。这是何等惊人的发展速度！接着，仅用 2 年时间：2007、2008 年，我国 2008 年 GDP 达到 30 万亿元。这是中华人民共和国发展史上的辉煌篇章！是中华民族发展史上的奇迹！在世界经济发展史上恐怕也是罕见的！

2008 年我国 GDP 达到 30 万亿元人民币，这是一个什么样的水平呢？先将其换算为美元，按现阶段 1 美元＝6.8 元人民币计算：

30 万亿元人民币÷6.8 元人民币/美元≈4 万 4 千亿美元

我们再来看看日本：根据世界银行公布的数据，在比较长的时间里，日本 GDP 名列世界第 2 位，仅次于美国。日本 2006 年 GDP 是 4 万 6 千亿美元，2007 年 GDP 却是 4 万 3 千亿美元。为什么不增长反而下降了呢？因为日本几年来经济萎缩，GDP 是负增长。

如果拿我们中国 2008 年的 GDP 与日本 2007 年的 GDP 相比，显然，我国 GDP 已经超过日本。但是，这种比法是不对的，必须拿两个国家同一年的 GDP 相比才可以。但是，2008 年日本 GDP 是多少呢？究竟是正增长还是负增长？不知道。要等 2009 年的第四季度，世界银行公布 2008 年各国 GDP 具体数据时，才能得知。但是，不管怎么说，我国 2008 年 GDP 已接近名列世界第 2 位的日本，这恐怕是不争的事实了！

现在来看美国，据世界银行公布的数据，美国 2006 年 GDP 是 11 万 6 千亿美元，2007 年 GDP 达到 13 万 8 千亿美元，远远领先世界各国，多年来一直名列世界第一。美国经济是正增长，2007 年 GDP 增速是 1.94%。中国 2007 年 GDP 是 3 万 2 千亿美元，只是美国 2007 年 GDP 的 23.7%。换句话说，美国 2007 年的 GDP 是中国的 4.3 倍。中国要追赶美国，差距多么大！中美人均 GDP 的差距就更大了。2007 年中国人均 GDP 是 2508 美元，美国人均 GDP 是 46757 美元，是中国的 18.6 倍！所以，虽然我国 GDP 名列世界第三，是公认的世界经济大国，但还不是世界经济强国。中央领导同志多次强调：我国人口多，底子薄，基础差，中国仍然是发展中国家。这也是不争的事实！

因此，中国要追赶美国，显然需要经过长时间的不懈努力和艰苦奋斗！一些经济学家按现在中美两个国家的 GDP 增长速度进行估算，大约还需要 20-30 年时间才能实现！如果各方面条件发展顺利，到 2030 年中国 GDP 很可能赶上或超过美国。到那个时候，能不能说：我们真正实现了中华民族的伟大复兴！

只要我们按照中央的要求：不动摇、不懈怠、不折腾，中国赶超美国以及中华民族伟大复兴的目标一定能够实现！

在当今时代，GDP 是衡量一个国家或地区经济实力和生产力发展水平的核心经济指标。我们既反对"唯 GDP 论"，更反对"GDP 否定论"。在庆祝中华人民共和国成立 60 周年之际，我们列举了我国建国 60 年来几个阶段 GDP 发展的数据，其目的无非是想从一个侧面用经济数据来说明：我们伟大的祖国是如何从世界经济弱国发展成为世界经济大国，是如何进入"超英、赶美"这样一个盼望已久的振奋人心的辉煌时代的，并以此来展望我们祖国宏伟壮丽的未来，来庆祝伟大祖国 60 周年华诞！

我们应当永远铭记：中华人民共和国 60 年来取得如此辉煌的成就，应归功于中华人民共和国的缔造者、伟大领袖毛泽东，归功于改革开放的总设计师邓小平，归功于马克思列宁主义、毛泽东思想、中国特色社会主义理论体系的正确指导，归功于伟大的中国共产党，归功于以江泽民、胡锦涛分别为总书记的党中央的英明领导，归功于中国各族人民的共同奋斗！

(2009 年 9 月)

如何提升地区经济的核心竞争力

——在云南省昭通市水富县"经济论坛"上的演讲

(2007 年 4 月 24 日　云南 昭通 水富)

按照大会的安排，现在我作主题发言。我发言的题目是：《如何提升地区经济的核心竞争力》。

我在中央社会主义学院主管民营企业培训，对民营企业做了一些研究，同时对与民营企业相关的地区经济也进行一些研究。今天在这里隆重举行的"水富经济发展论坛"，实际上是研究地区经济发展的论坛。因此，我对"如何提升地区经济的核心竞争力"谈一些个人意见。因新来乍到，对水富地区的经济情况不了解，我今天的发言只能从宏观上谈一些观点，仅供参考。不对之处，请批评指正。讲三个问题。

第一、为什么当今要特别强调提升地区经济的核心竞争力？

因为当今中国是处在以经济建设为中心的时代，既不是战争年代，又不是以阶级斗争为纲的时代。而以经济建设为中心，这个经济是什么经济？是市场经济。市场经济的规律就是竞争。竞争的结果是优胜劣汰。竞争就是力争上游，落后必然淘汰，落后必然挨打！

那么，竞争成败的根本原因是什么？是竞争力问题。因此，现在企业讲竞争力，事业讲竞争力，国家也讲竞争力。美国、日本，还有印度、巴西等国都在研究国家竞争力，研究国家的核心竞争力。因此，胡锦涛主席、温家宝总理多次强调要提升我们国家的核心竞争力，这是非常英明、非常正确的！旧社会我国落后挨打的沉痛教训，如今大家还记忆犹新！只有国家竞争力提升了，国家才能力争上游，国家才能强大，人民才能富裕，中华民族才能复兴！这是一百多年来中国人民用鲜血换来的共识和真理。

现在，中国许多地区的领导和社会各界开始重视研究如何提升地区经济竞争力问题。比如，广东、山东、浙江、江苏等地他们很重视，抓得早，抓得好。这是很正确的！一个地区的竞争力提升了，经济上去了，这个地区老百姓就受益，子孙后代都受益；同时也促进整个国家经济竞争力的提升，意义非常之大！

战争年代要研究战争，市场经济年代要研究竞争。当今，研究提升地区经济核心竞争力问题，是世界管理学研究的理论前沿，是一个关系全局、关系长期发展战略的特别重要的问题，应当引起各级领导和社会各界的高度重视。

第二、究竟什么是地区经济的核心竞争力？

地区经济核心竞争力，是从企业核心竞争力引伸出来的。地区经济核心竞争力，是指该地区经济竞争力中最核心的部分，是在该地区经济长期发展过程中逐渐形成的对该地区经济发展发挥独特作用的竞争能力。它具有四个特性：（1）稀缺性；（2）难以替代性；（3）难以模仿性；（4）独特的竞争性。

第三、如何提升地区经济的核心竞争力？

先举几个地区的实际例子：

内蒙。核心资源优势是：大草原等。大草原，具有稀缺性、难以替代性、难以模仿性。因此，内蒙大力发展大草原经济，把大草原资源优势转变为地区经济的核心竞争力：发展畜牧业，大草原生产的牛羊肉在全国具有非常强势的竞争力；发展乳业，大草原的伊利、蒙牛乳业品牌全国老一、老二；发展羊绒业，鄂尔多斯羊绒亚洲第一。

东北三省。核心资源优势是：老工业基地、冰雪资源等。比如他们研发的数控机床等产品，树立品牌，在全国、世界上都有很强的竞争力，市场潜力很大；他们举办冰雪文化节，开始只有哈尔滨市，后来发展到东北三省，每年几百亿。

河南。是人口大省、粮食大省，还是文化大省。河南发展一定要打文化牌！中原文化、黄河文化、殷墟文化等，有极为丰富的文化资源。还有黄帝故里，老子、庄子故里（学术界有争议），大诗人杜甫、李白、白居易都在河南生活、交往过；百家姓中有百分七八十的姓氏起源于河南；还有清明上河图、包公祠、开封府等，都是极为宝贵的文化资源优势，需要从广度、深度上加以开发、发展，做成大事业、大产业，把它转变为地区经济发展的核心竞争力。

福建。我在学院给福建省党外干部培训班讲课，曾多次讲：福建经济发展一定要"打台球""打侨牌"。因为，福建有两个重要的战略资源优势：一是台湾；二是华侨。这同样具有稀缺性、不可替代性。因此，福建一定要紧紧利用台湾海峡的地理位置资源和华侨资源来发展经济。2005年中央批准设立"海峡西岸经济区"，规定了许多优惠政策，促进海西经济的迅速发展，是非常英明正确的。

以上讲了这些活生生的地区经济的核心资源优势，目的是引导大家的思路，来思考这样一个非常重大、非常实际的地区经济发展战略问题：如何把地区资源优势转变为地区经济的核心竞争力。现在，我们回过头来，具体讨论究竟如何提升地区经济的核心竞争力？

归纳起来，讲6点：

1. 找准地区核心资源优势。各地区的资源优势是有很大差别，一定要找准。像以上讲的那样，地区资源优势大体有：地理位置资源、自然环境资源、气候资源、矿产资源、历史文化资源、旅游资源、经济资源等。这些地区资源优势一定要找准。上面这些例子，说明把地区资源优势找准，是非常重要的。如果，地区资源找错了，就会出问题。比如，厦门在海沧区建设 PX 项目，上错项目，政府决定撤销，媒体作了报道。这是个典型的例子。企业也一样，首钢的优势在钢铁资源，前几年他们上芯片项目，资源优势找错了！后来搞不下去，决定下马，损失几个亿！

为发展地区经济，引进项目是可以的，甚至是必要的，引进一个好项目，可以有效地促进地区经济的发展，迅速提升地区 GDP 总量。这要进行全面的科学的论证后决策，最好应当与本地资源优势结合起来，不能以破坏或损害地区资源和自然环境为代价来提升 GDP。因为，后者是违背科学发展观的。

2. 要根据地区战略资源优势和社会发展以及市场需求，确定地区经济发展战略，包括地区资源开发转化和引进外来项目，确定本地区的主产业（若干个）、核心产业，并制定主产业和核心产业 5年、10年、15年的发展规划。

3. 按照地区经济发展战略和产业发展规划，把地区的核心资源转变为一个一个招商项目（项目、规模、资金投入、成本、利润、产权、优惠政策等），分轻重缓急，进行招商引资，打造龙头企业，营造产业集群。

4. 走企业化、市场化、产业化、规模化、国际化的发展道路。这方面，广东、山东、江苏、浙江等地做得好，他们比中西部要早10年、20年。在市场经济的大背景下，这些项目必须实行企业化管理，上市场，还要逐步做成大产业，上规模，最后向国际化发展。

5. 要特别强调科学发展，坚持以人为本，全面、协调、可持续发展。要强调自主创新、有自主知识产权的技术创新，坚持走低能耗、无污染、生态文明、保护地区资源的可持续发展的道路。

6. 提升地区品牌，提升地区经济核心竞争力。尽可能把这些项目打造成具有稀缺性、难以替代性和独特竞争性的地区产业、产业集群和规模经济，多出精良产品、高新技术、优秀品牌、驰名商标，不断提升地区人气，形成旺盛不衰的本地区的人流、物流、财流，不断提升地区经济的核心竞争力。

实施项目带动战略，提升地区
经济发展的核心竞争力

——在厦门市翔安区"经济发展论坛"上的演讲

（2008 年 2 月 28 日　厦门 翔安）

这次非常高兴，应邀出席翔安"经济发展论坛"，感到格外亲切。因为我是福建莆田人，虽然在北京工作多年，但对福建家乡的人和事，仍然有一种特殊的感情，叫做"乡音难改，乡情难变"！

去年 11 月，我应邀在北京钓鱼台国宾馆举行的"经济发展高峰论坛"上做了一次演讲，会上认识汇景集团董事长庄景德。去年年底他邀请我到汇景集团进行考察咨询。我在学校比较长时间主管民营企业培训，对民营企业做了一些研究。近几年，对与民营企业相关联的地区经济也进行一些研究。去年到云南等地参加经济论坛，发表了"如何提升地区经济核心竞争力"的演讲，比较受欢迎。今天准备结合翔安的情况，在这方面谈点个人看法，不对之处请批评指正。

我发言的题目是：实施项目带动战略，提升翔安经济的核心竞争力。讲四点：

第一、为什么当今要特别强调研究提升核心竞争力？

因为当今中国是处在以经济建设为中心的时代。当今的中国，既不是战争年代，也不是以阶级斗争为纲的年代。而是以经济建设为中心的时代，这个经济是什么经济？是市场经济！市场经济的规律是竞争，竞争的结果是优胜劣汰。竞争就是力争上游，落后必然淘汰，落后必然挨打！

那么，竞争成败的根本原因是什么？是竞争力问题。因此，现在企业讲竞争力，事业讲竞争力，国家也讲竞争力。大国崛起，美国、日本，还有印度、巴西都在研究国家竞争力，研究国家的核心竞争力。因此，胡锦涛主席、温家宝总理多次强调要提升我们国家的核心竞争力，这是非常英明、非常正确的！旧社会我国落后挨打的沉痛教训，如今还记忆犹新！只有国家的核心竞争力提升了，国家才能力争上游，国家才能强大，人民才能富裕，中华民族才能复兴！

现在，中国许多地区的领导和社会各界开始重视研究如何提升地区经济竞争力问题。比如，广东、山东、浙江、江苏等地他们很重视，抓得早，抓得好。这是很正确的！一个地区的竞争力提升了，经济上去了，这个地区的老百姓就受益，子孙后代都受益。同时也促进整个国家竞争力的提升，意义非常之大！

战争年代要研究战争，市场经济年代要研究竞争。当今，研究提升经济核心竞争力问题，是世界管理学理论研究的前沿，是一个关系全局、关系长期发展战略的特别重要的问题，应当引起各级领导和社会各界的高度重视。

第二、究竟什么是地区经济的核心竞争力？

地区经济核心竞争力，是从企业核心竞争力引伸出来的。地区经济核心竞争力，是该地区经济竞争力中最核心的部分，是在该地区经济长期发展过程中逐渐形成的对该地区经济发展发挥独特作用的竞争能力。它具有四个特性：

（1）稀缺性；（2）难以替代性；（3）难以模仿性；（4）独特的

竞争性。

第三、如何提升地区经济的核心竞争力？

可以分三步走：

第一步，必须找准地区的核心资源优势。各地区的资源优势是有很大差别的，一定要找准。地区资源优势，比如有：地理位置资源、自然环境资源、气候资源、地下矿产资源、历史文化资源、旅游资源、经济资源等。例如，内蒙古有大草原资源优势，大力发展草原经济（畜牧业、牛羊肉、乳业、羊绒业等），就具有不可替代的核心竞争力；又如，云南有23个民族，是个民族大省，发展民族文化旅游经济，就具有不可替代的竞争优势；福建利用对台有利的地理位置资源，发展海峡西岸经济，在全国具有唯一性、不可替代性的竞争力等。

这个核心资源优势找错了，就会出问题。比如，厦门在海沧区建设PX项目，上错项目，政府已决定撤销这个项目，媒体还作了报道。这是个典型的例子。企业也一样，首钢的优势在钢铁资源，前几年他们上芯片项目，资源优势找错了！后来搞不下去，决定下马，损失几个亿！

为了地区经济发展，引进项目是可以的，甚至是必要的。引进一个好的项目，可以有效地带动地区经济的迅速发展，还可以提升地区GDP总量。这要进行全面的科学的论证后决策，最好应当与地区资源优势结合起来，不能以破坏或损害地区资源优势和自然环境为代价来提升GDP。因为，后者是违背科学发展观的。

第二步，要根据地区发展战略和社会发展以及市场需求，把这些资源优势分别变成一个一个项目，分轻重缓急，分别进行招商引资，走企业化、市场化、产业化、规模化、国际化的发展道路。

第三步，尽可能把这些项目打造成具有稀缺性、难以替代性和独特竞争性的地区产业、产业集群和规模经济，多出精良产品、高新技术、优秀品牌、驰名商标，不断提升地区经济的核心竞争力。

那么，现在我们来看看翔安。

翔安区政府提出：建设绿色生态型的现代化滨海城市的战略目标定位和"项目带动战略"的发展思路。我认为，这个战略目标定位和发展思路是科学的，一是"绿色生态"；二是"现代化"；三是"项目带动"。这完全符合管理学所揭示的发展规律，翔安要建设滨海新城，必须通过一个一个项目来带动，尤其是要通过像汇景新城中心这样的大项目来带动，这是非常重要的举措。这体现了毛主席过去常说的"饭要一口一口地吃，仗要一个一个地打"的真理，只有通过这样一个一个项目带动，翔安新城的建设发展才有载体、有平台、有抓手，才能把宏伟的战略目标逐步落到实处。

因此，必须坚持实施"项目带动战略"，推进翔安新城的建设发展战略，不断提升翔安的人气，提升翔安品牌的知名度，提升翔安经济的核心竞争力。

第四、厦门市翔安区的资源优势。

这方面有许多资料，各位领导专家都讲的很好。我认为，厦门市翔安区主要有三大战略资源优势：

第一个战略资源优势。翔安离金门最近，是对台交流、对台贸易最近的地区，是对台交流的桥头堡。而且还有全国唯一的两岸小额商品交易市场。这个地理位置资源，就是上面讲的稀缺性，甚至是唯一性。在福建全省是唯一的，在祖国大陆也是唯一的，这是其他地区难以替代、难以模仿的重大优势资源，如同紧邻香港的深圳、紧邻澳门的珠海。因此，一定要充分发挥翔安这个地理资源优势，抓住台湾局势的良好发展势头，抓住时机，像80年代的深圳、珠海那样迅速崛起！

第二个战略资源优势。翔安区可以说是厦门市的浦东，是厦门市今后发展的战略新区，前景极为广阔，发展空间极大！大家知道，在80年代甚至90年代，上海浦西市民不愿意去浦东，民间流传这样一句话："浦东一套房，不如浦西一张床！"但是，曾几何时，短短几年时间，浦东建设快速发展，浦东房价一涨再涨，几倍地涨！咱们福建泉州著名房地产企业家许荣茂先生，在上海浦东、浦西房地产大发展，连续几年评为中国第五富！德国有位年轻人，在浦东炒房发了大财，两年赚了几亿！

现在的厦门翔安，就像当年上海浦东，投资者、买房者应当看准时机，该出手时就出手！不买者肯定吃亏，慢了可能后悔！机不可失，时不再来！

第三个战略资源优势。汇景新城中心板块，正处在翔安新区发展战略的中心地带。它紧邻区政府，是翔安新城的核心区域，离隧道口只有7千米，真是得天独厚，占尽天时、地利、人和等各种有利条件，而且恰恰整合了三大战略资源优势——对台湾、对金门经贸和海西经济发展资源优势、厦门岛外发展资源优势以及翔安中心地带战略发展等三大战略资源优势。这在厦门、在翔安来说，都具有稀缺性、难以替代性、难以模仿性的特点，非常难得，具有极大的升值空间。

因此，必须通过汇景新城中心这样核心地带的大项目，从中心开花，来带动翔安滨海新城的建设！把翔安的文章做足做大，不断提升翔安经济发展的核心竞争力！

学习邓小平关于发展非公有制
经济的重要论述

(发表在《中国统一战线》1995 年第 7 期；收入中央党校
《邓小平理论研究文库》；被国家教育部选定为全国高校
《邓小平理论概论》课程的主要参考文献)

　　党的十一届三中全会以来，在党的改革开放政策的指引下，非公有制经济异军突起，蓬勃发展，在我国经济建设中发挥了积极作用，成为人们普遍关注的一个重要问题。党的十四届三中全会通过的《建设社会主义市场经济体制若干问题的决定》，重申了"坚持公有制为主体、多种经济成份共同发展的方针"，强调各种经济成分长期共存、合理分工、平等竞争、一视同仁，为非公有制经济的发展进一步指明了方向。然而，对非公有制经济这一新生事物，社会上仍存在这样或那样的议论；而且，一些非公有制经济人士自身也存在种种疑虑。在这种情况下，认真学习邓小平同志关于发展非公有制经济的重要论述，对认清"为什么必须发展非公有制经济"以及"发展非公有制经济应注意哪些问题"，促进非公有制经济的健康发展，无疑是十分必要的。

一、发展非公有制经济是社会主义本质决定的

　　小平同志在 1992 年春天南巡谈话中，提出了社会主义本质的科

学论断。他说："社会主义的本质，是解放生产力，发展生产力，消灭剥削，消除两极分化，最终达到共同富裕。"（《邓选》三卷第373页）小平同志高度概括社会主义本质的五句话，包含三层深刻的含义：

第一层，"解放生产力，发展生产力"。这是社会主义的重要物质条件，也是社会主义的根本任务，是衡量是非取舍的根本标准。

第二层，"消灭剥削，消除两极分化"。这是体现社会主义在生产关系方面的特征。要做到这一点，必须实现生产资料国家所有和集体所有，建立公有制为主体的经济。

第三层，"最终达到共同富裕"。这是社会主义的奋斗目标和最终目的，是社会主义的最大优越性和特点。

从分析社会主义本质的含义，可以看到：社会主义要消灭贫穷，最终达到人民共同富裕，就必须大力发展生产力；而要大力发展生产力，就必须坚决采取一系列"解放生产力，发展生产力"的有效措施。小平同志设计的路子是：

一是整个国家的工作重点必须果断地从"以阶级斗争为纲"转移到社会主义现代化建设上来，确立"经济建设为中心"。

二是从根本上改变束缚生产力发展的经济体制，建立起充满生机活力的社会主义经济体制。从农村到城市，在经济、科技、教育、政治等各个方面，进行一系列改革。

三是实行开放政策，吸引外资，利用外资，包括允许外资在中国办工厂。

四是吸收资本主义中一些有用的方法来发展生产力。是当作方法来用的，目的就是要加速发展生产力。

五是实行国家、集体、个人一起上的方针，坚持公有制为主体，发展多种经济成分。

六是允许一部分地区、一部分人先富起来，激励、带动整个国民经济波浪式地向前发展，逐步走向共同富裕。

从以上分析可以清楚地看到，我们允许和鼓励个体、私营和外资经济的发展，其目的就是为了迅速发展生产力，逐步消灭贫穷，最终达到共同富裕。这是由社会主义本质决定的。

二、发展非公有制经济，不是发展资本主义，不会破坏社会主义经济，归根到底有利于社会主义

十一届三中全会以来，小平同志在这方面有许多论述。归纳起来，主要有：

（一）发展非公有制经济，不是发展资本主义

早在 1979 年 11 月，小平同志会见外宾时就指出："外资是资本主义经济，在中国占有它的地位。但是外资所占的份额也是有限的，改变不了中国的社会制度。"（《邓选》二卷第 235 页）还指出："社会主义的经济基础很大，吸收几百亿、上千亿外资，冲击不了这个基础。"（《邓选》三卷第 63 页）小平同志对经济基础进行量的对比分析，说明发展一些外资经济不是也不可能发展资本主义，不会改变社会主义制度。

小平同志深刻批评社会上某些形而上学的观点。他在 1992 年春天南巡谈话中指出："有人认为，多一份外资，就多一份资本主义""三资多了，就是资本主义的东西多了，就是发展资本主义。这些人连基本常识都没有。"（《邓选》三卷第 373 页）

（二）发展非公有制经济，不会影响公有制经济为主体，不会破坏社会主义经济

1985 年 10 月，小平同志在会见外宾谈话时说："我们吸收外资，允许个体经济发展，不会影响以公有制经济为主体这一基本点。相反地，吸收外资也好，允许个体经济的存在和发展也好，归根到底，是要更有力地发展生产力，加强公有制经济。"（《邓选》三卷第 149 页）

这个道理很明显，因为非公有制经济只是也只能是作为社会主

义经济的补充。就拿私营经济来说，十多年来私营经济确有长足的发展。但从总体上看，它仍处于发育发展阶段。到1994年底，全国注册的私营企业有42万户，注册资金1389亿元，从业人员635万人，产值超过500亿元。而全国国有资产1993年底总量为34950亿元（不含资源性资产和军队中的国有资产）。可见，私营企业的资产在全社会总资产中只占很小的份额。

而且，私营企业多是小作坊，经营者多是小业主。在规模、管理、资金、设备、技术、产品质量等方面，与国有企业相比，还没有形成明显的优势。

在能源、交通、矿产、高科技、金融等关系国计民生的重要产业中，国有企业占90%以上，占绝对优势。国有企业在整个国民经济中居于主导地位。非公有制经济只是一个很小的补充。

（三）发展非公有制经济，归根到底有利于社会主义

党的十一届三中全会后不久，1979年10月小平同志以新加坡为例，详细分析吸收外资的好处说："外国人在新加坡设厂，新加坡得到几个好处，一个是外资企业利润的百分三十五要用来交税，这一部分国家得了；一个是劳务收入，工人得了；还有一个是带动了它的服务行业，这都是收入。我们要下这个决心，权衡利弊，算清帐，略微吃点亏也干，总归是在中国形成生产能力，还会带动我们一些企业。"（《邓选》二卷第199页）小平同志1992年春天南巡谈话中，结合姓"社"姓"资"问题，进一步说明"三资"企业有利于社会主义。他说："我国现阶段的'三资'企业，按照现行的法规政策，外资总是要赚一些钱。但是，国家还要拿回税收，工人还要拿回工资，我们还可以学习技术和管理，还可以得到信息，打开市场。因此，'三资'企业受到我们整个政治、经济条件制约，是社会主义经济的有益补充，归根到底是有利于社会主义的。"（《邓选》三卷第373页）

小平同志对发展非公有制经济的好处有许多论述。我们理解，

发展非公有制经济的好处，归纳起来，大概有以下几个方面：

1. 有利于加快发展社会主义生产力，有利于提高综合国力；

2. 有利于推动建立社会主义市场经济体制，有利于扩大市场交易和市场竞争；

3. 有利于吸收外国和国内人民手中的资金和游资，用于国家经济建设；

4. 有利于增加税收；

5. 有利于劳动就业；

6. 有利于学习国外先进技术和经营管理；

7. 方便人民生活；

8. 可以带动一些企业和服务业的发展。

三、发展非公有制经济不会产生新的资产阶级

党的十二届三中全会通过《关于经济体制改革的决定》，我国的改革从农村发展到城市。在这个时期，小平同志深刻分析我国改革的形势和阶级结构的变化情况，明确指出：发展非公有制经济，不会产生新的资产阶级。主要论述三个方面的观点：

（一）个别资产阶级分子可能会出现，但不会形成一个资产阶级

1985 年 8 月小平同志在会见外宾谈话中，谈到发展个体经济、外资经济时，尖锐指出："会不会产生新的资产阶级？个别资产阶级分子可能会出现，但不会形成一个资产阶级。"（《邓选》三卷第 139 页）在党的十二届三中全会期间，小平同志在中顾委的讲话时肯定指出："按照现在开放的办法，到国民生产总值人均几千美元的时候，我们也不会产生新的资产阶级。"（《邓选》三卷第 91 页）

为什么不会产生新的资产阶级呢？小平同志指出，因为"基本的生产资料归国家所有，归集体所有，就是说归公有。"（《邓选》三卷第 139 页）"只要我国经济中公有制占主体地位，就可以避免两

极分化。"(《邓选》三卷第149页)而且,"社会主义特征是搞集体富裕,它不产生剥削阶级。"(《邓选》三卷第236页)

马克思主义的阶级观认为,阶级是与特定生产关系相联系的、在经济上处于不同地位的社会集团。显然,阶级是这样的一个集团,而不是指个别分子。因此,第一,我们始终坚持公有制为主体,从生产关系和阶级基础方面,避免产生新的剥削阶级;第二,我们运用经济、法律等手段,促使非公有制经济服从于社会主义经济,发挥积极的补充作用;第三,我们运用经济、法律等手段,加强对非公有制经济的引导、监督和管理,保护合法的经营和收入,打击违法行为。这样,个体劳动者和私营企业主,作为我国社会主义社会的非基本的社会群体,就从属于工人、农民两大基本阶级,成为发展社会生产力的帮手,成为建设社会主义的一支生力军,不会形成一个新的资产阶级。

(二)社会主义的国家机器是强有力的,一旦发现偏离社会主义方向,可以及时纠正过来

小平同志充分预测到开放的风险性,指出:"我还说,我们社会主义的国家机器是强有力的。一旦发现偏离社会主义方向的情况,国家机器就会出面干预,把它纠正过来。"(《邓选》三卷第139页)

(三)雇工问题,用不着急于解决

雇工,是社会上议论的热点,也是改革开放中需要认真把握的一项重要政策问题。1984年10月,小平同志在党的十二届三中全会上指出:"还有的事情用不着急于解决。前些时候那个雇工问题,相当震动呀,大家担心得不得了。我的意见是放两年再看。那个能影响我们的大局吗?如果你一动,群众就说政策变了,人心不安了。你解决一个'傻子瓜子',会牵动人心不安,没有益处。"(《邓选》三卷第91页)

小平同志在1992年春天南巡谈话中,要求从改革的全局认识和把握雇工这类问题。他说:"像这类问题还有不少,如果处理不当,

就容易动摇我们的方针，影响改革的全局。城市改革的基本政策，一定要保持稳定。……有了这一条，中国就大有希望。"（《邓选》三卷第 373 页）

四、发展非公有制经济必须坚持公有制为主体和共同富裕两条根本原则，避免两极分化

按照小平同志的思想：贫穷不是社会主义；要消灭贫穷，不发展生产力不行；要发展生产力，不改革开放不行；要改革开放，不发展非公有制经济不行；那么，发展非公有制经济，究竟应当注意哪些问题呢？小平同志在这方面，主要论述三个观点：

（一）始终坚持公有制为主体和共同富裕两条根本原则

在党的十二届三中全会通过《关于经济体制改革的决定》后不久，1985 年 3 月，小平同志在全国科技会议上指出："我们允许个体经济发展，还允许中外合资经济和外资独营的企业发展，但是始终以社会主义公有制为主体。社会主义的目的就是要全国人民共同富裕，不是两极分化。……总之，一个公有制占主体，一个共同富裕，这是我们必须坚持的社会主义的根本原则。我们就是要坚决执行和实现这些社会主义原则。"（《邓选》三卷第 110 页）

小平同志这段话非常精辟，非常重要。应当这样理解：（1）从地位上看，"公有制为主体和共同富裕"，这不是一般的方针政策，而是社会主义的两条根本原则，是关系到社会主义本质、特征和优越性的原则问题；（2）从立场上看，对这两条原则必须坚决执行，不能有任何动摇。尤其是在有人鼓吹"私有化"的舆论中要坚定不移；（3）从时限上看，这两条根本原则必须贯穿改革开放的始终。"无论怎样开放，公有制经济始终还是主体。"

（二）非公有制经济是社会主义经济的补充

1985 年 8 月小平同志在会见外宾谈话时指出："在改革中，坚持社会主义方向，这是一个很重要的问题。……发展一点个体经济，

吸收外国的资金和技术，欢迎中外合资合作，甚至欢迎外国独资到中国办工厂，这些都是对社会主义经济的补充。"（《邓选》三卷第138页）在这里，小平同志明确了非公有制经济的地位和作用：公有制经济（国有和集体所有的经济）是主体，非公有制经济（外资、私营和个体经济）是补充。

应当如何界定公有制经济为主体和非公有制经济的补充地位呢？按照小平建设有中国特色社会主义理论，党的十四届三中全会制定的《关于建立社会主义市场经济体制若干问题的决定》，重申了"坚持以公有制为主体，多种经济成分共同发展的方针"，界定了公有制经济为主体地位的内涵：

（1）公有制经济的主体地位是就全国来说的，是就总体意义而言的，并不意味任何地方、任何产业都一样。也就是说，在有的地方、有的产业公有制经济不一定都是主体；

（2）公有制经济的主体地位主要体现在国家和集体所有的资产在社会总资产中占优势。国有经济的比重不一定都要达51%以上；

（3）国有经济的主导作用是国有经济控制国民经济命脉产业，合理划分国有经济的分布范围；

（4）公有制经济和非公有制经济都要一视同仁，平等参与市场竞争。

弄清了公有制经济主体地位的内涵，非公有制经济的补充地位自然也就清楚了。

（三）允许一部分地区、一部分人先富起来，目的是为了达到共同富裕

早在十一届三中全会前夕，1978年12月小平同志在中央工作会议闭幕会上的讲话中，就明确指出："在经济政策上，我认为要允许一部分地区、一部分企业、一部分工人农民，由于辛勤努力，成绩大而收入先多一些，生活先好起来。"（《邓选》三卷第152页）后来，他又多次阐述这一重要政策。1985年9月，他说："鼓励一部分

地区、一部分人先富起来，也正是为了带动越来越多的人富裕起来，达到共同富裕的目的。"（《邓选》三卷第 142 页）

那么，如何从"先富"达到"共同富裕"呢？小平同志的基本构想是：

（1）对先富裕起来的个人，要有一定的限制，如征收所得税；提倡他们自愿拿钱办教育、修路等公益事业；但不搞摊派，挫伤他们的积极性。

（2）先富裕起来的地区，可以包一个或两个贫困地区，一个省包一个或两个省；可以通过多交税收和转让技术等方式，支持贫困地区的发展，但不能削弱发达地区的活力，不能鼓励吃"大锅饭"；设想在本世纪末达到小康水平的时候，考虑突出地提出和解决这个问题。

（3）先富起来的地区经济还要继续向前发展，不发达地区又大都有丰富的资源，发展潜力很大。这样，逐步缩小和解决先富地区与贫困地区的贫富差距，最终达到共同富裕。

蔡福金：对莆田商会、莆田企业和
妈祖文化的几点建议

（发表在《莆田京人》2011 年第 5 期）

蔡福金是莆田籍著名民营企业研究专家，现兼任中国民营企业家协会副会长兼专家委员会副主任、全国高科技企业发展委员会副主任等职，他在全国许多地区给民营企业授课，为企业咨询问诊，作为莆田市北京商会的高级顾问，本刊记者就发展的主题对他进行了采访，他对莆田商会、莆田企业和妈祖文化发展提出诸多值得大家思考的建议。

对莆田商会、莆田企业的建议

记者：作为商会的高级顾问，您怎么评价莆田市北京商会？对商会工作有什么建议？

蔡福金：在我所接触的商会中，可以说，莆田市北京商会是市级异地商会中办得比较好的，是全国少有的。我对莆田市北京商会的评价可以用一句话来概括：成绩卓著，作用很大，口碑很好。

我对商会工作有两条建议：

一、进一步定位定向，发挥更大作用。商会怎么定位定向？就是要再三明确商会的桥梁和纽带作用。也就是说，商会是企业与政府、企业与企业、企业与社会之间的桥梁和纽带，这就是定位。商会的这种作用是谁也替代不了的，政府部门、企业本身都替代不了商会这个重要作用。

商会应该如何发挥桥梁和纽带作用？就是要经常积极地（不是消极的）用各种形式（口头或书面）如实地向政府反映北京莆籍企业的心声、意见、要求和建议，更要积极地请政府支持帮助民营企业。这种支持包括：政策支持，出台各种地方法规政策支持民营企业；政治支持，为民营企业家争取人大代表、政协委员等参政议政名额；思想支持，经常关心、看望民营企业，让他们感到政府的关怀和支持，鼓励企业不断发展壮大。

另外，商会不仅要团结会员企业，还要团结所有在京莆籍乡亲，做会员与非会员之间、企业与社会之间的纽带和桥梁。商会的职能，概括起来就是八个字：团结、服务、引导、维权。

二、工作要抓重点，抓热点。重点肯定是热点，热点不一定是重点，但热点是反映比较集中和强烈的问题，也要抓。我认为，现阶段莆田在京企业如何调整、优化、升级、做强、做大是第一位的热点，是最迫切、最强烈的要求，也是现阶段商会工作的重点。商会要通过培训、讲座、座谈、对话等方法引导企业深刻认识：在当今国际经济形势复杂多变和市场竞争越发激烈的情况下，企业只有调整优化升级、持续发展、做强做大，才能避免被淘汰的命运。

另一点，就是迫切需要提高企业家的素质。企业家的素质决定企业的素质，企业家的素质水平决定企业的发展水平。企业发展到一定的规模，制约企业持续发展的主要因素，往往是企业宝塔尖上那个一把手的素质水平和理念高度。所以，企业家迫切需要学习，而且必须不断学习，不断提高素质，与时俱进。同时，还要带动企业高管和员工投入学习，变企业的学习为学习的企业，建设"学习型企业"。这类企业能够长期坚持学习，企业整体素质不断提高，与时俱进，就无往而不胜。这是企业可持续发展的基础和前提。

记者：您长期从事民营企业方面的研究，做过很多企业的咨询顾问，您刚才对莆田在京企业已做了一些评价，这方面请再深入谈谈？

蔡福金：从企业的发展阶段来看，我认为当今莆田在京企业已不是初创企业，也不是初级企业，绝大部分是中级企业，少数准备进入高级企业阶段。这是莆田在京企业的发展阶段定位。因此，处在这个发展阶段的莆田在京企业，当前的头等大事是：应当抓紧认真制定向高级企业发展的战略目标、战略规划、战略步骤。要进行充分论证，加以确认，并一步一步付之实施。这可以称为"企业不断发展论"和"企业发展阶段论"。如果莆田在京广大企业的这个战略发展规划能够得到全面实施，那么莆京企业将全面迈上一个大的新台阶，意义何等之大！对莆京企业的这个战略发展理念和任务，莆田北京商会应当积极引导，并给予大力支持。商会要站得更高看得更远，要有前瞻性、指导性，不断引导会员企业调整优化升级，取得突破性发展，进行"二次创业"，迈上新台阶。

莆田在京企业的产业结构比较集中，主要有六大行业：木材、钢材、装饰、医疗、珠宝、手机。其中，木材、医疗行业占据北京很大的市场份额。莆田在京企业已经形成一支相当规模的、相当出色的企业家队伍；形成了一个相当规模的、具有相当竞争力的产业集群；打造了一批比较高水平的品牌。但是，我认为莆京企业不能满足于已有的成绩，不能故步自封，要与时俱进，持续发展，继续做强做大。

据我观察分析，我认为，现阶段莆京企业急需做好五个方面工作：超越自我的观念创新；采取大的战略发展举措；采用先进的经营模式；管理上的重大突破；具备上规模的企业要创造条件果断上规模，实现产业化、规模化经营。因时间关系，就不展开说了。

莆田还有相当多的企业需要打基础。据我了解，现在仍有一些莆京企业基础不够牢固，他们大多是家族企业，领导班子不健全，规章制度不完善，基础没有打好，给企业的持续发展带来很多隐患。

另外，莆京企业发展到现在的中级企业阶段，具有一定的规模，投资就可以多元化，不一定只从事一种行业，所谓"东方不亮、西方亮"，这样可以减少市场风险。但是，切记：主业不能丢！主业是企业的载体，是企业存在的前提和基础，是企业的命根子。丢失主业、企业必亡！因此，必须呵护主业，大力培育和发展主业。在这个前提下，可以开辟第二主业，甚至第三主业等，这要根据企业资源优势和市场需求来决定。

记者：您长时间做品牌方面的研究，您觉得应该如何打造商会品牌？

蔡福金：品牌建设有三种境界：知名度、美誉度、忠诚度。美誉度是核心，是重点，是关键，有美誉度才能有忠诚度，才能提高知名度。品牌建设是系统工程，是全员的全方位的全过程的长期的战略系统工程。品牌不是一朝一夕造成的，而是长时间积累的结果。不能只一味依靠广告宣传炒作，只求知名度，而忽视了美誉度和忠诚度，或者只求一时打造品牌，而忽视了全员全方位全过程长期打造品牌。那种靠一时打造的品牌，往往是短命的品牌，叫"昙花一现"品牌。美誉度是关键，它是质量效应、服务效应、形象效应、品格效应、心理效应等多方面元素长期综合积累的结果，其中质量元素最重要。从广义上讲，不仅企业品牌、商品品牌，甚至事业品牌、城市品牌、地区品牌、个人品牌，都是如此。

商会的品牌建设，核心是服务质量，服务要做深、做实、做细、做广。我觉得可以从以下这几个方面来做：一要抓管理，做到制度化管理、流程化管理、人本化管理。制度化管理就是建立健全各种制度，做到有章可循，有法可依；流程化管理就是做到各种事项的审批、实施，走规范化流程；人本化管理，就是要坚持以人为本的原则，实行人性化管理。二要办实事，抓重点，抓难点，抓热点。把服务做到实处，让会员真正受益。三要扩外联，做好内外联络沟通工作，打造良好的交流平台。这样，长期坚持，长期积累，就可以树立商会的良好品牌形象，发挥更好的作用。

对妈祖文化的建议

记者：您做为中华妈祖文化交流协会的顾问和发起人之一，觉得应当如何发挥莆田妈祖文化品牌优势？

蔡福金：中华妈祖文化交流协会机构的酝酿，我接触的最早时间要追溯到1995年与莆田市政协领导的多次口头和书面沟通，那时还没有起这么好的名称。当时，我的主观设想是：想把妈祖文化与中央社会主义学院的另一块牌子——中华文化学院结合起来，设想我院与莆田市联合举办妈祖文化论坛，先在莆田、然后在台北、最后到北京我们学院来举行，想这样做既有声势，又有理论高度；既是一种对台文化统战，又能为家乡做点实事，一举多得。后来，在莆田市委、市人大、市政府、市政协的直接领导下，湄洲妈祖祖庙董事会及有关部门进行一系列研究，做了大量扎实工作，也和我进行一些沟通。我本人被市里选为该协会的六个发起人之一，感到十分荣幸！我们六个发起人的身份证复印件作为附件，按程序层层上报，最后报到国务院，经国务院最高领导批准，获得成功，协会班子的规格大大提升了，由全国政协副主席张克辉担任会长，这对工作很有利。协会的成立，使莆田妈祖文化的发展有了坚强的组织领导和良好的发展势头。

应当如何发挥莆田妈祖文化品牌优势？我认为有以下几点：

一是高度。认识高度上，要充分认识到：妈祖文化，不仅是莆田的，同时也是福建的，中华民族的，全人类的。妈祖文化，已作为"民间信俗"列入联合国教科文组织的"非遗目录"。因此，我们的思想境界要高，眼界要开阔，必须立足莆田，从中华民族，从全世界的高度，来研究、规划、发展妈祖文化，面向世界，落地莆田。莆田市委、市政府决定建设世界妈祖文化建设中心，是完全正确的。要做的事还很多。

二是广度。妈祖文化，如何做广、做大？我觉得，既要把它作为对台文化交流、促进两岸和平统一大业的文化事业来做，又要当成文化产业来做，走企业化、市场化、产业化、规模化、国际化的发展道路，这样才能做成大事业、大产业。

从经济学上讲，妈祖文化是一种难得的珍贵资源，它具有稀缺性（甚至是"唯一性"）、不可替代性、不可模仿性，这是产业核心竞争力的最重要特征，而妈祖文化都同时具备了。妈祖文化品牌具有很强的竞争力，必须抓紧把它做广做大。

三是深度。把妈祖文化产业做深、做实、做细，做精，着力提高妈祖文化产业的产品质量、管理水平、服务质量，品牌形象等。要树立精品意识，把妈祖文化产业做好，做出好口碑、做出高水平。这方面有大量的工作要做，如果这方面的工作没有跟上，产品质量、管理水平、服务质量没有到位、没有做好，必然影响妈祖文化产业做广做大，必然影响妈祖文化整个产业的品牌形象和今后的可持续发展。

如何把莆田妈祖文化品牌做广做大？两个方面：

（1）横向，向妈祖文化产业的序列化发展。如妈祖旅游、妈祖影视、妈祖戏曲、妈祖歌舞、妈祖演艺、妈祖书画、妈祖论坛、妈祖网络、妈祖服饰、妈祖建筑，妈祖饮食、妈祖商品等。立足莆田，面向全省、全国（其中，包括面向台湾），走向世界。妈祖文化产业的发展空间多么广大。

　　（2）纵向，向妈祖文化产业的"一条龙"发展，把妈祖文化产业链中的上游产业、中游产业、下游产业（包括国际市场营销网络）的"一条龙"产业链，全部做起来，把产业链做长做大，延伸到全世界。要充分论证，确定莆田妈祖文化的发展战略、发展目标和发展步骤，要科学发展，可持续发展，避免无计划的乱发展。

关于建设社会主义新农村的
若干问题

——在中央党校社会主义新农村专题培训班的讲课

（2006 年 6 月 3 日　北京　中央党校）

我老家在福建农村，在农村生、农村长，父母是农民，兄弟姐妹大部分是农民，我从小就在地里干活，对农民、农村、农业"三农"很有感情。后来上学，大学毕业分配在航天部，后调到中央统战部下属的中央社会主义学院工作。

今天应邀给中央党校举办的社会主义新农村专题培训班讲课，谈谈对学习中央文件、学习胡锦涛总书记、温家宝总理讲话和农业部一些材料的体会，仅供各位参考。讲四个问题。

一、推进社会主义新农村建设是党中央的重大战略部署

（一）时代背景

1. 我国已进入经济社会发展的黄金时期（战略机遇期）。

世界发达国家的发展规律，都经过一个黄金时期，就是国家人均 GDP 达到 1000—3000 美元这个时期，是国民经济发展更快更好更稳更协调的时期，当然也是诸多社会矛盾凸显的时期。中国到 2003 年底，人均 GDP 达到 1000 美元。从 2004 年起，我国就进入经济社会发展的黄金时期，中央提法：战略机遇期。

2. 近年来，党中央稳健地精明地驾驭国内外复杂局势，作出一个又一个重大的战略部署（包括社会主义新农村建设）。

（1）抓求真务实。召开中央全会，作出决定；

（2）抓执政党建设。召开中央全会，作出决定；

（3）提出贯彻落实"科学发展观"重大战略方针；

（4）提出构建"和谐社会"的治国方略和战略目标；

（5）加强马克思主义理论研究和建设工程；

（6）推进社会主义新农村建设；

（7）提出建设创新型国家；

（8）对台湾和平统一提出四个"绝不"，颁布《反分裂国家法》；

（9）提出"八荣八耻"社会主义荣辱观等。

3. 中央领导班子是个非常好的领导班子。

作为一位学者，我认为：以胡锦涛为总书记的中央领导班子是执政为民的班子、求真务实的班子、团结实干的班子、能驾驭国内外复杂局势的班子、非常有创建有创新的班子，是个完全可以信赖的好班子。

（二）解决"三农"问题是新时期新阶段全党和全部工作的重中之重。

改革开放27年，太平盛世，经济发展，政治稳定，文化繁荣，民族团结，人民生活不断提升。我国GDP总量已超过意大利，上升到世界第6位，排在美国、日本、德国、英国、法国之后。去年我国GDP增长速度为9.3%，是世界最快的。但是，我国"三农"差距太大：农业不发达、农民不富裕、农村不繁荣。"三农"成了"三不"。《人民日报》发表社论，归纳"三农"方面存在7个问题：

（1）当前农业和农村仍然处在艰难的爬坡阶段；

（2）农业基础设施脆弱；

（3）农村社会发展滞后；

（4）城乡居民收入差距扩大；

（5）制约农业和农村发展的深层次矛盾尚未消除；

（6）促进农村经济发展和农民持续增收的长效机制尚未形成；

（7）统筹城乡发展的体制、机制尚未建立。

这是"三农"方面存在的问题，也是需要着力解决问题的目标。因此，只有把农业、农村、农民工作抓上去，才能促进消费、促进投资、促进市场、促进国力、促进文明、促进社会和谐，意义确实太大太重要了。因此说，解决"三农"问题，是新时期新阶段全党和全部工作的重中之重。

（三）胡锦涛总书记关于"两个趋向"的重要论述是破解"三农"难题的金钥匙。

2004 年 9 月在党的十六届四中全会上，胡锦涛总书记发表重要讲话，明确提出"两个趋向"的重要论断。

第一个趋向：在工业化初始阶段，农业支持工业，为工业提供积累，是带普遍性的趋向。

第二个趋向：在工业化达到相当程度后，工业反哺农业、城市支持农村，实现工业与农业、城市与农村协调发展，也是带普遍性的趋向。

过了三个月，在 2004 年 12 月中央经济工作会议上，胡锦涛总书记强调指出："我国现在总体上已到了'以工促农、以城带乡'的发展阶段。"这是非常及时、非常英明的论断和部署。

（四）党的十六届五中全会（2005 年 9 月）通过《中共中央关于"十一五"规划的建议》，提出建设社会主义新农村的重大历史任务，作了战略部署。

（五）2006 年 2 月中共中央、国务院颁布《社会主义新农村建设的若干意见》。

（六）2006 年春节后，中央党校举办第一期省部级主要领导干部建设社会主义新农村专题研讨班，胡锦涛总书记、温家宝总理作了重要讲话，为建设社会主义新农村进一步指明了方向。

二、准确把握建设社会主义新农村的科学内涵

1. 建设社会主义新农村的战略布局：包含五个建设：社会主义新农村的经济建设、政治建设、文化建设、社会建设、党的建设。

2. 建设社会主义新农村的指导方针：四句话18字方针。

第一句，"高举"：高举邓小平理论和"三个代表"重要思想伟大旗帜；

第二句，"贯彻"：全面贯彻科学发展观；

第三句，"统筹"：统筹城乡经济社会发展；

第四句，"实行"：实行（18字方针）"工业反哺农业、城市支持农村和多予、少取、放活"的方针。

3. 建设社会主义新农村的基本要求（基本目标）：五句话20个字：生产发展、生活宽裕、乡风文明、村容整洁、管理民主。

概括起来讲，建设社会主义新农村的科学内涵是：按照建设社会主义新农村五句话20个字战略部署的基本要求，全面贯彻四句话和18字的指导方针，协调推进社会主义新农村的五个建设。

三、关于调整农业生产结构

作为一个国家，产业结构的调整和优化是经济社会发展的战略问题。作为农业，是国家的第一产业，农业生产结构的调整、优化也是农业发展的战略问题，是推进现代化农业建设的重要任务，是建设社会主义新农村的迫切要求。讲5点：

1. 现阶段我国农业生产结构的基本状况和存在问题

现阶段我国农业的生产结构，农业部统计数字显示：农业生产总量中，种植业比重减少；畜牧业、养殖业、渔业、林业比重上升。存在的主要问题是：

（1）农业生产结构趋同、区域布局仍不够合理；

（2）优势产业发展水平低，在国际市场上缺乏竞争力。产品单一，产品出口屡屡受阻，优势地位不稳；

（3）农产品加工转化不足，农业向广度和深度延伸不够。加工设备落后，加工技术差。发达国家，加工产品产值：农产品产值＝2.6-3.7：1；中国是0.4：1。

2. 调整农业生产结构的战略目标

（1）农业生产发展的总体目标是：高产、优质、高效、生态、安全（10个字）。

（2）实现总体目标的措施（5个）：塑优势（产品）、打品牌、抓质量、重管理、促升级，实现从人力资源优势→转换为产品优势→转换为产业优势→转换为市场优势→提升核心竞争力（通过梯次转换，提升农产品的核心竞争力）。

（3）调整农业生产结构的框架（5句话）

①巩固"粮食安全"这个基础。

②充分依靠"市场"和"技术进步"这两大引擎。

③合理利用人力资源和自然资源、经济资源这三大资源。

④努力实现"无公害"农产品和"绿色食品"的两翼齐飞。

⑤推进畜牧、水产、园艺三业并进。

（4）调整农业生产结构的基本原则（4条）

①遵循规律、逐步推进。按照经济发展和市场运行规律要求，按照市场规则（产品、价格、渠道、促销），适时适度地推进结构调整的深化和升级。

②强化优势、突出特色。要根据不同地区的资源优势和农业基础，发展特色农业，形成带动当地经济发展的支柱产业。

③对内深化、对外延伸。开发两个市场，以国内市场为基础，同时紧盯国际市场、发展国际市场。

④市场引导、政府推动。

（5）调整农业生产结构的战略重点（5个：三业二品）

①大力发展畜牧业。加快发展具有地方特色的畜禽养殖业；加快乳业内部资源整合和结构调整步伐，促进乳源基地升级。

②大力发展水产业。水产品是我国重要的出口拳头产品，积极引导水产养殖向高效、生态、健康方向发展。

③大力发展园艺业。突出发展劳动和技术复合密集型产品和优势特色产品。

④大力发展无公害农产品。建设无公害农产品的生产基地、标准化示范区，加强源头治理和产地净化。

⑤大力发展绿色食品。建设一批有规模、有影响、有品牌、有效益的绿色食品标准化生产基地。

（6）调整农业生产结构的重点工作

①质量提升

②出口促进

③品牌推进

四、关于农业产业化经营

1. 农业产业化经营是适应市场需求和变化的根本出路

加入 WTO 后，中国农业必须向专业化、区域化、标准化、国际化方向发展。千家万户的小生产与千变万化的大市场的不适应矛盾越来越突出。农业发展的目标和方向：只有产业化经营才能适应市场化的需求；否则，必然被淘汰，市场是无形的，也是无情的！

因此，必须研究市场（国内、国外两个市场）、研究需求（国内、国外两个需求），按照市场需求来确定农业产业化发展的方向。通过农业产业化经营，不断提升农业组织化的程度，改变千家万户小生产、分散的组织状况。

2. 农业优势产业集聚要求发展农民专业合作社

（1）从管理学上说，"产业集聚"是一种成功有效的市场营销模式，因为这种营销模式，可以变卖方市场为买方市场，对顾客产生巨大的吸引力。农业产业化将引导农业优势产业集聚，形成农业优势产业区域，再扩大形成特色的农业优势产业带。

（2）国家农业产业布局：

东部沿海地区：积极发展附加值高、国际市场竞争力强的创汇农业，形成出口外向型的农产品产业带。

中部地区：以粮棉油等大宗农产品深加工为重点，形成优质专用农产品产业带。

西部地区：精心培育主导产业，形成特色农产品产业带。如冬虫夏草、宁夏枸杞等。

农业优势产业集聚的形成，迫切需要大规模的农业专业化生产，迫切要求发展农民专业合作社。

（3）发展农民专业合作社的重大意义

①使几千年分散的千家万户的生产组织形式，逐步转变为各种形式的农民专业合作社。

②优势产业带的形成和大规模的专业化生产，使农业龙头企业带动农户和生产基地的面显著扩大。

③在整体上形成"一条龙"的农村经济组织：农业龙头公司闯市场——中介组织搞服务——农民安心搞生产。

3. 合作双赢的宗旨要求：提高农民组织化程度

合作双赢，体现在三条链：

产业链：产品生产（种植、养殖）、加工、包装、运输、批发、零售；

价值链：以上每一个链节，都有价值（劳动价值）、价格，需要定价；

组织链：必须以产业链为基础，以价值链为核心，以组织链为保证，才能实现产业链利润最大化、市场竞争力最大化、农民收益最大化。

4. 农业产业化经营带动农民组织化的组织形式类型（5种）

（1）"公司+农户"组织模式。公司与农户有三种利益关系：

①签订生产型订单合同：公司提供种苗、种畜、种禽、饲料、农药、化肥等产中服务；农民按合同生产，公司收购。

②签订销售型订单合同：不包括产前、产中服务，只定买卖合同和购销价格。

③在上述合同基础上，公司吸收农户参股。公司年终按股份分红或按照农户交售产品数量二次返利。

（2）"公司+基地+农户"组织模式。龙头企业通过建设生产基地带动农民进行标准化生产，提高农民组织化程度。有三种形式：

①公司用自有土地建基地，雇农民做工。

②公司租地建基地，雇农民做工。

③公司租农民土地建基地，吸收农民以土地、劳动力、产品、资金要素入股，再承包给农户或大户经营。

山东、内蒙、陕西等地的禽类加工龙头企业，通过股份制企业形式，与农户共办饲养小区，小区带农户，解决组织化、集约化、标准化问题。既扩大规模，又降低成本；既提高农民组织化程度，又增加农户经济收入。

山东龙大食品集团，企业以资金、技术入股，农户以土地入股，做到五统一：统一种植、统一浇灌、统一施肥、统一防治病虫害、统一收购。已发展蔬菜基地 16 个，面积 5000 多亩，出口创汇取得优异成绩。

（3）"公司+中介组织+农户"组织模式。目前，中介组织有三种：专业合作组织、行业协会、中介人。所以，这种组织模式就有三种形式。

例如，"公司+专业合作组织+农户"组织模式，由公司牵头+专业户联合成立合作社+农户。江苏海门京海肉鸡集团，创办由公司牵头、107个养鸡专业户参加的京海肉鸡专业合作社，实行"四有"规范化运作：有完整审批手续、有完善组织章程、有专门办事机构、有稳定的利益联结机制，深受专业户欢迎，农户普遍反映："合作社真正好，养鸡致富靠得牢！"

还有"公司+经销商+农户"组织模式，三方签订合同，风险由公司和经销商承担，利益由三方共享。

（4）"专业市场+农户"组织模式。专业批发市场是连接农产品的载体。采取这种模式，有利衔接产与销，有利提高农民组织化程度。专业批发市场：一是政府建；二是合作社建；三是龙头企业建。例如，河北冀东果蔬批发市场，是当地政府建的，设有信息中心、研发中心、检测中心、保鲜库和加工车间等，2005年通过国际认证（HACCP）。

（5）"合作社+农户"组织模式。专业合作社，是由农民自发组织建立、或由政府建立、或由龙头企业建立等。合作社的作用：依靠自身经济实力，开拓占领市场，延伸产业链，拓展加工、储运、营销等业务，发挥龙头作用。合作社的名称有：农民专业合作社、农业专业协会、农民产销联合体、农民技术协会、农民技术经济协会等。

山东宁阳葛石大枣专业合作社，自主注册商标，创立品牌，开展产前、产中、产后一条龙服务，实现标准化生产：统一种苗、统一生产资料、统一生产技术、统一等级标准、统一操作规程、统一产品包装、统一商标品牌、统一销售价格、统一实施营销策略，做到9个统一。

今后，将普遍推开"公司+专业合作组织+农户"组织模式，"行业协会+公司+专业合作社组织+农户"组织模式。

主要参考文献：农业部课题组《建设社会主义新农村若干问题研究》

国际金融危机的影响和我们应当如何正确应对

——给北京莆田一中校友会全体校友的演讲

(2009 年 5 月 4 日　　北京清华园)

今天下午，将在清华大学举行全国中学篮球联赛的冠亚军决赛，莆田一中对清华附中。比赛之前，北京莆田一中校友借清华大学会议室和母校领导一起聚会，莆田一中校友会安排我给在京的校友们讲讲国际金融危机的有关问题。我讲的题目是：金融危机的影响和我们应当如何正确应对。简要讲五点。

第一点，这场国际金融危机的影响究竟有多大？

国际金融学家说：这场国际金融危机是历史上罕见的，是 60 年来最严重的，影响广度、深度远远超过 1997 年亚洲金融风暴。这场金融危机，从金融发展到实体经济，从实体经济发展到人们生活，使整个世界经济发展速度大幅下滑，世界 GDP 增速下降 1～2 百分点，预测 2009 年全球经济平均增速为负增长。美国经济处在负增长的边缘；日本经济萧条；东欧如匈牙利、罗马尼亚、捷克等国原来靠外资刺激经济，现在金融危机，外资大批撤走，本国货币贬值，企业大批倒闭，工人失业。东欧经济很危险，可能拖累整个欧洲的经济。

第二点，国际金融危机能延续多长时间？

国际金融学家分析，提出国际金融危机走势有四种可能：

（1）V型。下滑到底，各国采取措施，经济较快上升，成V型。预测时间1年。

（2）W型。下滑到底，经济较快上升后，又下滑到底再上升，成W型。预测时间3～5年。

（3）U型。下滑到底后，底比较宽长，成U型。预测时间3～5年。

（4）L型。下滑到底后，底多长说不清，时间5年以上。

多数国际经济学家分析，如果主要国家采取的措施不犯大的错误的话，全球经济2～3年就可以全面复苏。我们中国预测今年下半年经济就可以明显回升。

第三点，引发这场国际金融危机的原因是什么？

1. 直接原因。世界银行首席执行行长林毅夫说：21世纪初美国出现网络危机、网络泡沫经济。为了挽救网络泡沫经济，美国政府开出的处方是：大力刺激拉动房地产经济。办法是发放次贷款，刺激调动低收入的居民掀起购房热潮，果然见效。银行把次贷打包成金融产品出售，而且很多外国金融机构也争相购买，香港就买了6亿美元。从网络泡沫经济导致房地产泡沫经济，结果：房地产房价跳水，所有银行的次贷全部套牢，直至许多银行破产倒闭，引发了这场波及全球的国际金融危机。

2. 根本原因。国际社会越来越认识到，引发这场国际金融危机的根本原因是：二战以后建立的以美元为国际货币的世界金融体系。美元的主权国是美国，印制美元的数量美国说了算；黄金和所有商品都以美元定价；国际贸易都以美元结算；所有国家的货币都以美元作为比价汇率；所有国家都以美元作为外汇储备等，全世界的经济都捆在美元身上，这太危险了！这就是引发这场极为严重的国际金融危机的根本原因。

因此，改革现行的以美元为国际货币的世界金融体系，是避免和预防产生国际金融危机的根本办法，势在必行！其趋势是以三种货币作为国际货币：人民币、欧元、美元。

第四点，这场国际金融危机对中国的影响。

这场国际金融危机对中国的影响不可小看、不能大意。

（1）对金融业的影响。虽然我国加入世贸组织时，设了防火墙，我国金融业总的来说是稳定的，但损失是肯定的。龙永图说大约损失1000亿人民币。

（2）对贸易的影响。我国出口贸易下降幅度比较大。从去年第三季度到今年一、二季度，分别下滑20％、30％、40％。

（3）对企业的影响。对我国一些出口企业、给外国企业做贴牌产品的企业和部分劳动密集型企业影响比较大。总的来说，东部比西部影响大，南方比北方影响大。东莞玩具厂、电子表厂甚至关门，工人失业。

（4）我国GDP下滑压力增大。到去年12月，GDP下滑到6％。

（5）就业压力加大。

第五点，我们应当如何正确应对？

中央的方针是：坚定信心，迎接挑战。保增长，保民生，保稳定。保增长（保8％），扩内需，调结构。

我的理解，在这样严峻的国际金融危机面前，我们中国有几个"不变数"，可以应对国际环境的"变数"，完全可以坚定信心，应对挑战：

（1）道路不变。坚持中国特色社会主义道路不变。

（2）指导思想不变。坚持用邓小平理论、"三个代表"思想和科学发展观作为各项工作的指导思想不变。

（3）坚持社会主义市场经济体制不变。而且还要进一步完善。

（4）我国处在经济社会发展的战略机遇期没有变。我国经济快速发展还将持续 20～30 年。

（5）我国经济发展的基本面没有变。经济发展的基本面包括四个方面：发展速度、物价水平、国际收支、就业形势。国内经济学家分析认为，我国经济发展的基本面没有变。

（6）中央的决策英明正确。实施积极的货币政策，加大重点投资，开始呈现效果。拉动 GDP 增长靠"三套马车"：一是消费，约占 40% 左右；二是投资，包括政府投资和非政府投资，约占 50% 左右；净出口（出口减去进口）约占 10% 左右。中央决定拿 4 万亿资金投资到自主创新技术的大项目，这是非常英明正确的。

因此，我们完全可以坚定信心，从容应对国际金融危机的挑战，取得更大的成就。

从国际金融危机看企业传播策略

——在第十九届北京企业媒体沙龙上的发言

（2008 年 12 月 21 日　北京）

围绕主题，谈几点粗浅认识，不对之处请批评指正。讲三点。

一、如何看待国际金融危机对我国经济的影响以及我们的对策

1. 国际金融危机的发展态势：

（1）这场国际金融危机是历史上罕见的，是 60 年来最严重的。它的影响还在扩大和加深，已从金融业发展到实体经济，从实体经济发展到事业单位如医院、学校等。

（2）使世界经济增速放慢，平均放慢 1 ~ 2 个百分点。预测 2009 年全球经济增速为 0.5% ~ 1%，美国 -0.2% ~ 1.1%，日本为负增长。

（3）影响时间：至少 2 年。

2. 国际金融危机对中国经济的影响和冲击：

总的评价是三句话：这场国际金融危机对中国的影响和冲击是明显的，但影响有限，有些地方被夸大了。这些影响表现在以下几方面：

（1）对金融业的影响。龙永图说，大约损失 1000 亿元人民币。

（2）对出口贸易的影响。出口贸易大幅下滑。

（3）对企业的影响。对五六类企业影响较大：贴牌企业、出口企业、产能过剩的企业、"两高"（高能耗、高污染）企业、传统的劳动密集型企业、低水平重复建设项目的企业。在国际金融危机的冲击下，上述企业中有部分倒闭、部分亏损。上半年关闭的企业6~7万家，纺织系统关闭1万多家，浙江省亏损企业占20%左右。估计全年将关闭十几万家企业，占企业总数的1%~2%。

（4）GDP增速下滑压力增大。

3. 中央的对策：

（1）国际金融危机是个影响全球的变数，我国有几个重要的不变数。以不变应对万变。中央经济工作会议指出，在严峻的国际金融危机面前，我们有五个没有变：坚持中国特色社会主义道路没有变；坚持改革开放的方针没有变；坚持科学发展观没有变；我们仍处在战略机遇期没有变；我国经济的基本面没有变。这个经济的基本面是指：经济增长速度、物价水平、国际收支、就业形势。

（2）中央的要求：增强信心，度过难关，持续发展。

（3）中央的方针：保增长，扩内需，调结构。

二、我国企业的对策

我国企业的对策，10个字：转型、调整、优化、升级、创新。因时间关系，只简要讲讲"转型"和"调整"。

转型。有四种企业应当转型：贴牌企业要向品牌企业转型；劳动密集型企业要向技术密集型企业转型；做国外市场的企业要向国内市场转型；落后产业的企业要向新兴产业转型。

调整。主要是指企业的三大结构调整，要根据国际金融危机的冲击和国内市场的变化发展，积极调整企业三大结构，使之优化升级。这三大结构是：（1）调整企业产业产品结构；（2）调整企业市场营销结构；（3）调整企业投资结构。

三、企业内刊的对策

1. 对企业内刊应更准确的定性定位。

一是企业的内部刊物，其宗旨必须为企业服务，为企业的经营发展服务，为企业中心工作服务。

二是必须办出企业内刊的特色。

2. 企业内刊应当做到四个贴紧：

一是贴紧企业：贴紧企业的主题、企业每个时期的主攻方向、企业的主产业、主产品、主战场。

二是贴紧企业的目标市场：贴紧目标市场现状和发展趋势、目标市场的消费心理、目标市场的同行以及竞争对手状况、目标市场细分和分析评估等。

三是贴紧时代脉搏：因为企业离不开社会、离不开时代潮流。

四是贴紧企业内刊的读者群。企业内刊主要是办给这些读者看的，因此要时刻摸准内刊读者群的需求、心理、反映，通过内刊的文章进行正面引导。

品牌评价与品牌建设

——在第三届中华电子品牌排行榜颁奖盛典 暨高峰论坛上的演讲

（2008 年 12 月 15 日 北京梅地亚中心）

首先，我对中华电子品牌排行榜评选活动谈点看法。我觉得，由腾讯网、中华品牌战略研究院、中华品牌网共同主办的中华电子品牌排行榜评选活动很有意义，是一项很好的活动。第一、时机好；第二、主题好；第三、评选方式好；第四、评选效果也应当是好的。为什么呢？

因为，品牌建设是我国企业提高综合素质、提高核心竞争力的重要战略措施。我国许多企业是为外国企业做贴牌，自己缺乏自主品牌，这恰恰是当今我国企业的一个重要的薄弱环节。

还因为，品牌建设是我国经济增长方式从粗放型转变为集约型的重要战略步骤。温家宝总理多次强调：我们必须走"品牌强国"之路。

而且因为，品牌建设是应对当今还在不断扩大和加深的国际金融危机的重要对策。大家知道，今年以来，在国际金融危机的冲击下，我国有一部分企业倒闭了，其中相当多是给外国企业做贴牌的企业，外国企业在国际金融危机中倒闭了，给它做贴牌的企业自然也跟着倒闭了，因为它们缺乏自己的自主品牌。

因此，在这样的形势下，举办这种品牌评价活动，推动品牌建设，对企业、对社会、对国家都是一件非常有意义的事情，是一项非常好的活动，希望今后一定要把这项活动长期办下去，并且越办越好。

下面，我们来看看：抗震救灾与品牌建设的关系。

大家知道，企业品牌建设是一项系统工程，是必须由企业全员参加的、贯穿生产经营全过程的、全方位、多领域、多层面的长期坚持的战略工程、系统工程。品牌建设追求的目标是三种境界（或叫"三度"）：知名度、满意度、忠诚度。

像浙江横店集团这样的企业，在抗震救灾中所做的善举、壮举，充分体现了企业崇高的爱国主义、集体主义、人道主义精神，充分体现了企业高度的社会责任感，充分体现了优秀的企业文化。企业的这种宝贵精神和高尚道德，必然会在社会上和广大民众心目中打下深深的烙印，无形中会在广大民众心中树立起企业品牌的良好形象。

俗话说：得道多助，厚德载物。企业在抗震救灾中所做的善举，必然深得人心，赢得社会舆论的广泛称赞，客观上必将大大拓展企业品牌影响力的广度、深度和力度，大大增强企业品牌的知名度、亲和力和价值量。这是企业产品质量、周到服务、广告宣传等提升品牌影响力几大要素本身所远远无法达到和替代的。

因此，我们应当向浙江横店集团等获奖的企业学习，学习他们高度的社会责任感，学习他们崇高的爱国主义、集体主义、人道主义精神，为社会为民众多做善事，全方位、多层面地树立企业品牌的良好形象，提升企业品牌的影响力，不断推进品牌建设。

抓住机遇，迎接挑战

——在"诚信中国高峰论坛"上的演讲

（2006 年 6 月 25 日　北京　人民大会堂重庆厅）

为表示对今天论坛在人民大会堂隆重举行的祝贺，同时也表示对南京润在公司今后发展的祝愿，本人特地写了一幅书法作品，赠送给南京润在公司。书法作品《奋进》要表达的意思是：祝愿南京润在公司抓住机遇，迎接挑战，奋勇前进！

下面，我对南京润在公司今后的发展谈两点建议，仅供参考。

第一点，企业面临的机遇和挑战

我觉得，当前企业主要面临两个机遇和两个挑战。

企业面临的第一个机遇：我国企业面临国家经济大发展的黄金时期。这对企业的发展很有利。世界发达国家经济发展有个规律：从人均 GDP 达到 1000 美元时起，国民经济进入发展的黄金时期，国民经济发展将更快、更好、更稳、更协调。我国 2003 年底人均 GDP 达 1000 美元，从 2004 年起我国经济发展进入黄金时期，经济结构快速升级，经济发展以几何级数递增。2004 年中国 GDP 总量超过意大利，名列世界第 6。2005 年超过英国，名列世界第 5，仅次于美、日、德、法。我们中国已进入"超英、赶美"的伟大时代！

国家经济高速发展，将拉动全国各地经济、拉动各行各业全面发展，这对企业发展是一个极好的机遇。

企业面临第二个机遇：中国保健品产业将有一个更大的发展，空间很大。润在公司的产品定位为：中药、保健品（食用菌类保健品），更加宝贵。这对产品和企业的发展很有利。

对保健品产业，国际经济学家的说法：叫保健革命，是创造财富的第五波革命。第一波财富革命，是汽车产业革命，带来了工业化社会；第二波财富革命，是航空业革命，使地球变小，叫地球村；第三波是电脑产业革命，电脑普及、电脑进入家庭；第四波是信息网络产业革命；第五波是保健产业、保健革命。现在保健品发展非常快，美国保健品1000多种，德国2000多种，日本3000多种。

从国内看，人民消费需求迅速转变。人的消费需求，我把它归纳为11个字：衣、食、住、行、用、文、教、游、闲、健、美。在人们消费总量中，健康、健身、健美的消费比例逐步加大，迅猛发展。中国保健品消费总量：1997年300亿元，2000年450亿元，2005年达1200亿元！快速地增长。保健品产业发展空间非常大。

但是，保健品企业、保健品产业面临严峻的挑战。我认为，主要面临两个挑战：

企业面临第一个挑战：中国企业（物质企业）都处在重组、并购、整合期。今后10～15年，不少企业将面临淘汰。市场竞争的规律：优胜劣汰，这是必然的！加入WTO后，中国企业必须重组、整合，打造企业航空母舰，才能应对国际市场的激烈竞争。保健品企业也不例外，现在我国保健品企业几十万家，今后10年，肯定要淘汰一部分、改组一部分、发展一部分。企业如何在竞争中不被淘汰、在竞争中取胜？这是企业面临的第一个挑战。

企业面临的第二个挑战：保健品市场将进一步规范。如今保健品市场不够规范，鱼龙混杂，假冒伪劣严重。保健食品，人命关天！对此，国家提出：要严格整顿市场。现在有国家《食品卫生法》、卫生部《保健食品管理办法》，还要进一步完善。国家要出台一系列关于保健品生产管理、市场营销、市场准入等法律法规。不合格的保健品不准进入市场，生产不合格保健品的企业必须停业、吊销执照等。

第二点，企业的对策

面对难得的发展机遇和严峻的挑战，企业的对策是什么？我提4条建议，供公司参考。

第一条建议，企业发展战略必须正确定位。

企业总的战略思想，应当是："稳中求进""稳"字当头。这样，面对严峻挑战，企业可以立于不败之地。

具体的战略步骤，可分两步走：第一步，企业用两年时间，重点是做实做强：企业基础管理要实、产品研发要实、市场竞争力要强。只有做实做强，才能应对挑战，企业才能做大做久。第二步，用两至三年时间，企业重点是做强做大。

第二条建议，狠抓企业的基础管理。狠抓企业"管理大厦"的四大基石：选项目、建班子、定战略、带队伍。选项目，包括选产品、选资源、选市场、选厂址等，这是第一大基石。

第三条建议，产品研发要实。

灵芝保健品属食用菌类保健品，目前是台湾最重要的保健品种，在台湾是首位的保健品，出口量大。这是你们强大的竞争对手。根据有关资料，对产品研发提三条意见供参考：

一是，中药保健品的发展方向是五化：工程化（不是手工小作坊）、标准化、规模化、现代化、国际化。

二是，产品研发的根本是基础研究和确切的功效。这是产品品质的根本，也是企业生存发展的根本。

三是，产品研发的起点要高。要以第三代保健品标准为起点，避免走弯路。

第四条建议，要加大市场营销力度，把市场竞争力做强。一是要建立市场部，配备精干得力的市场营销人才，精心策划、精心运营。大项目老总要亲自抓；二是要灵活运用市场营销的四大要素：产品、价格、渠道、促销。我研究过18种市场营销模式、技巧，其中7种适合润在公司的市场营销，如合作营销、加盟连锁营销、广告营销、会展营销、直销、套餐式营销、网络营销。蒙牛集团是当今中国企业快速成长的典型，建议润在公司认真学习、借鉴、运用蒙牛快速成长的经验。

　　最后，祝愿南京润在公司抓住机遇，迎接挑战，在商海中乘风破浪，奋勇前进！

推进政府管理创新，提高驾驭经济
社会发展能力

——在"北京大学政府管理交流中心成立暨中国地方政府服务创新研究体系启动仪式"上的致辞

（2008 年 12 月 15 日　北京　全国政协礼堂）

在全国人民深入贯彻"两会"精神，坚定信心，齐心协力，应对国际金融危机的严峻挑战，"保增长，保民生，保稳定"，全国人民正以实际行动迎接建国 60 周年的形势下，今天在这里隆重举行"北京大学政府管理交流中心成立暨中国地方政府服务创新研究体系启动仪式"，我认为是很有意义的，这是一件很好的事情，是一件喜事。对此，我们表示热烈祝贺！

今天会议有两个题目：一是成立北京大学政府管理交流中心，二是启动中国地方政府服务创新研究体系。我觉得，这两件事实际上是紧密关联的，其目的都是为各级地方政府提供服务创新研究的。一是服务，二是创新。政府服务也要创新，只有创新，才能发展。温家宝总理在今年两会的《政府工作报告》中明确要求："推进政府自身建设，提高驾驭经济社会发展的能力。"要求"政府重大决策的形成和执行都要加强调查研究，尊重客观规律，提高决策的预见性、科学性和有效性。"

因此，我认为，北大成立政府管理交流中心，启动中国地方政府服务创新研究体系，完全符合中央的精神，完全符合温总理《政府工作报告》的要求，完全适合当前推进地方政府自身建设的需要。这个主题，北大抓得对，抓得准，抓得好，抓得很有实际意义！

　　我相信，今天成立的北大政府管理交流中心一定能取得成功！相信今天启动的中国地方政府服务创新研究体系一定能取得成功！

　　最后，预祝今天大会圆满成功！

共同探讨应对当今复杂的金融形势

——在"两岸三地金融高峰论坛暨鑫鹏基投资公司 开业仪式"上的致辞

（2011 年 9 月 3 日　厦门）

我是福建人，应邀到福建厦门出席"两岸三地金融高峰论坛"，感到格外亲切。在当前形势下召开这样的金融高峰论坛，我觉得是很有意义的。首先让我们对论坛的隆重举行，表示热烈的祝贺！

我觉得，在厦门举行的这次"两岸三地金融高峰论坛"有几个明显的特点：

第一、论坛的主题好。论坛的题目是"两岸三地金融高峰论坛"。金融，是当今国内外经济界、理论界议论的热门话题，如美债危机、欧债危机，以及这些危机对本地将产生什么样的影响等，都与金融紧密相关。论坛主题是"金融高峰论坛"这个主题抓得准，抓得好，抓住了当今的热点问题。而且是"两岸三地"，体现了中华民族大团结、大联合的氛围，两岸三地联手共同探讨如何应对当今复杂的金融形势，确实是很有实际意义的。

第二、论坛的时机好。大家知道，中共中央政治局已经决定，今年十月将召开党的十七届六中全会，讨论决定如何推进社会主义文化大发展大繁荣。马克思主义历史唯物论告诉我们，文化与经济、文化与金融是密切相关的。因此，在党的十七届六中全会召开之前，我们在厦门这个特定地区召开金融高峰论坛是很有实际意义的。而且，再过几天，厦门市委市政府将要举办每年一度的经济贸易洽谈会。今天在这里举行金融高峰论坛，可以说与厦门市经贸会是相辅相成的。

第三、论坛的与会专家阵容好。据大会介绍，今天出席论坛的专家有来自大陆、香港、台湾的著名专家、教授，有经济界、理论界的著名学者、学术权威，专家阵容具有相当的规模，而且具有相当高的水平。今天他们将在大会作精彩的演讲，共同探讨应对当前金融形势的策略。

因此，我相信，同时也祝愿，经过大家的共同努力，论坛一定能取得圆满成功！

学习邓小平关于"先富"和
"共同富裕"的重要论述

(1996 年 6 月　北京)

1995 年 1 月，江泽民总书记在中纪委第五次全会上的重要讲话中，要求"共产党员特别是领导干部，要认真学习和正确理解小平同志的有关论述，处理好'先富'和'共同富裕'的关系。"正确认识和处理"先富"与"共同富裕"的关系，不仅是我国改革深入发展需要解决的重大政策问题，同时也是当代中国共产党人人生价值和理想追求方面需要正确认识和解决的重要课题。本文准备就小平同志关于"先富"和"共同富裕"的重要论述，谈几点个人学习的粗浅认识，和大家一起讨论。

一、贫穷不是社会主义，社会主义要消灭贫穷

"贫穷不是社会主义""社会主义要消灭贫穷"。这是小平同志建设有中国特色社会主义理论的重要组成部分，是小平同志对科学社会主义理论的新发展和重要贡献。

中国改革开放开始不久，1980 年春天，小平同志在会见外宾谈话时就指出："不解放思想不行，甚至包括什么叫社会主义这个问题也要解放思想。经济长期处于停滞状况总不能叫社会主义。人民生活长期停止在很低的水平总不能叫社会主义。"（《邓选》二卷第 312 页）在这里，小平同志尖锐指出"经济落后""人民生活水平低"

不是社会主义。

十二大之后，小平同志进一步指出："国家这么大，这么穷，不努力发展生产，日子怎么过？我们人民的生活如此困难，怎么体现社会主义的优越性？……所以，社会主义必须大力发展生产力，逐步消灭贫穷，不断提高人民的生活水平。"（《邓选》三卷第10页）

以后，小平同志又多次论述关于"贫穷不是社会主义"的思想。他在《建设有中国特色的社会主义》一文中指出："社会主义要消灭贫穷。贫穷不是社会主义，更不是共产主义。"（《邓选》三卷第63页）还指出："搞社会主义，一定要使生产力发达，贫穷不是社会主义。我们坚持社会主义，要建设对资本主义具有优越性的社会主义，首先必须摆脱贫穷。"（《邓选》三卷第63页）还说："贫穷不是社会主义，发展太慢也不是社会主义。否则社会主义还有什么优越性呢？"（《邓选》三卷第255页）

小平同志这些精辟论述，含义极为深刻：

（一）明确回答了长期以来模糊不清的一个重大问题——究竟什么是社会主义。这方面，在我国很长时间对"什么是社会主义"弄不清，总认为建立了人民民主专政，实行了公有制，这就是社会主义了。生产落后一点，人民生活水平低一点，贫穷一点，不影响国家的社会主义性质。其实，这是不够格的社会主义，贫穷不是社会主义。

（二）纠正了"左"的错误观点，促进人民思想大解放。"四人帮"要搞"穷社会主义"，结果在一个很长的时间里，人们受到极左思想的影响，不敢想富，不敢说富，不敢致富。"四人帮"的谬论导致中国处于贫困、经济停滞的状态。小平同志彻底批判了"四人帮"的错误观点，指出："'四人帮'要搞'穷社会主义''穷共产主义'，胡说共产主义主要是精神方面的，简直是荒谬之极！"（《邓选》三卷第10页）小平同志提出社会主义要消灭贫穷，提高人民的生活水平，大大促进了人民的思想解放。

（三）提出社会主义消灭贫穷的出路在于发展生产力。小平同志说："社会主义的根本任务是发展生产力，逐步摆脱贫穷。"（《邓选》三卷第 264 页）还说："坚持社会主义，首先要摆脱贫穷落后状况，大大发展生产力，体现社会主义优于资本主义的特点。要做到这一点，就必须把我们整个工作的重点转到建设四个现代化上来，把建设四个现代化作为几十年的奋斗目标。"（《邓选》三卷第 224 页）小平同志运用辩证唯物主义和历史唯物主义原理，深刻分析了中国国情，提出了全国工作重点的转移和几十年的奋斗目标。这就是：社会主义要消灭贫穷→必须大力发展生产力→全国工作重点必须转移到四个现代化建设上来→必须把四化建设作为几十年的奋斗目标。

可见，小平同志关于"贫穷不是社会主义""社会主义要消灭贫穷"的科学思想，正是我们党制定基本路线、战略目标和一系列方针政策的重要理论基础。

二、"共同富裕"是社会主义的优越性、根本原则、本质和最终目的

"共同富裕"的理论，也是小平同志建设有中国特色社会主义理论的重要组成部分，是小平同志对科学社会主义理论的又一新发展和重要贡献。

"共同富裕"，是"什么是社会主义"这个重大问题的另一个侧面。既然"贫穷不是社会主义"，那究竟什么是社会主义呢？小平同志指出："社会主义不是穷，而是富，但这种富是人民共同富裕。"（《邓选》三卷第 264 页）还说："社会主义最大的优越性就是共同富裕"（《邓选》三卷第 364 页）。还指出："一个公有制为主体，一个共同富裕，这是我们必须坚持的社会主义的根本原则。"（《邓选》三卷第 111 页）在这里，小平同志讲"共同富裕"是社会主义的优越性和根本原则。

1992 年春天，小平同志在南巡谈话中精辟提出社会主义本质的

科学论断。小平同志说："社会主义的本质，是解放生产力，发展生产力，消灭剥削，消除两极分化，最终达到共同富裕。"小平同志把"共同富裕"作为社会主义本质的一个重要内涵、社会主义的终极目的、中国共产党几代人的共同奋斗目标，含义更加深刻。

小平同志对"共同富裕"的论述，归纳起来，有三层深刻含义：

（一）小平同志讲"共同富裕"是社会主义的优越性。这是从总体上将社会主义与资本主义对比来说的。因为资本主义社会的基本矛盾是社会化大生产和生产资料私人占有之间的矛盾，它必然造成社会两极分化。而社会主义的优越性，不仅体现在要消灭剥削，而且体现在要消除两极分化，实现人民的共同富裕。

（二）小平同志讲"共同富裕"是社会主义的根本原则。这主要是讲在改革过程中，一方面，为了消灭贫穷，必须大力发展生产力，允许个体、私营、外资经济的发展，允许一部分地区、一部分人先富起来；另一方面，又必须始终坚持公有制为主体和共同富裕这两条根本原则，目的是避免两极分化，体现社会主义的优越性。

（三）小平同志讲"共同富裕"是社会主义本质的重要组成部分，含义更加深刻。小平同志讲社会主义本质的五句话可以分成三层意思：

第一层是"解放生产力，发展生产力"。解放和发展生产力的目的是最终达到共同富裕。

第二层是"消灭剥削，消除两极分化"。这是从生产关系的特征方面界定社会主义的本质。从这层含义分析，换句话说，既消灭剥削，又消除两极分化，这本身就是共同富裕。

第三层是"最终达到共同富裕"。直接指出社会主义的终极目的和奋斗目标是达到共同富裕。

可见，小平同志讲社会主义本质的五句话的中心内容是"共同富裕"。

三、鼓励"先富"是为了达到"共同富裕"

小平同志的一贯思想是：允许、提倡、鼓励一部分地区、一部分人靠诚实劳动和合法经营先富起来，其目的是达到人民共同富裕。

早在 1978 年 12 月，在党的十一届三中全会召开的前夕，小平同志在中央工作会议闭幕会上的讲话中，就向全党明确提出一个战略性的经济政策。他说："在经济政策上，我认为要允许一部分地区、一部分企业、一部分工人农民，由于辛勤劳动成绩大而收入先多一些，生活先好起来。一部分人生活先好起来，就必然产生极大的示范力量，影响左邻右舍，带动其他地区、其他单位的人们向他们学习。这样，就会使整个国民经济不断地波浪式地向前发展，使全国各族人民都能比较快地富裕起来。"接着，小平指出："这是一个大政策，一个能够影响和带动整个国民经济的政策，建议同志们认真加以考虑和研究。"（《邓选》二卷第 152 页）

后来，小平同志在多次讲话中强调"先富"的目的是为了达到"共同富裕"。1985 年 9 月，小平同志在党的全国代表会议上说："鼓励一部分地区、一部分人先富起来，也正是为了带动越来越多的人富裕起来，达到共同富裕的目的。"（《邓选》三卷第 142 页）1992 年春天，小平同志在南巡谈话中又指出："一部分地区有条件先发展起来，一部分地区发展慢点，先发展起来的地区带动后发展的地区，最终达到共同富裕。"（《邓选》三卷第 374 页）

小平同志关于鼓励"先富"达到"共同富裕"的思想是一贯的、全面系统的。归纳起来，主要论述以下几个观点：

（一）"先富"是走向"共同富裕"的必由之路。平均富裕、同步富裕，不但做不到，而且势必导致共同贫穷。因此，不但允许而且提倡、鼓励一部分地区、一部分企业和一部分人先富起来。这是走向"共同富裕"的必由之路，必须坚定不移。

（二）"先富"的目的是达到"共同富裕"，而不是导致两极分化。一部分地区、一部分人生活先好起来，必然会产生激励、示范作用，影响、带动其他地区、其他人波浪式地走向"共同富裕"。

（三）"先富"的办法是靠辛勤努力、诚实劳动和合法经营。

（四）鼓励"先富"达到"共同富裕"，是一个大的经济政策，一个能够影响和带动整个国民经济不断波浪式地向前发展的大政策，需要认真加以考虑和研究。而且，随着改革的深入和经济的发展，将来总有一天要成为中心课题。

（五）从"先富"达到"共同富裕"的构想：

一是对先富起来的个人，要有一定的限制，如征收所得税；提倡他们自愿拿钱办教育、修路等公益事业，但不能搞摊派，挫伤他们的积极性。

二是先富起来的地区，可以包一个或两个贫困地区，一个省包一个或两个省；可以通过多交利税和转让技术等方式，支持贫困地区的发展，但不能削弱发达地区的活力，不能鼓励吃"大锅饭"；设想在本世纪末达到小康水平的时候，考虑突出地提出和解决这个问题。

三是先富起来的地区的经济还要向前发展，不发达地区又大都有丰富的资源，发展潜力很大。这样，逐步缩小和解决先富地区与贫困地区的贫富差距，最终达到共同富裕。

四、结束语

最后，引用江泽民总书记的话作为本文的结束语。江总书记在中纪委第五次全会上的重要讲话中，郑重要求共产党员特别是领导干部处理好"先富"和"共同富裕"的关系，"在工作中要时刻想到还没有富裕起来的地区和群众，千方百计帮助他们富裕起来；在个人生活上，要先天下之忧而忧，后天下之乐而乐，吃苦在前，享受在后。如果以为党鼓励一部分地区一部分人先富起来，自己就可以不择手段地捞钱，损害国家和人民的利益，有了钱就可以花天酒地、纵欲无度，那就大错特错了，那就没有一点共产党员的气节了。"

共产党员特别是领导干部应当牢牢记住江泽民总书记的要求和告诫。

企 业 篇

　　企业是经济社会的基本细胞。

　　当今中国企业发展普遍存在哪些缺陷、应当如何克服这些缺陷？中国企业应当如何加强战略管理？企业做大做强应当把握哪些要素？中国民营企业的发展状况如何？中国军工企业发展民品应当处理好哪些关系？企业如何坚持"两个文明"一起抓？新时期如何加强企业的党建工作、如何加强企业职工的思想政治工作？等。这些是当今我国企业面临的重要课题，也是企业界普遍关心的热点问题。这些问题，试在《企业篇》中进行探讨与阐述。

谈谈中国私营企业发展的若干问题

——在辽宁省社会主义学院举办的"中日中小企业发展
研讨会"上的发言（2000年6月，沈阳）；发表在
重庆市社会主义学院《学报》2000年第4期

中国改革开放以来，中国私营企业蓬勃发展，在国民经济中发挥了积极作用，成为中国社会主义市场经济的重要组成部分。现在就中国私营企业自身发展的若干问题，谈一些个人的认识，和专家、朋友们一起讨论。

一、当前中国私营企业的基本特点

第一个特点：私营企业发展迅速。

中国改革开放20多年来，个体、私营经济的发展大体经历三个阶段：第一阶段，1978—1984年。打破单一的公有制经济体制，允许个体经济发展，允许引进外资；第二阶段，1984-1992年。允许、鼓励个体、私营经济发展，作为社会主义经济的必要补充；第三阶段，1992—现在。邓小平1992年南巡谈话到中共十五大报告，提出："非公有制经济是我国社会主义市场经济的重要组成部分。"确定了非公有制经济（含私营经济）的地位，并写进了中国宪法，大大促进了私营企业的发展。下表中的数字说明中国私营企业发展迅速。

年　份	私企户数（万户）	注册资金（亿元）	从业人员（万人）
1994	42	1387	635
1997	96	5140	1349
1999	150	10287	2021

第二个特点：私营企业规模扩大，有一部分私营企业实现了几个转变。

1. 相当一部分私企由过去的小厂、小店经营向规模经营转变。出现了一批产值过亿、数亿，利税超千万的私企大户。如四川希望集团，员工 4000 多人，1997 年销售收入达 80 亿元。

2. 相当一部分私企由过去的独家经营向集团式联合经营转变，建立了企业集团。如广东省南海市就建立了 150 多家企业集团（1998 年数字）。

3. 相当一部分私企由单一经营向一业为主、多元化经营转变。

4. 相当一部分私企由立足本地发展逐步向跨地、跨境、跨国发展转变。如黑龙江省东方集团实现资本国际化、经营区域国际化、经营方式国际化、人才结构国际化。

第三个特点：私营经济在国民经济中的比重增大。

非公有制经济（含私营经济）在全国国民经济中占 25%。按照中央关于国有企业改革"抓大放小"的方针政策，地方非公有制经济所占的比重还要大，三大指标（注册资金、销售收入、上交税收）有的地区占 1/3，有的地区占 1/2。

第四个特点：一部分私企与公有制企业相互结合，开始出现混合型企业、股份制企业，逐步向现代企业制度发展。

第五个特点：在私营企业中科技型企业逐步增多。

如深圳市 1997 年私企达 9189 户，其中工业科技企业 5558 户，占私企总数的 60% 以上。

二、当前中国私营企业自身素质方面存在的主要问题

1. 总体上，投机型、利润型的多，战略型的少。不少私企老板发家带有很大的偶然性、投机性，"一夜暴富"，缺少理性、长期性、战略性。因而部分私营企业主不懂得企业的发展战略、技术创新战略和市场营销战略。

2. 领导体制上，家族型的多，集团科学管理型的少。不少私企是"夫妻店"或者实行兄弟姐妹一起上的家族型管理体制。在企业创业阶段，家族型管理发挥了重要的作用，当企业发展到一定的规模时，如未能适时地从家族型转变为集团型管理，就将严重制约企业的发展。

3. 经营管理上，粗放经营的多，集约化经营的少。不少私企的人、财、物、产、供、销管理水平低，现代化管理手段应用少，劳动生产率不高。

4. 产业上，劳动密集型的多，技术密集型的少，熟练工种的企业多，科技型企业少，产品的科技含量低，市场竞争力差。

5. 行业类型上，不少私企单一行业的多，跨行业、多元化经营的少。因此，一些私企往往受到行业政策调整或宏观投资政策变化而滑坡或关闭，做不到多元化经营的企业能够"东方不亮西方亮"，具有较强的抵御风险的能力。

6. 产品质量上，由于技术含量低、设备落后、缺乏现代化管理手段，不少私企产品质量上不去，缺少市场竞争能力。

7. 发展阶段上，处于原始资本积累阶段的多，资本积累大发展阶段的少。多数私企规模小，缺少资金，企业比较脆弱，面临着第二次创业。

8. 企业家队伍，参差不齐。应当肯定：中国改革开放以来，已经涌现一大批优秀的著名的私营企业家，如四川新希望集团董事长刘永好、黑龙江东方集团总裁张宏伟等。但应当承认，中国的私营

企业家队伍还存在诸多突出的不足：

（1）相当多是"半路出家"，他们缺少企业经营管理知识，对金融、信贷、营销等知识尤为缺乏。

（2）有的文化不高，不懂高科技，对发展科技产业、应用现代管理手段感到困难，企业发展后劲不足。

（3）相当多的企业主缺少战略思想、战略目标，企业缺少科技战略、经营战略、发展战略。

（4）部分企业主不懂合同法、财税政策等，因此企业的经济纠纷不断，或者陷入"三角债"而拖垮企业。

（5）有的缺乏科学决策和组织指挥能力，缺乏市场经营意识，或在企业转型中决策失误、管理不善而导致企业停业或半停业。

三、提高中国私营企业素质的对策

（一）企业要上规模

企业要发展，就必须上规模，这是众多中小企业面临的一个重大问题。在企业上规模方面，在企业管理学的学术上有不同认识，在企业发展的实践上有许多活生生的成败经验和教训。在这里，笔者谈以下几个基本观点：

1. 不能搞"唯规模论"。不能不管企业主客观条件，盲目地追求企业规模越大越好。这样，不仅不能促进企业生产力的发展，而且会破坏企业生产力的发展。在企业上规模方面，必须坚持以是否有利于生产力的发展为原则。

2. 小企业，小有小的好处。中国的事实是：目前全国工商登记注册的中小企业占全部注册企业总数的99%，工业总产值和实现利税分别占全国的60%和40%；而非公有制企业占中小企业总数的八成，产值占五成；中小企业将成为中国建立新经济体制的主力。国际上一些发达国家中小企业所占比例还要大。

小企业，小有小的好处。这是二战后，国际上许多经济学家的一个共识。1973 年《小的是美好的》这本阐述小企业优点的书之所以畅销，正好说明了这一点。小企业确实具有灵活性、创新能力强、专业性强、劳动生产率高等优势。中小企业应当在 21 世纪企业并购大潮中进一步发挥自身的优势，办出自身的特色。

3. 一般企业的发展，要从靠"外延发展"转为靠"内涵发展"。企业发展更重要的是要稳中求强、求实、求好。

4. 资本积累到一定的程度，具备企业上规模条件时，一定要适时地上规模，实现规模经营，一业为主，多元化发展。如果不适时地扩大规模，必将制约企业生产力的发展，甚至破坏生产力的发展。如上所说：企业上规模要坚持以是否有利于生产力的发展为原则。

5. 企业上规模的方法很多，从中国企业的情况看，主要有五种方法：

（1）联合扩张：组建股份公司，成立企业集团；

（2）兼并、购买：在国有企业改革中进行并购，实现低成本扩张；

（3）"借鸡下蛋"：利用同类型的企业生产你的产品，扩大生产规模；

（4）特许经营：通过特许连锁经营方式，向愿意开分店的投资者转让商标、技术等，收取加盟费。采取特许经营模式"克隆"自己的品牌。

（5）虚拟经营：企业保留核心技术、功能，把其他部分分化出去，和他人联盟，扩大企业规模。

（二）**产品要上档次**

1. 要树立三种产品的思想：

（1）名牌产品：名牌是无形资产，要千方百计地创名牌、保名牌、打名牌；

（2）支柱产品：一个企业应当开发生产 1 个乃至几个能够占企业 60% 以上销售额的产品，支撑企业的经营发展；

（3）"拳头"产品：企业一定要开发在市场产品林立的情况下极具竞争力的产品。

2. 树立产品开发"走三步棋"的战略思想：干一个、试一个、想一个，做到：你无我有、你有我好，你好我廉。

3. 要下大力气抓好新产品研究开发，这是企业发展的生命。方法是：

（1）企业自身建立科研机构，进行新产品研究开发；

（2）与科研院所、高等院校联办，借助别人的技术力量搞新产品研究开发；

（3）"拿来主义"：买专利，将某种有发展前景的新产品"买断"拿来进行批产。

4. 要有一个产品质量控制体系（日本叫 T. Q. C），确保产品质量和品牌声誉，避免假冒伪劣。

5. 当前中国企业界的一个重要问题是：发展核心技术和产品。要从盲目追求规模和在价格上进行恶性竞争转向走发展核心技术和产品、向多元化方向发展的健康道路。

（三）管理要上水平

1. 关于家族型管理向集团科学管理型转变的问题。这方面学术界有许多评论和不同观点，企业界有一些典型实例，还有不同的认识。在这里，笔者综合起来对"家族型管理"谈几个基本观点：

（1）事实上，在香港、澳门、台湾乃至东南亚及其他国家有不少企业始终是家族型管理，而且取得巨大成功。因此对企业"家族型管理"不能一概否定。

（2）古今中外的实践证明，企业在创业阶段，在困难时期，家族型管理发挥了极为重要的作用。一些私营企业家深有感触地说："家族型经营仍然是创业的最好形式。"

（3）中国经济界有的专家提出："不宜在一切企业中简单否定家族式管理，对有些小企业来说，家族式管理是一种有效的选择。

因为家族以血缘为纽带，不需要搞复杂的规章制度。"我赞成这种观点。

（4）企业发展到一定规模，必须从家族型管理转变为集团科学型管理，实现产权社会化，管理社会化。如果不能适时地实现企业领导体制的这种转变，必然会制约企业生产力的发展，甚至破坏企业生产力的发展。在这里，仍然要坚持以是否有利于生产力的发展为原则。

众所周知，两者转变的方法是：两权分离——投资权与经营权分离。投资者建立董事会，担任董事长；聘用职业化的专门人才担任总经理，抓企业的经营管理。

3. 提高私营企业管理水平的关键是提高私营企业家队伍的素质水平。方法上建议：

一是各有关方面积极组织私营企业主和管理人员进行各种类型的学习、培训。如：举办工商管理专业研究生班、短期培训班、专题研讨班等；

二是各有关方面积极组织私营企业主和管理人员进行实地参观考察。如赴西北大开发考察、对国内优秀企业（含私营企业）考察、赴西方发达国家企业考察。

三是各有关方面积极组织私营企业主和管理人员进行企业经营管理经验的交流活动，互相学习，取长补短。

（2000 年 7 月 20 日于北京）

如何加强企业战略管理

——在"赢在中国高峰论坛"上的演讲

（2006 年 10 月 25 日　北京　钓鱼台国宾馆）

很高兴，应邀出席"赢在中国高峰论坛"，主办方安排我给各位企业家作主旨发言。我发言的题目是：如何加强企业战略管理。讲三点。

第一点，什么是企业战略管理？

企业战略管理是企业的方向和灵魂，是关系到企业近期和长期发展的全局性、前瞻性、深层性、战略性，关系到企业生存与发展的第一重要的管理，叫企业战略管理。

古今中外所有企业，从企业管理的内容上可分为两层：一是表层管理：即日常的业务管理，供、产、销、人、财、物，6 个字；二是深层管理：产业产品结构调整优化战略、资本股本结构调整优化战略、人才组织结构调整优化战略、经营机制创新战略、技术开发创新战略、市场营销发展战略、品牌运作发展战略、企业文化建设战略、国际化发展战略、对外合作共赢战略等。这些都是全局性、前瞻性、深层性的战略管理，比日常的人、财、物、供、产、销的业务管理要重要的多。

第二点，为什么当今要特别强调加强企业战略管理？

讲两条原因：

第一条原因，客观原因。我国企业管理研究专家指出，当今中国企业普遍存在四大缺陷（与国际先进企业相比，存在四大差距）：

第一个缺陷，中国很多企业缺乏核心技术和自主知识产权的技术。比如大家看到的满街跑的汽车，大部分是外国品牌，虽然由中国生产组装，但核心技术和自主知识产权的技术都不属于我们。许多进口的产品、机器、设备在中国生产组装，大多也是上述这种情况。正在召开的全国工商联十大指出：中国民营企业缺乏自主技术创新。党的十七大提出"建设创新型国家"是非常英明、非常正确的！

第二个缺陷，中国企业缺乏真正的世界品牌。去年世界企业500强，中国大陆有 32 个，绝大部分是国企，民营企业只有两个：海尔、联想。因此，我国经济界常说一句话：中国不缺产品，缺品牌。国家提出"品牌强国战略"是非常正确的。

第三个缺陷，中国企业缺乏供应链管理能力。什么叫供应链？就是企业的系列化产品或产品的零部件由其他企业生产、供应，组成若干条供应链。这里有生产企业，也有商贸企业。生产企业，就叫做"贴牌生产"。

而当今，中国许多企业只会自己生产自己的东西，不会利用别的企业来生产产品或零部件，不懂得通过供应链来为本企业创造价值和效益，不知道如何管理不属于自己的企业。这里，有三个问题：

1. 中国大多企业还停留在产品经营。企业有三大经营：产品经营、品牌经营、资本经营。很多企业还不懂得品牌经营和资本经营。只是产品经营，企业自己做自己的产品，当然不存在供应链管理问题。

2. 中国还有很多企业不懂得虚拟经营、特许经营，也就不懂得如何管理供应链。

3. 很多企业不知道如何实现国际化。国际化的本质在于本土化，就是让外国人做中国产品卖给外国人，叫做本土化扩张，这才是真正的国际化。这里就有供应链管理问题。

第四个缺陷，中国很多企业数量化管理、标准化管理差距大。举个典型的例子，比如中国中药的生产就缺乏数量化、标准化管理，多少年来还按传统的办法，通过眼观、手摸、鼻闻、舌舔来鉴别中药。日本、韩国对中药不仅数量化，还用光谱仪分析中药的成分，含不含毒素、农药、重金属等，含量是多少，并且附带光盘。结果，许多国家愿意进口日、韩的中药。世界中药市场每年上千亿美元的销售额，日本占95%，韩国占3%，中国是中药的老祖宗，只占1%～2%。这方面的例子很多，比如北京烤鸭、天津狗不理包子、湖南臭豆腐等，都存在如何数量化、标准化的问题。

这四大缺陷是现象，甚至有的是带普遍性的现象。其背后的本质是：企业存在战略管理问题，企业缺乏战略思考、战略研究和战略调整优化。要从根本上解决这四大缺陷，就特别需要加强企业战略管理。

第二条原因，主观原因。当今中国很多企业比较注重表层管理、日常管理，忽视战略管理。企业老总特别关心企业生产如何？销售如何？利润如何？老总的手机响个不停，忙于日常的人、财、物、产、供、销业务管理，而往往忽视企业的战略管理。国际上著名企业的老总在战略研究、战略管理方面要花去60%的时间和精力。20世纪90年代国际上提出"企业再造"理论，这就是极为重要的企业战略管理理论，在国际企业界掀起一个"企业再造工程"的热潮，许多西方企业纷纷针对企业战略管理上的突出缺陷和弱点，进行企业战略调整、战略改造，极大地推动了西方企业的发展。而中国很多企业在这方面就不够重视。

以上的客观原因和主观原因说明，当今中国企业迫切需要加强企业战略管理。党的十四届三中全会的决定特别强调指出："要加强企业发展战略研究，企业要适应市场，必须制定并实施发展战略、技术创新战略、市场营销战略。"中央的指示非常有针对性、非常正确！

第三点，如何加强企业战略管理？

着重讲四大核心战略管理：

第一个战略，企业产业、产品结构调整优化战略。

1. 产业结构调整优化战略。

产业是企业的载体，是企业生存与发展的根基和基石，是企业的命根子，是企业生存与发展的首要因素。因此，一定要从企业发展战略的高度，特别重视产业的调整优化战略。以下几类企业必须实施产业调整优化战略：

（1）落后产业中的企业。那些正在做落后产业或即将被淘汰的产业的企业，要下决心转产，转到新兴产业、高新技术产业。具体应当如何转产、选择新的产业呢？有一个公式供参考：

正确选择产业＝企业资源优势＋市场需求

其中，企业资源优势＝企业自身资源优势＋整合外部资源优势（下面将要讲如何整合外部资源）；市场需求，应当通过市场调研，准确掌握当今市场需求和潜在市场需求。比如转产的产业选择：新能源产业、IT产业、技术含量高消耗低无污染的产业等。如有个小企业，原来是生产小水泥厂的设备，后来转产改做风电设备零部件，和风电设备总厂配套，企业发展前景很好。

（2）产能过剩产业中的企业、国家产业结构调整政策要求整合重组并购的企业。需要对产业进行大的调整、整合、重组，目标是提高产业产品的品牌形象、技术含量、附加值和市场竞争力。

（3）产业结构混乱、辅业太多的企业。需要进行以下调整：一突出主业、优化主业。不能淹盖主业、挤压主业、模糊主业；二压缩辅业，或者砍掉辅业，走"突出核心，回归主业"的专业化发展道路。

（4）产业链价值低下的企业。我国很多劳动密集型企业属于产业链价值低下的企业。这类企业大量存在粗放经营、低水平发展、市场竞争力弱、亏损半亏损的状况。调整优化的方法：

一是进行产业链与价值链的比较分析，确认产业链中低价值的若干链节（环节）；

二是将低价值的若干链节（环节）分割、转移出去，变成该产品的若干供应链，由其他企业生产、供应。因此，本企业还要学会和掌握上面说过的那种供应链的管理方法，并成立相应的机构；

三是加大技术研发力度，提升本企业在线的各个链节（环节）的技术含量和附加值。采用新设备、新技术、新工艺、新材料，叫做"技术改造"，加大生产批量。这样，企业的产业链结构就优化升级了。

以上实际上是企业管理学中的"虚拟经营"原理和操作方法。如果把整机（整个产品）都转移出去，就叫"贴牌生产"，本企业重点抓两头：研发和销售，叫做"抓两头，中间在外"。中国许多贴牌企业就是做这种中间加工环节。"虚拟经营"，是企业做强做大的一种极为重要又极为普遍的有效方法，被当今国内外企业所广泛应用。

举例：东莞有个羊绒衫厂，把劳动密集、低价值的"加工"链节分割给外地企业，让他们集中办加工中心加工羊绒衫，本企业引进"电脑"链节，专做各种新款式羊绒衫的研发和设计，再抓销售。企业集中力量抓两头，效益大幅提升。

原来，浙江不少服装企业，主要抓研发和销售，让福建一些服装企业给他们做服装"贴牌生产"。后来，福建许多服装企业品牌大幅度提升，他们也学浙江的方法抓两头，集中力量做"品牌"，让浙江一些企业给他们做"贴牌"，批量和效益大幅提升。那么，归结起来，企业究竟是做"品牌"好还是做"贴牌"呢？这要看企业本身的资源优势、经济实力和运作能力，不能一概而论。做"品牌"难度大，资金投入大（要做全国品牌，至少要有 2000 万以上资金投入，必须在中央电视台和国家级的主流媒体上长期做广告）、利润大、风险大；做"贴牌"利润小、难度小、风险小、资金小、管理简单，企业老总比较轻松。

2. 产品结构的调整优化战略

一是掌握产品竞争优势与市场需求紧密结合的原则。

二是按照市场需求和潜在市场需求对在线产品进行排序，确认若干主产品和辅产品，并确定批量。按照市场发展和变化，经常调整主产品与辅产品的结构、批量，使之处于最佳状态。

三是掌握各个产品成长的寿命周期。一般产品成长都要经过四个时期：引入期、成长期、成熟期、衰退期。诸多产品所处的不同时期，综合在一起，就构成某一时期的企业产品生产计划表。要用"利益最大化"的原则进行调整优化，尽量缩短引入期和成长期，延长成熟期，使之处于最佳的状态。

第二个战略，企业资本、股本结构调整优化战略。

企业的目标是：利润最大化，低投入高产出，以最小的资本取得最大的利润。因此，企业必须高度重视资本、股本调整优化战略。主要解决 4 个问题（4 个资本调整优化战略）：

（1）研究企业投资、融资战略和资本扩张战略；

（2）研究企业优良资产和不良资产的评估标准，进行资产并购、分析和剥离；

（3）研究企业资本获利能力的培植，实现企业利益最大化；

（4）研究调整优化企业股本结构、资本重组和运营。

举两个例子。第一个例子，北京全聚德烤鸭店在资本重组方面，与首都旅行社集团、新燕莎集团进行资本整合，成立全聚德集团，打造首都餐饮业航母：北京名牌餐饮店鸿宾楼、砂锅居、柳泉居、华天小吃等均属于全聚德集团餐饮店，提升了品牌，扩大资本运营，提升市场占有率，经济效益大幅增加。全聚德集团资本重组整合，使企业做大做强，获得成功。

第二个例子，美国微软集团，比尔盖茨雇一位工商硕士——拉森专管资本结构优化。微软集团主产业是软件，还有房地产、商贸、股票等。拉森每周用电脑做一个圆形的资本结构图，可以清楚地看出各产业所占的资本比例以及运行情况，提供给集团高层进行产业资本结构调控，使微软的巨额资本结构和运营，始终处在优化调控的最佳状态，以取得最大利润。

第三个战略，企业组织结构调整优化战略。

组织结构调整优化，主要是四个方面的调整战略：

一是组织架构；二是组织系统；三是决策程序（包括工作流程、生产流程、研发流程、管理审批流程等）；四是责权利明确到位。

举个例子。在 20 世纪 90 年代，在国际企业界掀起"企业再造工程"的热潮中，中国的海尔进行了"企业流程再造工程"，就是进行组织结构的战略大调整，包括所有员工岗位的责权利明确到位，要求所有员工大家都面向市场，并要求以最快的速度对市场作出反应，最大限度地获取客户、用户，抓订单，"订单第一"。他们以此为目标，进行组织结构的调整优化，对海尔整体企业素质产生极大的推动力，不仅经济效益大幅上升，而且打造了中国著名品牌，成为世界 500 强，使海尔的国际化走在全国民营企业的最前面。2000年海尔在美国纽约最繁华的大街——华尔街买了一栋最气派的大楼，挂上"海尔大厦"（作为海尔"国际化总部"）的大牌子，这是中国人的自豪与骄傲！紧接着，海尔集团在世界许多国家、地区建设"海尔工业园区"，让外国人做海尔的家电产品卖给外国人，实现本土化扩张，真正走国际化道路！海尔实行组织结构战略调整优化的成功经验，值得企业界推广和学习。

第四个战略，企业对外合作战略。

合作，是当今世界的潮流，当今世界的主旋律。当今世界的主题是：和平与发展，应当加上"合作"，以合作求和平，以合作促发展。合作是核心，合作是主旋律，合作共赢是战略。许多国家越来越重视"合作"和"联盟"：国际上有欧盟、非盟、东盟、亚太组织等。中国和许多国家建立战略合作关系，有"中美战略合作伙伴"关系，还有中日、中德、中法、中英、中俄等战略合作伙伴关系。

企业也必须重视对外合作战略。国际经济学家预言：在当今时代，成功的企业都是善于对外实施合作战略的企业。那些独家单干的企业在当今时代很难做强做大，很难取得成功。

企业对外合作战略，是企业整合外部资源、提升企业资源优势、从而大幅提升企业核心竞争力的重要手段。企业通过与外部（企业、学校、科研机构等）建立合作关系，根据企业发展战略需要，有针对性地整合外部资源，达到合作双赢。企业整合外部资源有：外部科研成果资源、外部技术资源、外部资金资源、外部营销资源、外部信息资源、外部人才资源、外部智力资源、外部社会关系资源等。

最典型、最成功的例子是联想集团。经济界许多专家称赞：联想公司创始人柳传志先生是整合外部资源的高手。联想集团的经验值得企业界学习借鉴和推广。联想集团整合外部资源，实施著名的三步战略：

第一步战略。20世纪80年代，柳传志看到中国市场电脑奇缺，"无中生有"，是个极好的商机。但联想公司刚成立不久，自身又无能力生产整机电脑，怎么办？他决定整合外部资源，买日本电脑主机，加上自己的辅件和零配件，以联想的品牌电脑卖出去，结果很快占领市场。这是第一步整合外部资源战略，叫做：日本主机+联想辅件。

第二步战略。联想+英特尔技术。第一步的联想电脑产品在市场上有一定的占有率，但缺乏竞争力，原因是缺乏技术优势。联想自身还没有研发高端技术的能力，怎么办？柳传志又运用整合外部资源战略，目标瞄准世界电脑名牌企业"英特尔"，便与英特尔合作，把英特尔高端技术整合过来，研发组装联想品牌——奔腾286，后来技术不断升级，研发奔腾386、486等系列化产品。联想以高技术、低价格的市场竞争优势，迅速占领中国电脑市场，挤垮了很多电脑小企业，联想品牌电脑的市场占有率大幅提升，还消化掌握了高端技术，培养了自己的团队。

第三步战略。联想+IBM。联想电脑发展到相当的规模，就必须不失时机地开发国际市场，走规模化、国际化的发展道路。但联想集团缺乏国际销售网络、国际销售渠道、国际销售队伍、国际销售经验。怎么办？柳传志还是运用整合外部资源战略，与美国IBM合作，整合IBM的国际销售网络，"借船出海"，联想电脑迅速卖到世界100多个国家和地区。

举以上整合外部资源实例的目的，一是说明当今时代企业整合外部资源的重要性和操作方法；二是引导中国企业学习借鉴联想的成功经验，实行对外合作战略，大幅提升企业的市场竞争力。

除以上四大战略，企业还有几大战略：经营机制创新战略、技术开发创新战略、市场营销发展战略、人力资源发展战略、品牌运作发展战略、企业文化建设战略、国际化发展战略等。因时间关系，今天就不讲了。

中国女企业家的五个特点

——在《中国百位杰出女企业家》首发式暨颁奖大会
上的演讲

(2010 年 9 月 26 日   北京)

很高兴应邀出席今天的《中国百位杰出女民营企业家》首发式。首先对首发式的隆重举行表示热烈的祝贺！对女企业家取得的辉煌成就表示由衷的祝贺！

我们中央社会主义学院是中国民主党派高中级干部和无党派代表人士的高级党校。和中央党校相对应，中共的高级干部由中央党校培训，非中共的高中级干部和无党派代表人士由我院培训。无党派代表人士中就有宗教界人士和非公有制经济代表人士等。非公有制经济代表人士就是民营企业家代表人士。我在学校比较长时间主管民营企业培训，十几年来一直和民营企业家交往，和民营企业家建立了深厚的友谊，因此今天见到在座的各位企业家感到格外亲切。

我觉得，改革开放 32 年来，我国成就了一大批优秀的企业，也成就了一大批优秀的企业家，包括成就了一大批女企业家，他们为我国经济的快速发展和国家的繁荣富强发挥了极为重要的作用。

根据我的长期观察、比较，我认为，我国女企业家有几个显著的特点：

第一、女企业家成功率高。十个男企业家能成功的大约只有五六个、六七个，而十个女企业家能成功的大约有八九个，失败的很少。

第二、女企业家经营作风：稳、细、深、实。女企业家不急不躁，稳步前进，成就非凡。

第三、女企业家干事业执著。不畏风险，不怕困难，有一股韧劲，遇到困难也要坚持努力奋斗，不达目标决不罢休。

第四、女企业家对外公关能力比男士强。在女企业家面前，一般的男企业家对手在对外公关方面往往打败仗。

第五、女企业家做善事多。因为女人天性心软、心地善良、乐善好施、助人为乐。对救助孤寡老人、残疾人、贫困学生等公益事业，女企业家都积极出手，受到公众称赞。

以上这些女企业家的优秀品质、高尚道德、优良作风，值得发扬光大，也值得男企业家、男士们好好学习！

祝女企业家取得更大成就！

军工企业发展民品必须
处理好五种关系

（发表在《中国军转民报》1992 年 10 月 22 日；
《航天工业管理》1992 年第 2 期）

1991 年国家经济体制改革的重点是搞活国营大中型企业。大中型军工企业拥有精良的设备、技术和素质良好的各类人才，在现代化国防建设和国民经济建设中处于重要的地位。因此，搞活大中型军工企业，是当务之急，是今后国家经济体制改革的重要一环。如何搞活大中型军工企业呢？笔者认为，一个关键问题，是军工企业如何发展民品，这是个普遍存在的带有战略性的大问题，应当进行深入的研究和探讨。本文就这个问题，谈谈军工企业发展民品应该处理好的几个关系。

一、处理好"军工第一"与"民品为主"的关系，牢固树立"民品为主"的战略思想

航空航天部建部不久，便制定了航空航天部工作方针："航空航天为本，军民结合，军工第一，民品为主，走向世界"。这个方针是正确的。但在实践中，究竟如何做到军民结合？如何实现"军工第一，民品为主"呢？这里既有成功的经验，也有失败的教训。笔者认为重要的是处理好"军工第一"与"民品为主"的关系。

1. 军工企业不论军品多少，只要有军品，哪怕只有一项，也要放在第一位，作为指令性计划，保质保量，按时完成；否则，就不是军工企业了。

2. 现在的主要矛盾不在"军工第一"，而在"民品为主"，军工企业必须牢固树立"民品为主"的战略思想。其原因是：首先，在当前和今后一个时期，国际形势的主要特点是和平与发展。尽管当前一些国家的武器储备有上升趋势，我国的军工企业仍有一些军贸任务，但从总体上说，国际市场对武器的需求量是有限的。而且，"国际市场本身风云多变，还要时常受到政治、经济等因素的影响，一有波动，这些企业很可能被吊死在这'一棵树上'"（《经济日报》1991年6月26日文章）。国际军贸市场的情况更复杂，风险更大。所以，如果确实树立了"民品为主"的思想，形成了支柱性民品规模生产，那么，在无军贸任务时，军工企业经济效益也是稳定的；如果有了军贸任务，仍可大干军贸，做到"军民两旺"，使军工企业经济效益锦上添花。其次，从国内部队装备需求来看，当前和今后部队对军品的需求量也是有限的。从以上分析可以看到，军品也是商品（一种特殊商品），也要进行等价交换和平等竞争。国际和国内市场对军品的有限需求，决定军工企业再不能盲目地不顾市场需求而大批量地生产军品，只能以销定产。军工企业的生存与发展的关键在于发展民品，在于牢固树立"民品为主"的战略思想。民品的市场是广阔的，民品的发展好与坏，成为所有军工企业生存与发展的战略问题，成为军工企业兴衰成败的至关重要的大问题。

二、处理好品种与批量的关系，做到"东方不亮西方亮"

军工企业发展民品，经常遇到品种与批量的关系问题。其实，这是一对对立统一的矛盾，品种与批量，双方既是矛盾对立的，又是辩证统一的。因为，我国经济从过去的计划经济，转变为计划经济与市场调节相结合的以公有制为基础的有计划的商品经济的运转机制。因此，在广阔的充满竞争的市场中，优胜劣汰的规律是客观存在的。所以，由于人们消费水平的提高和社会需求量的波动，某个时期、某几个商品滞销、积压、市场疲软等现象是必然的、正常的。军工企业发展民品，如果只是单一品种的大批量生产，遇到该产品市场疲软，则必然导致企业经济大幅度滑坡。这是几年来军工企业亏损的一大原因。

为了解决这个问题，军工企业必须适时调整产品结构，民品发展必须是多品种，俗话叫做"东方不亮西方亮"。多品种产品可以适应市场变化。如果在一个时期内有一两种民品市场疲软，但其他民品市场不疲软，企业民品总销售收入仍可以保持基本平衡。

但是，品种多容易带来批量上不去的弊端。因此，在多品种的前提下，要下功夫搞好市场调查、市场预测。看准的产品，要果断决策，迅速建线上批量，覆盖市场。当这个产品处于"衰退期"时，就要抓紧更新换代，或改造生产线，或及时转产；其余处于"成熟期"的产品建线扩大批量，占领市场。这样，军工企业就可以抵御市场疲软的威胁和冲击。

三、处理好生产与研制的关系，建立科研、生产"一条龙"的民品研发管理机制

航天系统的军品研制，都是由总体设计部、若干研究所和总装厂来承担。而军工企业搞民品开发、研制，就不可能采取这种办法，主要应当靠企业自己，相对独立进行研制。

在这方面，兄弟单位的先进做法是：

1. "拿来主义"。引进国外或国内的先进产品，建生产线上批量。

2. 联合开发。军工企业与科研部门、高等院校等技术力量雄厚的单位联合，发挥各自优势，开发新产品。

3. 自己开发。要有机构、有人才、有资金、有专人负责。长计

划短安排，形成"生产一代，试制一代，储备一代，构思一代"的研制格局。

联合开发或自己开发，都必须建立科研、设计、生产"一条龙"的民品研发管理运行机制。科研与设计可以分开，也可以合并，应根据企业人力、机构等实际情况加以确定，但科研、设计这两种职能必须具备，两者缺一不可。

针对当前军工企业普遍存在的弱点，要特别强调"科研"的重要性。企业以产品为龙头，产品以科研为龙头，"科研"是龙头的龙头，这是真理。军工企业开发民品必须建立强有力的科研机构（能够进行市场调查、预先研究、采用新技术、产品方案论证等），这是几年来军工企业开发新产品的经验教训，也是国内外先进企业开发新产品的成功经验。北京广播设备厂曾经通过市场调查，研制投产电视转播台，一举成功，产值上亿。河南新乡市新产品开发方针是"大厂靠科研，小厂靠横联"，几十个大中型企业建立了 24 个厂办科研机构，有力地推动了新产品开发。国外企业没有不设科研机构的。日本丰田汽车公司调查国际石油价格猛涨的趋势，研制定型省油、价廉的丰田车，很快占领世界汽车市场，成为西德奔驰车的最大威胁。这里的奥秘不在设计，而在设计前面的市场调研、选准产品方向、预先研究、新技术新材料选用和方案论证等，一句话，奥秘在于科研，在于新产品研制。

因此，军工企业要发展民品，必须狠抓科研，狠抓新产品开发的政策、措施的配套。先进单位的做法是：（1）推行新产品开发承包责任制。建立新产品开发考核指标体系，建立"开发→试制→定型→设计"的开发机制，强化开发与产品的结合。（2）实行经济倾斜政策。新产品开发资金倾斜、新产品开发奖励政策倾斜、评功授奖倾斜等。（3）实行人力优化、物力优化。从全厂抽调优秀的技术人才、管理人才，或引进人才，强化新产品开发。

四、处理好军品生产与民品生产的关系，军民品生产必须实行分线生产

军工企业普遍存在军民品混线生产的问题。这既不利于军品生产的管理，也不利于民品生产上批量。为了发展民品，必须认真处理好军品生产与民品生产的关系，实行军民品分线生产。分线生产，主要应解决好生产管理上的"保军"与"转民"问题。

1. 必须"保军"。确立"军工第一"的思想，在有军品任务时，军品任务要摆在第一位。一旦军品任务锐减或几乎没有军品任务时，军工技术队伍不能散、军工生产队伍不能散、军工设备不能拆，还要认真维护好。而为了使军品生产车间能保持一定水平的经济效益，应采取以下措施：（1）开发"短、平、快"民品，可以联合开发，也可以自己开发；（2）尽量承揽适合本车间技术、设备特点的劳务加工任务；（3）为本厂民品生产零部件。

2. 必须"转民"。为了克服军民品混线生产的弊端，在"转民"方面，对市场前景好的产品，必须抓紧时机建生产线上批量，形成支柱民品。而建线生产的民品应当从"零件→部装→总装"实行闭环生产，使民品生产与军品生产尽量分线管理。只要生产适销对路的产品，那么，这个军工企业无论是对内的军民品生产管理，还是对外的市场适应能力，都将是得心应手的。

五、处理好生产与销售的关系，大力加强军工企业的营销工作

军工企业长期存在"皇帝女儿不愁嫁"的思想，营销工作极不适应商品经济发展的需要。营销工作是军工企业普遍存在的薄弱环节，军工企业要发展民品，必须大力加强营销工作。

1. 要认真研究营销战略和营销策略。营销战略，就是民品营销的长远规划、方向、步骤，如民品打入国内外市场的战略方案、步

骤等；营销策略，就是民品在广告、试销、代销、定价、服务等方面的措施、办法。

2. 要大力加强销售机构建设，逐步健全有效的销售网络，在人力、物力、财力等方面适当强化之。

3. 要制定促销政策，开展全员销售。

4. 要搞好售前和售后服务，提高产品和企业的知名度，树立产品和企业的良好形象。

大力加强销售工作，其目的在于民品发展能够做到"以销定产，以产促销"，形成民品"生产→销售"和"销售→生产"的双向促进的良性循环。从市场调研、市场预测、方案论证、研制新产品→定型后进行设计→投产、上批量→销售、投入市场→市场信息、用户意见再反馈给科研部门进行更新换代。这样，就可以不断促进军工企业民品的发展。

企业做大做强应当把握"六大要素"

（2009 年 4 月 1 日 在山西大同考察时的讲话）

企业发展到一定的规模，就必须适时地做大做强。企业如何做大做强？我们结合山西大同粮茂养殖场考察调研的实际情况进行说明。

应大同市邀请，我们一行到大同粮茂肉牛养殖场进行考察调研咨询。场长介绍了养殖场的情况，并带领我们进行实地考察。现对养殖场的发展谈几点个人意见，仅供参考。

对养殖场评价有三条：

一、养殖场定性：民营企业。

二、养殖场具有一定规模。从 2008 年 8 月创办至今，已形成自己的经营机制，产品很好，市场很好，每年生产肉牛 2000 多头，具有一定的经营规模。企业认为，现在主要问题是缺乏资金。

三、是一个很有发展前景的畜牧业项目。

我认为，现阶段养殖场的发展目标是：做大做强。如何做大做强呢？养殖场要做大做强应当把握"六大要素"：

第一要素，产品应当升级。产品是企业的载体，是企业的根基。企业要提升市场竞争力，产品必须升级，必须不失时机地研发新产品、或者引进新产品。比如到中国农科院畜牧所引进更好的肉牛品种（质量好、品位好、产量高）。方法是：2009 年引入新品种试养，2010 年扩大产量，新旧两种肉牛兼而有之，直到逐步完全替代，这样做风险小。

第二要素，**市场应当扩大**。对企业的生存和发展来说，市场第一，订单第一。俗话说"以销定产"。现在肉牛主要销往香港市场。因此，必须保住香港、巩固香港、扩大香港市场，进入阿联酋、挺进中东市场。还有国内市场也很重要，国内市场大、稳定，风险小，比较好运营，营销费用也少。比如上海就是一个牛肉消费的大市场，应当研究逐步进入上海市场。还有其他城市。

第三要素，**企业管理体制应当升级**。可分三步走：第一步，既然是民营企业，养殖场应当改制为责任有限公司；第二步，责任有限公司逐步走向股份有限公司；第三步，股份公司包装上市，就可以解决融资难的问题，突破当前企业发展的瓶颈。改制是企业持续发展的关键环节，要高度重视。

第四要素，**企业发展战略应当明确到位**。企业应当制定五年或十年的发展战略。在产品、产量、市场、产值、利润等方面要确定达到什么样的目标，明确分几步走，每一步应突破那些瓶颈，并逐步落实到位。

第五要素，**团队力量应当提升**。企业要做大做强，团队力量很重要。团队中的技术力量、营销力量、管理力量都至关重要。提升团队素质水平，一是建立切实可行的岗位责任薪酬考核体系；二是培养具有凝聚力的企业文化、企业理念、企业精神、企业作风，树立企业品牌。

第六要素，**经营机制应当优化**。养殖场已形成现有的经营机制，产业链是：种牛饲养→肉牛喂养→市场销售（这中间还有一些附产品）。产业链如何优化呢？产业链优化，就是把产业链中关键的链节紧紧抓住不放，把那些技术含量低、附加值低、劳动密集的部分分割出去；把企业的主要人力、物力、财力等都投在关键的链节上，使企业成本最低化、利润最大化。在管理学上，这种做法叫"虚拟经营"，这是国内外先进企业扩大经营规模、企业做大做强最常用的先进经营模式。我觉得，养殖场应当主要抓两个链节：一是喂养；二是市场。其他的都可以逐步分割出去。

通过实施这"六大要素"，企业就可以一步一步地做大做强。

对企业坚持"两个文明"一起抓的探索

（发表在《航天工业管理》1988年第8期）

企业如何坚持两个文明一起抓？厂长如何对物质文明和精神文明建设全面负责？经营承包与精神文明建设的关系应如何处理？这是当前企业建设和发展中值得探讨的几个问题。这方面，几年来航天部一五九进行了初步的实践和摸索，逐步建立了一套适合本厂实际情况的双文明建设管理体系，逐步形成了使两个文明建设能够平衡协调发展的运行机制。

一、建立以行政为主党政工团齐抓共管的组织领导体制

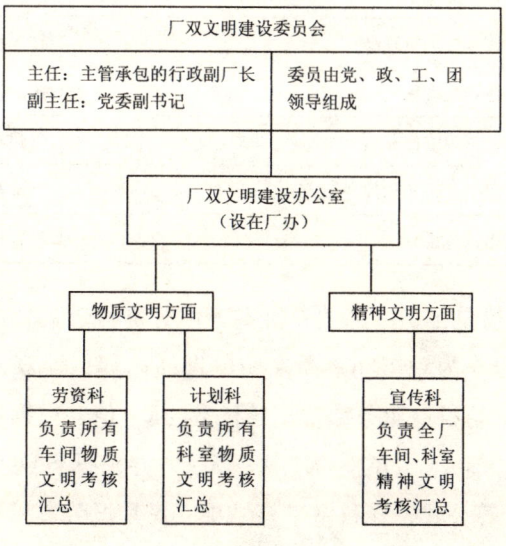

二、制定以生产经营为主要内容的双文明量化考核标准

1、物质文明方面

（1）对车间用 15 个 K 值进行考核（见表 1）

表 1　对车间 K 值考核表

K_m	考核内容	负责考核单位
K_1	品种数量兑现率	生产科
K_2	劳动指标兑现率	劳资科
K_3	质量兑现率	检验科
K_4	成本费用兑现率	财务科
K_5	能耗兑现率	机动科
K_6	安全指标兑现率	技安环保科
K_7	保卫消防兑现率	保卫科
K_8	工具消耗兑现率	工具科
K_9	消耗指标兑现率	供应科
K_{10}	设备完好兑现率	机动科
K_{11}	工艺技术管理兑现率	技术科
K_{12}	劳务咨询兑现率	民品科
K_{13}	绿化、营建维修兑现率	营建科
K_{14}	环境卫生、班车秩序兑现率	行政福利科
K_{15}	教育培训兑现率	教育科

　　15 个 K 值是年初厂部主管科室（由劳资科牵头）向车间承包的内容，同时也作为对车间物质文明的考核内容，使双文明建设既与承包结合，又与科室业务结合。各科室的 K_m 值，根据工作需要又分为若干细则，有 K_{m1}、K_{m2}、K_{m3}……K_{mt}，并根据各细则的比重，制定本 K_m 的计算公式，各科室考核结果，每月报劳资科汇总。计算公

式为：

$$K = K3 \cdot (K1 \cdot K2 \cdot K4 \cdots\cdots Km)^{\frac{1}{m-1}}$$

式中 K_3 放在括号外，体现了"质量第一"的要求，从量化考核提高质量的地位和作用。

（2）对科室用 10 个 Z 值进行考核。（见表 2）

表 2　对科室 Z 值考核表

Zn	考核内容	负责考核单位
Z 标	经济指标和工作目标	计划科
Z 生	生产保证工作	生产科
Z 科	科研保证工作	技术科
Z 统	统计工作	计划科
Z 本	科室本职工作	厂办
Z 保	保密治安	保卫科
Z 行	行政卫生	行政福利科
Z 教	教育培训	教育科
Z 绿	绿化房产	营建科

10 个 Z 值是年初厂部主管科室（由计划科牵头）向各业务科室承包的内容，同时作为对科室物质文明建设的考核内容，使双文明建设既与承包结合，又与科室业务结合。各负责考核的科室，根据工作需要再制定 Zn 的考核细则，有 Z_{n1}、Z_{n2}、Z_{n3}、$\cdots\cdots Z_{nj}$，并制定本 Z 的计算公式，各科室考核结果，每月报计划科汇总，计算公式为：

$$Z = \frac{\sum\limits_{j=1}^{n} Z_j \partial_j}{\sum\limits_{j=1}^{n} \partial_j}$$

式中 ∂ 为加权系数，由该科室根据考核项目 Z_1、Z_2、Z_3、$\cdots\cdots Zn$ 的重要和难易程度加以确定。一般 $\partial = 0.5 \sim 4$。

2. 精神文明建设（党群方面）的考核内容

由宣传、组织、纪委、工会、团委结合本职工作，制定考核细则，分别对各支部（分解到车间、科室）精神文明建设情况进行考核，由宣传科负责考核结果的汇总（见表3）。

表3　精神文明考核表

负责考核的单位	考 核 内 容	考核分数
宣传科	职工思想教育和政治工作，精神文明建设活动，干部学习，青工轮训等	25
纪　委	党风党纪，党员及党员干部的模范作用，财经纪律	25
工　会	民主管理，劳动纪律，合理化建议，工会工作，文体活动，计划生育等	25
组织科	党员教育，三会一课，党员发展工作等	10
团　委	团支部工作，青年突击和承包，青年思想教育，定向立志，青年精神文明方面表现	15

双文明建设还规定了七不评，即使某个单位全年各项工作考核总分名列前茅，出现下列问题仍不能评为双文明单位。

（1）违反"四无"规定的单位不评。"四无"是：职工无刑事犯罪、单位无刑事案件、无重大事故和伤亡、无重大失泄密。

（2）计划生育率达不到100%的不评。

（3）在重大场合和重要活动中发生不文明现象被通报批评的不评。

（4）党员有留党察看或严重违纪而隐瞒不报的单位不评。

（5）没有完成生产任务的不评。

（6）发现赌博的不评。

（7）严重违反劳动纪律，受通报的不评。

经过长期实践，逐步形成的这套双文明建设管理体系，可以简单地把它归纳为五句话：两为主、两结合、四考评、四挂钩、七不评。

两为主：双文明建设的组织领导以行政为主，考核内容以生产经营为主。

两结合：考核标准与承包紧密结合，与科室业务紧密结合。

四考评：月考核、季嘉奖、半年检查、年底总评。

四挂钩：与季度嘉奖挂钩，与浮动升级挂钩，与评比先进单位、先进党支部挂钩，与评比先进中层干部挂钩。

三、有力地推动了企业的"两个文明"建设

1. 强化了企业的综合管理，使工厂连续保持安定团结的政治局面

由于双文明建设制定严格的考核细则，使全厂各项工作形成一个宝塔形的网络结构，形成一个完整的系统。各科坚持日常检查考核，使企业形成一个整体，能够正常运转，能够形成自我制约、自我完善、自我发展的能力，从而加强了企业的综合管理，使得工厂能够连续几年保持安定团结的政治局面，干部职工保持思想稳定，生产秩序良好，各类事故明显减少。

2. 既体现厂长负责制，又体现党政工团共唱"一台戏"，同种"一块田"

厂双文明建设委员会在厂长领导下工作，责成主管承包和行政工作的副厂长具体负责，体现了厂长对企业物质文明建设和精神文明建设全面负责的精神。同时，双文明委员会由党政工团领导18人组成，他们对双文明考核、考评结果有表决权，考核内容与党政工团各业务工作紧紧结合，并且可以互相考核、互相监督。通过这套制度促进党政工团各个业务部门各司其职、各负其责，共同种好企业双文明建设这块"责任田"。

3. 既明确以生产经营为中心，又使物质文明、精神文明两加强、两促进

双文明考核标准，已成为衡量工厂各项工作的杠杆，成为评价各部门工作优劣的重要尺度。坚持日常考核，并注重平时工作，不搞运动，不搞突击，有力地促进企业各项工作的发展。1985 年、1986 年、1987 年这三年企业工业总产值平均每年以 31.9% 幅度上升，利润平均每年以 64% 幅度上升，1987 年利润比 1984 年翻了两番。1987 年综合经济效益进入航天部第四名，并通过了晋升国家二级企业的部院评审。精神文明方面也取得可喜的成绩。曾先后被评为丰台区和三院的文明单位，航天部和北京市的文明单位，航天部和北京市的花园式单位。

四、初步体会

1. 社会主义企业确立"以生产经营为中心，两个文明一起抓"的指导思想必须坚定，并落实到实处。因为这是关系到企业能否坚持社会主义方向的问题，也是企业建设的一个极为重要的问题。

2. 必须善于运用邓小平同志"从人治到法治"的光辉思想，通过建立健全双文明考核制度，不断强化企业的制度建设，建立"一厂一法"、考核必严、从严治厂的制度，用制度来调动和引导干部职工的积极性及其发展趋向，培养职工遵纪守法的良好习惯，建立良好的秩序，树立良好的风气。

3. 领导方法必须贯彻"封闭原理"和系统论的思想。双文明建设的各项工作和各个环节，必须形成一个"封闭回路"，必须有计划、有部署、有标准、有考核、有评比、有奖惩。具体工作部署不能形成"开路"，不能有计划而不落实，有部署而不考核，有考核而不奖惩。任何一种"开路"现象都必将导致双文明建设半途而废。同时，双文明建设从工厂→车间→科室→班组→个人，都要贯彻系统论的思想。企业双文明建设是以若干个子系统构成的网络结构的母系统，必须使这个母系统能够平衡、协调、稳定运转。

4. 双文明考核标准是关键。对考核内容、标准和考核办法必须不断实践，不断摸索，不断修正，逐步形成一套具有本厂特色的切合实际的自我完善、自我约束、自我发展的运行机制。

5. 双文明建设的组织领导应当以行政为主，考核内容应当以生产经营为主，体现厂长负责制和政治体制改革的精神，体现"一个中心，两个基本点"的原则。

企业如何加强党的制度建设

（1988 年 12 月）

在改革开放的新时期，如何加强企业党的建设？这是当前企业党组织面临的一个重要课题。几年来，航天部一五九党委经过实践和摸索，逐步建立了一套适合本厂特点的党组织活动制度，收到良好效果。他们主要建立了六项制度：

一、党委每半年一次民主生活会制度。几年来，厂党委坚持每半年召开一次民主生活会。为了提高生活会的质量，事先由厂纪委的同志深入基层召开座谈会或个别交谈，征求党员和群众对党委及其成员的意见。今年上半年，纪委出 9 道题，在全体党员中进行"党风状况问卷调查"，了解广大党员对本厂党风的基本评价和对厂党委成员的意见。在此基础上，召开民主生活会，增加了生活会的透明度和针对性，收到良好效果。

二、党支委和党小组每季度一次民主生活会制度。1984 年厂党委明确要求："基层党支部必须坚持每季度进行一次生活会制度"。为了加强督促检查，组织部门给每个支部发了两种专门的生活会记录本，每季度将全厂 29 个支部的支委生活会记录本全部收起来，进行检查，签署意见，挑选部分记录本给党委领导审阅写批语。这样，既使领导及时了解情况，又促进生活会质量的提高。对问题较多的支部，党委及时派人参加他们的生活会，促使他们通过批评和自我批评解决问题。党小组生活会记录本，组织部门不定期进行抽查，督促这项制度的实行。

三、"党员一年表现回头看"制度。为了巩固和发展整党成果，1986 年以来该厂坚持每年 6 月份开展"党员一年表现回头看"的活动。每位党员对照党章，回顾一年来的表现情况，事先写好发言提纲或发言稿，然后在党小组上发言，其他党员进行评议，充分肯定成绩，诚恳指出缺点。通过"回头看"，党员能够正确评价自己，明确了努力方向，心里感到热乎乎的。

四、每年七一节"两先一优"评比表彰制度。该厂评比先进党支部、先进党小组和优秀党员活动已坚持多年。近几年他们采取量化考核、累计打分的办法，提高了评比的准确性，保证"评先"活动的质量，促进了这项活动的深入开展。几年来在党内涌现出一批先进集体和先进个人。首都五一劳动奖章获得者、优秀共产党员吕长久，几年如一日、勤勤恳恳为职工服务的优秀共产党员李玉芝等同志的感人事迹，在党内外广为传颂，树立了新时期共产党员的良好形象。

五、"三会一课"制度。这项制度在该厂坚持不懈。今年他们在党内认真进行党的基本路线教育，在广大党员认真学习文件的基础上，党委书记、副书记分别在一、二季度给全厂党员讲了"初级阶段理论和党的基本路线""党的基本路线与加强党的建设"两次党课，由于党课内容紧密结合党员的思想实际，收到良好效果。

六、党员表现和党支部工作每季度检查考核制度。为了保证党内各项制度的贯彻实行，几年来他们把党支部的建设和党员表现情况，纳入厂双文明单位的考核内容。由组织部门、纪委分别对各党支部的党员、党员干部的模范作用、党风党纪、党员教育，三会一课，民主生活会、发展新党员等情况进行每季度严格考核，好的奖励加分，发现有问题的批评扣分，严重的按党纪处理。还规定有党员受留党察看处分或严重违纪隐瞒不报的不能评双文明单位，从而有力地发挥了广大群众及舆论对党员的监督。

　　由于该厂建立了一套党内生活制度，并坚持严格的日常考核，使党内思想教育、制度保证、严格考核三者紧密结合，比较好地运用教育的、制度的、考核的多种手段加强党的建设，增强党组织的凝聚力和战斗力。去年九、十月他们分别在航天部和三院介绍了这方面的经验。1987年企业经济效益比1984年翻了两番，名列航天部第四；连续几年被评为航天部和北京市的文明单位、花园式工厂；并晋升为国家二级企业。

解决热点问题　疏通思想疙瘩

——企业开展形势教育的做法和体会

（1990 年 3 月）

企业如何开展有针对性的形势教育，解决职工普遍反映的热点问题，是企业经常性思想政治工作的重要内容。在这方面，航天部一五九厂进行了有效的实际探索，采取职工喜闻乐见的多种形式，着力解决热点问题，疏通职工思想疙瘩，收到良好效果。

一、深入调查，找准问题

形势教育展开之前，干部中普遍感到形势教育难度大。归纳起来，主要有三难：一是社会上有些现象难讲清；二是改革中有些理论难讲明；三是职工热点问题难解决。针对这种情况，除了进行必要的思想动员、提高认识外，着重进行教育前的调查摸底。

去年 11 月在 550 名干部、工人中进行了无记名的"十年改革问卷调查"，出了"对改革的信心""对改革的满意度""对当前最大的不满"以及对厂内改革、分配等 241 道题。调查结果：认为我国改革一定成功的占 27.4%，认为可能成功的占 66.2%，认为可能失败的占 6.4%。

去年 12 月举办 120 名中层以上领导干部参加的脱产学习班，学习党的十三届三中全会精神，着重讨论了全国改革形势和本厂军转民的严峻形势。大家畅所欲言，提出有关民品开发、厂内奖励政策等23项意见和建议。

通过这两项工作，基本摸清了干部职工对"大气候"和"小气候"的思想反映和热点问题，归纳起来，主要有三个方面：（1）对我国改革的认识和信心；（2）对本厂军转民形势任务的担心。由于1989年我厂军品任务明显减少，大家担心民品能不能上；（3）对本厂食堂、浴池等福利问题的关心。这些问题直接影响职工的思想情绪和生产积极性。

二、突出主线，进行多种形式的教育

针对上述热点问题，确定形势教育的主线是：明理、顺气、鼓劲。为了达到这个目的，采取多种形式进行教育，主要有：

1. 厂领导向职工宣讲、对话。春节后，头两周的星期一上午（为企业职工思想政治教育、党团活动时间，此制度已坚持5年），厂里党、政、工11名领导分两批直接到基层向职工宣讲、对话，当场回答职工的提问。由于厂领导准备充分，宣讲内容丰富，讲得生动，一竿子插到底，受到职工的热烈欢迎。厂领导春节后下去宣讲、对话制度已坚持4年，职工反映很好。

2. 报告员宣讲。按照《国营企业职工思想政治工作纲要》的要求，1984年以来企业建立一支分布在29个党支部的76人的兼职的思想政治报告员队伍。形势教育中，先由宣传处领导给全体报告员进行辅导，着重讲改革的必要性，改革的特点，改革十年来的成绩、困难和问题，以及治理整顿的方针等。其间，又组织报告员听取国家体改委宣传司两位同志的报告，深入理解改革的方针政策。报告员们参考厂里发的材料和报刊上的文章，结合自己的学习体会，编写宣讲稿，在各单位职工大会上进行宣讲，普遍反映不错。通过宣讲，使广大职工对改革有了总体的正确的认识。九分厂报告员还专题宣讲："改革中，国家要有国魂，民族要有民魂，工厂要有厂魂！"

使全分厂职工受到精神鼓舞。企业政治思想报告员宣讲制度已坚持5年。1987年9月航天部政治部在该厂召开思想政治报告员宣讲制度专题现场会，向全部介绍推广报告员制度的做法和经验。

3. 群众"七嘴八舌话改革"。听了厂领导宣讲、对话和报告员宣讲后，职工以班组为单位，开展"七嘴八舌话改革"活动，会上气氛热烈，大家既讲改革的成绩、实惠、变化，也讲改革中存在的问题、困难、失误；既讲事实、现象，也讲评价、认识。然后，每个班组推荐讲得最好的职工，整理成稿子到单位全体职工大会上演讲，从正面积极引导职工舆论，群众显身说法，自己教育自己，效果很好。

4. 自下而上地举行"形势教育演讲会"。大多数单位党政工团联合举行"改革十年，变化在我身边"演讲会，有的还设评委会，当场打分、发奖，组与组展开比赛，演讲中掌声一阵连一阵，气氛相当活跃。在此基础上，各单位推荐好的稿子报厂宣传处。厂宣传处从报来的62篇演讲稿中筛选20篇在全厂职工大会上进行演讲，评出一、二、三等奖。其中，有58岁老工人演讲《改革的四喜与四忧》、青年大学生演讲《改革开放带来观念更新》、机关干部演讲《由"吃肉""骂娘"想到的……》。有的演讲《改革给车间注入活力》，有的演讲《从冰箱里看改革》等，演讲会场洋溢着热烈的气氛。演讲活动受到广大职工的好评，也受到上级的肯定，航天部三院电视台两次播放该厂演讲录像，在三院职工中产生良好的影响。

5. 组织难题辩论会。在"七嘴八舌话改革"中反映出来的难点问题，采取辩论的形式，摆事实，讲道理，辨明是非。机关二支部（生产处、劳资处）围绕"1990年159厂经济效益比1989年增加（正方）还是下降（反方）"这道题。正方、反方分别运用大量的数据和实例，充分分析1990年厂内军民品生产的有利因素和不利因素，激起在场听众的一阵阵热烈掌声，同时对启发主管业务部门的工作思路、帮助厂领导科学决策起到积极作用。厂团委针对青年在

"七嘴八舌话改革"中反映出来的三道难题：（1）在改革中团组织作用是否削弱？（2）现在青年是否一代不如一代？（3）当今搞商品经济还要不要学雷锋？组织六个团支部抽签辩论，吸引许多青年、中老年和领导干部参加，辩论会场挤满了人。辩论会还评出优胜队和最佳辩论员。由于辩题、辩论观点扣人心弦，引起参会观众的普遍共鸣，辩论会在自由发言时，观众当场辩论起来，会后仍辩论不休。

6. 形象化教育紧密配合。赶巧，当时上级要求该厂限电几天，一些车间必须轮流停工。厂宣传处抓住时机，充分利用限电停工时间，分四场组织全厂职工观看中宣部推荐的九集系列录像片《警醒后的奋起》和《廉政风暴》等，反映很好。限电期间，既安排形象化教育，又解决了工人停工问题，厂领导很满意。工会利用工厂大门口的橱窗，展出改革十年（1978—1988 年）企业大变化的十张成绩图表。工会还录制厂长、党委书记、副书记、工会主席关于改革成绩、困难的四组对话录音，每天早、中、晚在厂内广播三次，广播近一个月，造成浓厚的气氛和良好的舆论，加深了教育效果。

7. 信息反馈。教育中注意汇总信息、处理信息、反馈信息：（1）去年11月"改革十年问卷调查"的结果，进行反馈：一是下发各党支部，作为教育的学习宣讲参考材料；二是报厂领导人手一份，以了解职工反映。（2）去年举办中层以上干部学习班，从小会、大会发言中汇总整理关于民品开发、职工福利等33条意见，复印报厂领导人手一份。（3）春节后厂领导下基层宣讲对话，机关跟一位同志下去作记录，将记录汇总整理了六个方面36个问题，复印报厂领导人手一份。（4）职工"七嘴八舌话改革"反映的问题，又整理了七个方面18个疑难问题，复印报厂领导人手一份。这样做的好处是：一是厂党政工领导可以互通情报，沟通思想，密切配合；二是为厂领导提供多种渠道的消息，了解下情，避免官僚主义，减少失误；三是通过形势教育，可以切实解决一些实际问题，提高教育效果。

8. 专家答疑。从群众"七嘴八舌话改革"反映的意见中，汇总筛选了"物价双轨制""产生腐败现象的原因""有计划的商品经济自身的利与弊""高层次决策科学化""国魂、民魂"等18个有代表性的疑难问题，请国家体改委的同志来厂向干部、职工骨干代表作答疑报告，并当场对话。然后由这些职工骨干代表在政治思想教育时间里与本单位职工进行对话，力求把职工头脑中存留的对改革的一些问号减少到较低的程度。

9. 研究解决实际问题。教育前的问卷调查和教育活动中职工反映出来的实际问题，主要是两个方面：一是军转民；二是职工食堂、浴池等生活福利问题。

对这些问题，厂党政领导非常重视。厂党委开会既研究形势教育情况，又对解决厂内实际问题提出具体建议。厂长在第一季度召开多次厂长办公会，研究解决这两个问题。确定厂发展战略方针是："团结奋战，保军转民；开发建线，民品千万；技术改造，优质高效；两个文明，继续提高。"明确既要确保军品，又要大上民品。确定重点开发三个民品，建立三条民品批量生产线，开辟三个民品战场，分别建立开发、建线领导小组，立即开展工作。从而统一全厂干部职工的思想，明确了奋斗目标，稳定了情绪，鼓舞了干劲。

对食堂、浴池问题，研究决定：进行体制调整，单独成立食堂管理处，由行政副厂长直接领导，减少层次，加强管理。浴池也进行体制调整，把供、修、用三者一致起来，提高了服务质量，受到职工的好评。

三、取得良好效果

形势教育在厂内产生良好效果，主要有三个方面：

1. 通过形势教育，使广大干部、职工对改革有比较清醒的客观的全面的认识：一是进一步认识到改革的必要性。改革势在必行，改革是我国治穷的根本出路，从而坚定了改革的决心。二是能够比较全面地评价十年的改革，清楚地看到十年改革的成就、人民得到的实惠、国家面貌的改变、市场的繁荣等。同时也看到改革面临的困难、矛盾、问题，甚至存在摩擦和痛苦。三是从而越来越认识到改革的特性：长期性、复杂性、艰巨性、渐进性。

2. 通过形势教育，特别是厂党政领导高度重视和密切配合，统一了全厂关于保军转民的发展战略思想。在中层干部学习班上，这个问题还是议论的热点和难点，甚至有些同志还有点惊慌，说："现在不是居安思危，而是居危思危了。"然而，通过两个月的形势教育，厂领导下基层宣讲、对话，党政领导密切配合，认真研究制定"保军转民"方针，全厂干部职工思想统一了，目标任务明确了，生产干劲起来了，一季度民品产值比去年同期增长 3 倍多。

3. 职工普遍关心的食堂、浴池等生活福利问题也解决得果断、有效，群众反映很好。

四、几点体会

一、形势教育必须由党委领导、党政工团密切配合。厂党委研究确定教育的总计划，并由党委协调动作，使整个教育活动形成全厂一盘棋，进行得有条不紊，有声有色，产生立体感，增加教育效果的广度和深度。

二、形势教育在指导思想上一定要强调"掌握适度"：（1）教育量安排要适度，安排教育量不宜过大、过猛。这样可以避免"刮风"和"搞运动"。（2）教育的调子要适度。不要唱高调，说大话，说过头话。这样可以减少"逆反心理"，提高教育效果。（3）教育时间要适度。整个教育都必须安排在企业规定的政治学习时间里进行，不准占用生产、工作时间；而且，教育不要安排太频、太挤、太满。（4）教育效果的估价要适度。教育效果不要估价太高。思想教育的效果是有限的，一次教育不可能包医百病，不可能一劳永逸。

而且，有些问题一时还讲不清，有的问题讲清了还要看实践，更重要的是看实践。

三、形势教育的方法上要注重运用领导科学中的"封闭回路原理"。部署一项教育与安排一项生产任务一样，都应当构成一个封闭回路，如同电学里讲的"形成回路才能做功"的道理一样，要有部署、有落实、有反馈、有检查、有考评、有总结，这样才能出效果，才能使教育（包括生产）一环扣一环，教育中反映出来的问题也能做到有着落，有回音，有结果，使广大干部、职工从效果感上觉得"思想教育有用"，逐步建立思想教育的威信、建立思想政治工作的威信，产生良性循环。

（注：本文是作者与一五九厂曲臣合作撰写）

论疏导与心理

（获全国企业思想政治工作心理学研讨会二等奖；发表在
《心理学探新》1990 年第 3-4 期）

在进一步治理整顿和深化改革的形势下，如何切实加强和改进
思想政治工作，是广大干部、职工普遍关心的一个重要问题。研究
探讨思想政治工作与心理学内在的规律性联系，提高思想政治工作
的针对性、有效性和科学性，是解决这个问题的重要途径。本文拟
就疏导与心理的一些问题，谈几点粗浅认识。

一、疏导与心理的关系

我们党的思想政治工作的方针是疏导。疏，就是疏通，讲清道
理，解开思想疙瘩；导，就是开导，因势利导。疏与导，二者密切
相关，相辅相成。疏通是前提，引导是关键。疏导，就是针对人们
的思想情况，进行说理，启发，教育，把疏导对象的思想引导到正
确的轨道上来。

人的心理现象是纷繁复杂的。但都是人的头脑反映客观现实的
过程，如感觉、知觉、思维、情绪等，或者泛指人的思想、情感等
内心活动。如果能摸索疏导对象心理变化的规律、提高疏导的针对
性和有效性，这是实现思想政治工作科学化的一个重要内容。

疏导工作与疏导对象的心理状态密切相关。实践说明，疏导工
作往往有三种结果：第一种，通过一次或若干次思想教育，进行疏

导，思想疙瘩解开了，工作积极性很快调动起来了；第二种，通过一次或若干次思想教育，进行疏导，收获不大，依然如故；第三种，进行一次或若干次思想教育，进行疏导，结果适得其反，即所谓"不谈还好，谈了更糟"。

为什么会有这样三种截然不同的疏导结果呢？运用马克思主义的因果观进行分析，就是一切事物的变化都遵循"外因通过内因起作用"这个基本的原理，正如毛泽东同志在《矛盾论》中精辟阐述的那样，一定的温度（外因）能使鸡蛋（内因）转化为小鸡，而不能将石头转化为小鸡。在这里，对疏导对象的思想转变来说，外因就是周围环境和谈话人疏与导的水平，内因是疏导对象本人的思想素质和内在心理因素。所以，疏导与心理的关系就是外因与内因的关系。正确的疏导方法与疏导对象最佳心理状态的恰当结合，就可以取得疏导的良好效果。

在疏导实践中，摸索采用最佳的疏导方法与疏导对象最佳心理状态相结合的规律，这是思想政治工作心理学研究的一个重要课题。

二、疏导方法与心理状态相结合的几种方式

不同的人，不同的事，不同的时间、地点，疏导对象的心理状态往往是不相同的。为了使最佳疏导方法能够与疏导对象最佳心理状态相结合，在实际工作中一般有以下几种疏导方式：

（一）因人疏导

世界上每个人都具有自己的心理特征。世界上不存在心理特征绝对相同的两个人。人与人之间的心理特征总是存在着差异的，人的这种个性心理特征的差异，表现在气质、能力、性格等各个方面。因此，不同个性心理特征的人，遇事往往呈现出不同的心理状态：有的人性格开朗，生活乐观；有的人性格暴躁，情绪易冲动；有的人脸皮薄，爱面子；有的人牢骚满腹，甚至悲观厌世等。为了提高思想政治工作的针对性和有效性，针对不同个性心理特征的人，就

应当采用不同的疏导方法。疏导方法有多种多样，这里举批评方式为例进行说明，根据人的不同个性心理特征，应当采取不同的批评方式进行疏导：

1. 对性格开朗、坦率的人，一般可采用直接批评的方式，直接讲清错误性质、危害及改正方法，这种批评简单明了，刺激强度大，印象深，见效快。

2. 对脑子聪明，反应敏锐的人，一般采取暗示性批评方式效果会好一些。批评时，点事不点人，让他自己去对号，从中吸取教训，加以改正。这样既不损害他的自尊心，又能取得应有的效果。

3. 对自卑感严重、失去信心的人，一般采用对比批评的方式。就是把批评与表扬结合起来，批评时可用他自身的优点和缺点进行对比，肯定好的、成绩的一面，再指出缺点的一面，使之能够既看到成绩，又看到缺点，鼓舞信心，振作精神，继续前进。

4. 对心胸狭窄，疑心大，有戒心或有对立情绪的人，一般采用商讨批评的方式，批评时，语气缓和，用心平气和商量的口气，指出问题，引导他接受。

5. 对脸皮薄，爱面子，自尊心强的人，一般采用梯次批评方式，把要批评的问题分若干次、若干阶段进行，循序渐进，使他能一步一步地承受批评，认识错误，防止矛盾激化，发生意外。

6. 对脾气暴躁，性格孤僻的人，一般采取迂回批评的方式。批评时，不直接涉及他的要害问题，可以由远及近，由彼及此，引导他形成联想，受到启发，接受批评。

批评是这样，个别谈心等其他疏导方式也应当是这样，就是根据不同人的个性心理特征，采取不同的疏导方式，因人疏导，以期达到良好的疏导效果。

（二）因事疏导

外因通过内因起作用，外界客观事物的变化，必然会引起人们思想的变化：如入党团、提干、评职称、长工资、发奖金、分房子、

174

评先进、表扬、批评、处分、工作调动、恋爱结婚、家庭邻里纠纷等，都会不同程度地引起人们的心理变化，有的从消极转变为积极，有的从积极转变为消极，应当区别不同的事物引起不同的心理变化，采取不同的疏导方式。因事疏导应先区分"事"的性质，然后区别对待，这是个原则问题。日常生活中的"事"一般有三种性质：一是属于触犯刑律的"事"，如刑事案件、治安案件等，这类"事"必须由执法部门处理，党政领导是不能越俎代庖的。二是违反厂规厂纪和经济奖惩方面的"事"；如产品质量事故，技术安全事故等，调查处理时，必须按行政程序办理，思想政治工作者可以对其进行必要的疏导、教育，但查处时不能以党代政。三是思想认识问题和工作作风等方面的"事"，则主要是疏导教育。在这里，着重讨论因第三种性质的"事"所产生的思想问题的疏导方式，这种"事"又大体可分为四类。

1. 关于入党团、提干、评职称这类"事"。因本人未达到目的，产生的心理往往是：自己比人家强，领导上不信任，组织上不公平或人家有"后门"。因而，不服气、有怨气，便消极起来。针对这种心理，一般是着重讲清组织上是公正的，引导他树立对组织的信任感，并看到自己的不足，使其眼睛向内，克服不足，鼓舞信心向前看。

2. 关于长工资、发奖金、分房子这类"事"。因本人未达到目的，产生的心理往往是：埋怨领导不关心，另眼看待，牢骚多，情绪低。针对这种心理，应当实事求是地讲清情况和难处，引导他正确对待，顾全大局。这类"事"引起的消极心理，往往需要一个过程才能解决，不能急于求成，也不能说大话，更不能许愿，许愿会惹起更大的麻烦。

3. 关于评先进、表扬、批评、处分这类"事"。引起的心理状态，往往是相反的，受表扬沾沾自喜，受批评、处分灰心丧气。对此种心理，主要是引导其正确对待表扬与批评。评上先进，受到表扬做到不骄不躁，谦虚谨慎；受到批评或处分，吃一堑长一智，引以为戒，变坏事为好事。

4. 关于恋爱婚姻、家庭邻里纠纷这类"事"。一般比较复杂，往往与家庭、社会等方面有牵连。这类"事"直接关系到职工的切身利益，对职工的生活、工作影响大。这类"事"产生的心理，往往是思想负担重，爱面子，生怕声张出去。针对这种心理，疏导方法：一定要爱护对方的自尊心，不要在大庭广众之下扩散，与其谈话时要特别谨慎，要防止发生意外事故。

（三）因时因地疏导

针对不同人对不同事所产生不同的心理状态，其疏导的时机和场合，也必须有选择，应当做到因时疏导，因地疏导。

1. 疏导时机可以分为"热处理"和"冷处理"两种：

"热处理"，就是有的"事"要立即疏导，一种是要事先谈，打"预防针"敲警钟，提醒注意，以防止事故和问题；一种是事中谈，要求正确对待和处理，避免发生事故或防止事态扩大；再有一种是事后谈，要求正确对待，处理好善后工作，减少不必要的损失，尽量挽回影响。

"冷处理"，就是有的"事"不能急于疏导，要放一放，等一等，看一看，观察主客观因素的变化，不急于求成。一种是道听途说，捕风捉影的所谓"反映"，不能匆忙找其谈话，谈话势必带来不良后果；还有一种是在"火头"上，对方情绪反常，头脑发热，严重对立，不能马上谈。这些"事"采取"冷处理"，寻找适当时机谈，效果要好一些。

2. 疏导的具体时间、地点也应有所选择。针对不同人对不同事物产生不同的心理特征，可以在班前谈、班上谈、班后谈；也可以晚上、星期天家访谈、住院探视谈，可以长谈，也可以短谈，哪怕三五句话有时都管用；有的直接谈，有的间接谈，让班组长、师傅谈，或者让亲属好友、老乡同学谈。

从以上分析可以看到，从马克思主义心理学的原理出发，要提高疏导的针对性、有效性，必须做到最佳疏导方法与疏导对象最佳心理状态的有机结合，做到因人因事因时因地及最佳疏导方法这五者的最佳结合。

论职工队伍管理教育的六种手段

（发表在《航天工业管理》1988 年第 5 期）

我们研究职工队伍管理教育的手段，目的是为了提高职工队伍管理教育的针对性和有效性，加强和改进思想政治工作，调动职工的积极性，以适应当前形势的需要。本文对职工队伍管理教育方面的六种手段进行初步的探讨，以引起同志们的关注和研究。

一、运用多种手段的客观必然性

职工队伍管理教育运用多种手段，存在着客观必然性。

1. 职工队伍构成的多层性

按年龄结构，可分为老、中、青三个年龄层次，青工比例逐年加大；按文化结构，可分为高、中、低三个文化层次，以中、低文化居多，中级文化层次逐步加大；按思想素质，可分为好、中、差三个素质层次，差层次职工占有一定的不可忽视的比例。这就要求我们必须针对职工队伍不同层次的特点，采取多种手段进行教育，切忌"单打一"和"一刀切"。

2. 职工思想问题的多样性

有基本理论上的模糊认识，也有理想、道德、法纪方面的问题；有群体的，也有个体的；有物质生活的，也有精神生活的等。这也要求我们必须区别职工队伍中不同的思想问题，采取各种恰当的手段进行管理教育，避免"茄子萝卜一锅煮"。

3. 影响职工思想行为因素的复杂性

一般来说，影响、制约、支配职工思想、行为的因素不是单一的，而是错综复杂的：有社会关系因素（如家庭、亲朋、同学）、经济因素（如奖金、升级）、政治因素（如入党、入团或受组织处分）、社会因素（如新闻、文艺、社会思潮）乃至自然因素（如个头高矮、外貌美丑、离城远近）等。这就要求我们找出症结，对症下药，综合治理，单一手段是不能奏效的。这种客观现实，要求我们必须按照客观规律办事，综合运用多种手段，有针对性地进行职工队伍的管理教育。

二、六种手段的具体内容

对职工队伍进行管理教育可以有多种多样的手段，归纳起来，主要有六种。

1. 思想教育手段

根据思想教育内容不同，又可以分为系统教育和日常教育；根据场合、人数不同，还可以分为一般教育和个别教育。系统教育，主要对职工尤其是对青工进行爱国主义、集体主义、社会主义教育；日常教育主要是对职工进行理想道德教育、形势政策教育、遵纪守法教育等。一般教育，就是在众多职工面前进行一般性教育，包括基本理论教育和结合实际的表扬、批评等方面的教育；个别教育，主要是个别谈话教育。

2. 经济手段

工作、生产或其他方面有成绩，在经济上进行奖励，发物质奖或奖金，浮动升级或奖励升级等；工作、生产或其他方面犯错误，给予经济惩罚，扣奖金、罚款、取消浮动升级和奖励升级等。

3. 行政手段

就是从行政上对职工进行处分、任免、升降、撤换、调离。其中包括组织手段：对党团组织和群众组织的成员进行组织处分、任免、升降、撤换。党团组织手段与行政手段存在很大的同一性，一般可以列入行政手段之中，作为行政手段的一个组成部分，只是程序不同。

4. 法律手段

这种手段可以使职工树立法制观念，约束自己的言论和行为。职工触犯刑律者要受到法律的制裁。

5. 感化手段

这种手段就是关怀、体贴、尊重、信任职工，关心并解决职工的生活实际困难，把提高思想认识和解决实际生活问题结合起来，使职工从中感到党的温暖，组织领导的关怀，从内心受到应有的激励和教育。

6. 娱乐手段

开展健康、愉快、生动活泼、丰富多彩的业余文化体育活动，使广大职工在紧张的工作、劳动之余，得到高尚趣味的精神享受和熏陶，寓教育于娱乐之中。

三、六种手段的综合运用

职工队伍管理教育针对性和有效性的关键，在于能否综合地、灵活地、恰当地运用这六种手段进行"综合治理"。为此，必须注意以下几点。

1. 思想教育领先和两个最佳结合

（1）思想教育手段与经济手段的最佳结合。在思想教育领先的前提下，坚持思想教育手段与经济手段的最佳结合。实际上，这就是共产主义思想体系教育同马克思主义物质利益原则的最佳结合；强化思想政治工作同严格实行经济责任制的最佳结合；精神鼓励同物质鼓励的最佳结合。按照历史唯物主义原理，这是意识形态规律与客观经济规律在职工行为科学中的最佳结合。这就是职工思想教育"综合治理"中两个至关重要的问题，是职工队伍建设的重大课题。思想政治工作者必须努力进行探索、研究，努力向这个目标迈进，力求达到思想教育手段与经济手段的最佳结合。

（2）"以理服人、以'法'治理、以情动人"的最佳结合。既要充分说理，以理服人；又要严格管理，执"法"必严，以"法"治理；同时又要关心、解决职工的生活困难，开展必要的娱乐，以情动人。达到"理、法、情"三者的最佳结合，在职工队伍中形成一种既有民主，又有集中，既有纪律，又有自由，团结和谐，奋发向上的局面。

2. 区别情况，慎重运用

对职工队伍的管理教育，要根据不同问题的不同性质、情节、原因和影响范围，慎重考虑，恰当运用多种手段，见下表。

区别情况运用六种手段

问　　题	运用手段
一般思想认识和工作作风问题，影响小	思想教育手段
一般思想认识和工作作风问题，带有普遍性，影响较大（工作、生产受损失等）	思想教育手段，经济手段（或行政手段并用）
违犯厂规、厂纪	思想教育手段、行政手段（或经济手段并用）
因实际生活困难产生的思想问题	思想教育手段、感化手段
生活单调，劳动过于紧张，影响职工情绪	思想教育手段、娱乐手段

3. 遵循三种程序和"一碗水端平"

应当明确，思想政治工作部门是无权直接采取经济、行政、法律手段的，切不可"以党代政"和"以权代法"。这是个原则问题。所以，采用经济、行政、法律手段时，必须严格三种程序：（1）属于职工代表大会权限的事，要按民主程序办；（2）属于行政领导职权范围的事，如行政处分，经济上奖惩，要按行政审批程序办；（3）属于执法部门权限的事，如触犯刑律，要按法律程序办。切不可越俎代庖。思想政治工作部门的责任是加强思想教育，保证监督这些手段的实施，提高教育效果。同时，这个情况也说明，要加强职工队伍的管理教育，党政领导必须分工协作，密切配合，同唱"一台戏。"

这里，要特别注意，掌握上述三种程序时要："一碗水端平"，对职工、党员、干部的处理要一视同仁，才能使几种手段发挥应有的威力。

4. 注意和克服几种倾向

（1）用教育代替管理。过分夸大思想教育手段的作用，忽视经济、行政、法律手段的约束、遏制和威慑功能，以为只要一味地讲道理，各个层次的职工都会自觉行动了。把经济手段、行政手段、法律手段同思想教育手段对立起来，贬低、忽视管理手段的重要作用，甚至提出"杀鸡给猴看，猴不看怎么办"的疑问，显然这只强调了"人治"，而忽视了"法治"。这种过分夸大精神作用的观点，必然会陷入"精神万能"的谬误，在实际工作中必然会把思想教育和严格的管理对立起来，只是单纯地说服教育，而对歪风邪气不敢采取必要的经济、行政和法律手段，不敢严格管理，领导显得软弱无力，必然会影响思想教育的效果，影响职工队伍的建设和生产力的发展。这是当前某些地方存在的第一种倾向。

（2）用奖惩代表教育。以经济、行政、法律手段代替思想教育手段，动辄就扣奖金、停止浮动、处分开除，以为这一招最灵，甚至出现乱罚乱处分的现象；出口讲钱，用滥发奖金调动积极性，而很少说理教育，忽视以理服人，结果形成单纯的"奖惩主义"。这就是用发钱或扣钱代替思想教育，代替系统教育和日常教育。结果，职工对改革和社会主义市场经济中出现的问题，思想认识不可能得到提高，思想疙瘩会越结越大，职工队伍的思想问题必然会越堆越多。实际上，这就是用奖惩来代替、削弱甚至取消思想政治工作，结果其他工作也搞不好。这是当前某些地方存在的第二种倾向。

（3）用娱乐代替教育。为了满足职工特别是青年职工对文化娱乐的要求，"玩"的方面搞的不少，大多是必要的。但是，往往忽视了思想教育、理想道德教育、遵纪守法教育、形势政策教育等。由于存在逆反心理，思想教育工作几乎无人问津。健康的娱乐可以陶冶职工的情操，也可以寓教育于娱乐之中。但娱乐本身不能代替理想道德教育和系统的马克思主义理论教育。二者只能结合，不能代替。用单纯的娱乐代替思想教育，用"玩"代替教育，是当前某些地方存在的第三种倾向。

（4）"严"而无"情"。为了完成生产任务，提高经济效益，管理严格，考核严格，职工劳动紧张，加班加点有增无减，劳动时间延长。但对职工人身安全、体力恢复、家庭困难、下一代培养教育等同情少、关心少、帮助解决更少。只抓"劳"不抓"逸"，文化生活单调，娱乐活动缺乏。这样，必然会影响职工的身心健康和家庭生活，职工的积极性受影响。"严格"有余，"同情"不足，解决实际生活问题少，这是当前有些单位存在的第四种倾向。

从上面的叙述可以看到，克服和避免这几种倾向的唯一办法，就是要针对不同情况，综合地、灵活地、恰当地运用六种手段，这就是本文的结论。

论管人管事管思想

（发表在《航天政工》1988 年第 2 期）

袁宝华同志在中国职工思想政治工作研究会第四届年会上的讲话指出："现在企业管理以人为中心，厂长对企业全面负责，就应该把管人、管事、管思想统一起来。"本文准备就管人管事管思想问题谈谈个人的粗浅见解。

一、管人管事管思想势在必行

首先要弄清为什么现在必须实行"管人管事管思想"，为什么管人管事管思想势在必行。

（1）实行厂长负责制，必须实行管人管事管思想

实行厂长负责制，厂长必须有责有权，必须管人、管事，要有人事权、生产指挥权和经营决策权。同时，厂长又是企业的法人代表，对企业经营的好坏，负有法律责任，厂长对企业的物质文明和精神文明负全面责任。为了做到这一点，从企业建设的客观要求和厂长主观工作的需要看，都必须把管人管事与管思想很好地统一起来。

（2）进行政治体制改革，必须实行管人管事管思想

进行政治体制改革，关键是实行党政分开。实行行政首长负责制后，企业党组织由过去的"一元化"领导转为保证监督，党务和政工机构精简，专职政工人员减少，基层一般不设专职政工干部。

在这种情况下，行政领导对基层的各项工作负全面责任，为了保证各项工作的顺利完成，也必须使管人管事管思想紧密结合起来。

（3）要真正克服"两张皮"，必须实行管人管事管思想

过去，在企业里一般是行政领导负责生产指挥、经营决策和行政管理，而思想政治工作由政工部门另行部署进行。这样，往往出现经济工作与政治工作"两张皮"的现象，使管人管事与管思想相脱节、企业管理与思想工作相脱节。长期以来，为了克服这种"两张皮"的老问题，虽然在政治工作方面进行了一些改进，但效果都不佳，其根本原因在于管人管事与管思想相脱节。要真正克服政治工作与经济工作"两张皮"、企业管理与思想政治工作"两张皮"的现象，就必须真正解决管人管事与管思想相脱节这个根本问题，在企业里从上到下将管人管事与管思想统一起来，使企业管理与思想政治工作紧密结合起来。

二、管人管事管思想有两层含义

管人管事管思想，按管人和管事划分，可以理解为两层含义：

（1）管人管思想

在企业里主要有三种情况：

第一种，按各级行政隶属关系实行管人管思想。

厂长管副厂长、总师，同时要管他们的思想，并与其他厂领导一起管好全厂干部、职工的思想；副厂长、总师主管若干个科长、车间主任的思想；科长、车间主任要管副科长、车间副主任的思想，根据内部分工，还要与副科长、副主任一起管班组长的思想；正组长要管副组长的思想，并与副组长一起管全体职工的思想。

第二种，按各级党组织实行管人管思想。

企业党委书记与副书记，一起管好全体党员干部和党员的思想；副书记主管若干部门，同时要管好若干部门领导人的思想；部门领导人管好本部门人的思想。

第三种，按群众组织实行管人管思想。

企业里的群众组织，主要是工会、共青团。要按群众组织的隶属关系，实行管人管思想。厂工会主席要管好副主席的思想，并与副主席一起管好工会委员和分工会主席的思想，分工会主席管好分工会副主席和委员的思想，并与他们一起管好全体工会会员的思想。共青团组织与工会的要求类似。

这样，实现管人管思想的要求，就可以做到思想政治工作，由党政工团齐抓共管，各司其职，各负其责，各有工作对象，各有侧重，各有优势，分工协作。这样，既能保证各项工作的顺利进行，又能促进各种人员素质的提高。

（2）管事管思想

企业里的"事"很多，在管事的过程中管思想主要有以下几种：

①产、供、销的过程要管思想；

②经营、承包、开发、决策的过程要管思想；

③实行各项改革的过程要管思想；

④分配、培训、考试、比赛、晋级、提升的过程要管思想；

⑤职工生活福利、文体活动方面要管思想；

⑥献血、买国库券、计划生育、绿化、卫生、义务劳动、精神文明活动方面要管思想；

⑦其他方面。

（3）管人管事管思想的几条原则

如何使管人管事管思想能够取得应有的效果，我觉得应掌握以下几条原则：

（一）全员的原则

既然是管人管思想，就必须树立全员管理的思想，从上到下，实行全员思想管理、全员思想教育，达到全员思想提高。力求做到无死角，无遗漏。

（二）分层次有重点的原则

企业内部人员构成也是分层次的，实行管人管事管思想，就必须适应这一客观情况，分层次地进行管人管事管思想。人员构成分层次之后，就可以分清重点和主次关系。企业人员一般可以分成四个层次：

第一层，厂领导。是企业的领导集团，处在企业指挥管理、经营决策的关键地位。这一层次人员的精神面貌、思想素质、创新意识、工作作风等状况对企业起着决定性作用。这是管人管事管思想最重要的层次。厂长和企业党委书记又在这层次人员中起着决定性作用。

第二层，中层干部。这是企业的骨干力量，处在各基层单位的领导地位。这一层次人员的精神面貌、思想状况对企业影响重大。这是企业管人管事管思想的重点。

第三层，班组长。所谓"兵头将尾"，是企业生产经营活动一线指挥员，他们的思想素质、精神状态对企业有很大影响。应当作为企业和车间、科室管人管事管思想的重点。

第四层，职工。应当由厂、车间科室和班组三级分别进行管人管事管思想。党组织、工会、共青团组织也同样可以对不同的工作对象划分若干层次，分层次有重点地实行管人管事管思想。

（三）全过程的原则

管事管思想都应当是管理事情全过程的思想。事情的调研、可行性论证、方案确定、决策、计划、部署、动员、落实、检查、考核、总结、评奖的全过程，都要加强思想工作。

（四）领先的原则

人们活动的一般规律是：动机→行为→效果。毛泽东主席曾经多次讲过，我们是动机和效果的统一论者。就是说，人们要有正确的行为，才能产生良好的效果。但必须要有正确的动机，即要有正确的思想。因为人们的行为是受人的思想的支配。从这个原理出发，无论是管人还是管事，都必须首先管思想，做到凡人凡事都要"思想领先"，先讲道理，先进行必要的思想教育或思想动员，以形成正确的思想动机，支配正确的行为，以产生良好的效果。

（五）疏导的原则

疏——疏通，说理，讲道理；导——开导，引导，说服教育。疏导，就是针对人们的思想情况，因人制宜、因事制宜、因地制宜、因时制宜地进行启发、教育、帮助、引导，解决矛盾，提高认识。就是把管人、管事、管思想，根据不同的实际情况灵活地、恰当地结合起来，以达到最佳的效果。

勤奋积累造就人生

论军转民与观念转变

（1989 年 2 月　获航天部征文优秀奖）

　　航空航天建部后，制定的工作指导方针是："航空航天为本，军民结合，军工第一，民品为主，走向世界。"这充分说明军工单位"军转民"的极端重要性和紧迫性。军转民，这是适应"和平与发展"国际形势的需要，是所有军工企事业单位势在必行的具有深远意义的战略性转移，是所有军工企事业单位现阶段面临的重大课题。一个时期来，军转民，已经成为许多军工企事业单位议论的热点、工作的重点，也是部分军工企事业单位改革的难点。其中一个重要问题——首先面临的是观念转变。本文准备就军转民与观念转变问题，谈几点个人的粗浅认识，供大家讨论时参考。

一、军转民的多方面含义

　　大家知道，"军转民"不是简单的三个字，而是包含内容极为复杂、工作难度相当大的方方面面，要切实实行军转民，军工企事业单位必须实现许多转变：

　　一是产品转变。军工企事业单位的产品必须从军品为主转变为民品为主，形成大批量生产的支柱民品和在市场有竞争力的拳头民品。

　　二是市场转变。过去军品一般是由上级大包大揽或由上级找好用户。而军转民后，民品就要由企事业单位自己寻找市场、开拓市场。

三是体制转变。必须调整原有适应军品生产为主的生产结构和机关科室的布局，逐步建立若干条民品生产线以及相应的机关科室。

四是技术转变。必须调整适应军品生产的技术力量，形成能够自主不断开发、研究、设计的系列支柱民品、拳头民品和新产品的技术力量。

五是资金转变。必须调整原来适应军品为主的资金投入，建立民品为主和不断开发研制新产品的资金投入、运营。

六是材料供应转变。必须改变以军品为主的原材料、零部件供应，形成以民品为主的新的原材料和零部件的供应，开创疏通、建立各种新的材料供应渠道和关系。

七是政策转变。必须改变适应军品指令性计划那一套比较单一和呆板的政策，建立既适应民品大发展又符合国家现行法规的较为灵活的政策，用政策调动各方面的积极性。

八是人员转变。必须从管理、技术、工艺、生产、供销等方面，改变军品为主的人员结构和布局，建立以民品研发、供、产、销为主的新的人员结构和布局。

九是管理机制转变。必须调整原来只适应军品为主的一整套经营承包经济责任制，建立能够适应并促进民品生产经营的承包经济责任制、租赁制、股份制或一厂两制、一厂多制等多种管理形式。

十是观念转变。必须转变习惯于军品生产的一系列旧观念，树立适应民品生产的一系列新观念。这是实现军转民的重要前提，是实现上述一系列转变的关键一环，下面将进行详细分析。

二、军转民迫切需要转变旧观念，树立新观念

要实现军转民，首先必须解决观念转变问题。许多军工企业军转民的经验教训也首先表现在这一点。我认为，当前军工企业迫切需要树立的新观念有以下几个方面：

（1）树立商品经济观念。过去生产军品，靠的是类似供给制形式的"吃皇粮""吃军粮"。俗话说："只要导弹能上天，不管花了多少钱。"只讲政治意义，不问经济效益；只讲军事需要，不问市场销路。这种产品经济的观念，显然不符合社会主义商品经济的基本要求，必须尽快彻底转变，变"吃皇粮""吃军粮"为"吃商品粮"，牢固树立商品经济观念。必须明确：不管军品还是民品都是商品，都必须按社会主义商品经济规律办事。因此，必须认真研究商品经济，懂得价值规律，学会等价交换等。

（2）树立市场观念。过去军工产品由国家大包大揽，不存在市场问题，"皇帝女儿不愁嫁"。现在所有产品都是商品，就突出存在市场问题。宋健同志最近深刻指出："无论是国外的经验，还是我们自己这几年的实践，都说明了一条规律：没有市场的产业一定要萎缩，没有用户的产品必定要停产，没有社会需求的产品，企业不可避免的陷于困境。"市场是企业的出发点，又是企业的落脚点。因此，军转民，必须牢固树立市场观念，在市场方面下大气力，用真功夫。要研究市场，熟悉市场，预测市场，适应市场，占领市场，开拓市场。这里的市场不仅包括国内市场，而且包括国际市场；不仅包括商品市场，而且包括劳务市场、技术市场、金融市场等。

（3）树立竞争观念。商品经济的一大特征，就是所有商品都放到市场中，让用户自由去选购，所有企业都在商品经济的汪洋大海中去进行平等的竞争。结果必然是：优者胜，劣者汰。这是商品经济本身固有的一条不可抗拒的客观规律，因而它能有力地促进社会生产力的发展。因此，军工企业实现军转民，无论是进行产品开发，还是确定企业发展方针，都必须树立这种优胜劣汰的竞争观念，不断创新进取，才能在竞争中取胜。

（4）树立时间观念。在激烈的商品经济竞争中，"时间就是金钱，时间就是生命。"哪个企业抓住良机，赢得时间，产品占领市场，哪个企业就能在竞争中取胜。因此，军工企业实现军转民，必须牢固树立时间观念，并体现在企业生产经营的各个方面。例如：材料及零部件供应时间、产品研发时间、设计投产时间、产品上批量时间、投放市场时间、洽谈合同签署时间、资金周转时间等，做到迅速、准时，分秒必争。

（5）树立信息观念。诸多企业和个体户的发展史告诉人们：一条信息能救活一个濒临倒闭的企业；一条信息还可以使个体户变成万元户乃至百万富翁、千万富翁。美国著名学者奈斯比特说："在现阶段，新的力量源泉，不是少数人手中的钱，而是多数人手中的信息。""信息就是财富"这个真理已被越来越多的人所接受。军工企业要实现军转民、在商品经济汪洋大海的竞争中取胜，就必须牢固树立信息观念，尽快学会掌握、处理、运用"多、快、准"的各种信息：商品信息、用户信息、技术信息、材料信息、设备信息、资金信息、政策信息、人才信息等。

（6）树立政策观念。大家知道，粉碎"四人帮"后，中央领导提出：农业要上去，一靠科学，二靠政策。还有，广东省、深圳市、海南省、北京电子一条街以及其他特区、开放区之所以经济得到迅速发展，一条共同的经验，就是靠政策的巨大威力，靠政策的巨大吸引力和驱动力。我厂劳务大上的事实也说明了政策这种无形的巨大力量。因此，企业要在军转民中腾飞，除了发展战略周密和必要的思想动员外，关键的一条是要树立政策观念，制定一系列既符合国家现行法规又符合商品经济发展规律和本厂特点的厂内外政策，以长期稳定地调动厂内外各方面积极因素，推动本企业军转民的迅猛发展。这样的政策有：劳务政策、材料政策、信息政策、销售政策、新产品开发政策、厂内价格政策、分配政策等。

（7）树立人才观念。企业竞争，归根到底是人才的竞争。日本东芝电器总公司总经理土光敏夫说："物质资源有限，脑力资源无限。"他十分重视人才和智力的开发。林宗棠部长在去年部机电产品出口现场会上说：建设外向型企业"关键就在领导……一个是有一个好推销员，另一个是有一个好的总工程师，还有一个好的厂长。"说到底，关键是人才。因此，企业要实现军转民、在商品经济的竞争中取胜，就必须牢固树立人才观念，做到重才有诚，爱才有心，育才有术，选才有方，用才有道。做到广集人才，才尽其用。

（8）树立战略观念。正确的发展战略，对军转民乃至对整个企业的发展都是头等重要的。在西方国家，不制定发展战略规划的企业，由于目光短浅或急功近利，没有不失败的。我们军工企业要真正实现军转民，就必须树立战略观念，确立看三步棋甚至看五步棋的战略思想，不仅要有近期目标，还要下功夫研究市场，预测国内外市场可能发生的变化，制定企业较长远的发展战略目标和发展战略规划，包括企业产业结构、资金结构、产品结构、组织结构、市场结构以及新技术采用、新产品开发、企业规模等发展战略。

从以上分析可以看到：

（一）军工企业实现军转民，要树立上述八种新观念，可能还有一些观念，我认为主要是这八种。这八种观念，实际上构成了一个商品经济的观念群。这个观念群中的八种观念大体可以分为两类：一类是宏观经济在人们头脑中的反映，可以叫做宏观经济观念，有商品观念、市场观念、竞争观念。另一类是企业微观经济在人们头脑中的反映，可以叫做微观经济观念，有时间观念、信息观念、政策观念、人才观念、战略观念。

军工企业军转民，最重要的首先是树立商品经济观念，这是个总的观念，其他观念如市场观念、竞争观念、信息观念等都隶属于商品经济观念，只是它的一个组成部分。

（二）对具体的军工企业来说，在军转民中旧观念的转变，当然应有所侧重，必须因厂制宜、因地制宜、因时制宜。这里大体有两种类型：

第一种类型：军工型企业。其军品在企业产量、产值、利润中占绝对优势，基本没实现军转民。这类企业军转民中必须全面树立新观念，首先是树立商品经济观念，变"吃皇粮""吃军粮"为"吃商品粮"。

第二种类型：军民结合型企业。要视情况进一步树立新观念，例如，忽视信息的，要加强信息观念的培养和树立；忽视政策的要加强政策观念的培养和树立等。

三、采取多层次、多渠道、多形式进行新观念的宣传教育

军工企业军转民的过程，实际上就是转变旧观念、树立新观念的过程。树立新观念不是一朝一夕和一劳永逸的，它应当贯穿军转民的全过程。实践证明：凡是观念转变得早、快的军工企业，其军转民工作也进行得早、快。我们必须充分认识军转民与观念转变的重要性、紧迫性、长期性和艰巨性，高度重视，下大功夫，采取经常性的多层次、多渠道、多形式的宣传、教育、示范和引导，促进旧观念的转变和新观念的树立。

（1）多层次

从航空航天部的具体情况来看，大体可以分部、院、厂所、车间科室四个层次。这四个层次进行新观念的宣传教育可以同时并举，但应有所侧重：部院应侧重解决厂所领导干部观念转变问题，这是观念转变的重点对象和重要环节，可以召开军转民现场会、经验交流会；厂所一级侧重解决中层干部和职工观念转变问题，可以组织干部职工学习有关文件材料，车间科室着重进行日常性宣传教育。

（2）多渠道

一般是党政工团四个渠道。这里的主体是行政领导和主管机关各部门。特别是民品开发、经营、供销等各级业务部门和主管领导，应当通过经常性的业务工作不断宣传新观念，并经常选择有价值的典型材料推荐给有关部门进行宣传，提供给全体干部职工进行学习。

党委、工会、共青团应按各自的职责积极配合，采取适合各自特点的方法，对本系统人员进行观念更新教育。

（3） 多种形式

从兄弟单位的经验来看，大体有以下几种宣传教育形式：

一是召开军转民工作现场会或经验交流会。用活生生的典型实例打动人心，启发大家更新观念。

二是学习典型材料。由部院厂所推荐部内外军转民典型事迹，供职工学习。

三是请进来，走出去。请军转民先进单位领导来作报告。走出去参观取经，开阔眼界，启发思路，更新观念。

四是举办展览。由部院举办军转民展览及民品展览会，播放录像，散发材料，进行宣传教育。

五是报刊电视宣传。通过《航天报》、各单位小报、刊物和闭路电视进行宣传，各基层黑板报、有线广播积极配合，见缝插针，广泛宣传，造成舆论，促使新观念潜移默化。

六是引导干部职工积极参与军转民的活动，自我启发，自我教育，在实践中转变旧观念，树立新观念。

文化篇

　　我们正处在我国社会主义文化大发展大繁荣的伟大时代。

　　书画家、书画产业应当如何正确发展？《妈祖信俗》已被联合国教科文组织列入人类非物质文化遗产，标志着妈祖文化已成为全世界的文化遗产和精神财富。那么，妈祖文化在北京应当如何传播发展？关公文化在当今社会有无价值？在社会主义市场经济的背景下，如何树立社会主义荣辱观、道德观？还有，为什么中国不经过资本主义社会就建立社会主义社会？上述问题包括这个历史唯物主义理论在中国社会发展阶段的现实课题等，值得引起人们的思考。

　　《文化篇》将对上述若干问题进行探讨与阐述，仅供参考。

书画家、书画产业如何正确发展

——在"全国诗书画大赛颁奖典礼"上的演讲

（2010年9月22日　中秋节　北京）

今天是中秋节，首先祝各位中秋节快乐！

我们中央社会主义学院，是中国民主党派高中级干部和无党派代表人士的高级党校。我在学院主管民营企业培训，给民营企业讲课大约有几百上千次，但给书画家讲课今天这是第一次，难免有些忐忑不安。对书画家、书画产业如何发展，谈点个人的粗浅认识，不对之处请大家批评指正。

为了互相交流、增进了解，先请各位看看我的书画作品：一幅工笔画《菊花双蝶》、一幅书法作品榜书《奋进》。书画是我的业余爱好，水平不高，请多指教！我们中央社会主义学院，是一个实体两块牌子，另一块牌子叫中华文化学院。中华文化学院下属两个书画院：中国花鸟画研修院、中国山水画研修院，我是这两个书画研修院的顾问；去年我的名字和作品被列入《中国书画家大辞典》；我的书法作品在日本获"国际金奖"、在香港获"紫荆花金奖"；现在的世界华人书画网、中国书画网、中国书画家网、中国书画交易网等大约十几个网站正在播发我的书画作品，欢迎各位上网查看！但还是那句话：业余爱好，水平不高，请多指教！

那么，书画家、书画产业应当如何正确发展呢？作为一个学者，谈点个人看法，仅供各位参考。

一、书画家正确发展的关键是提高个人书画作品的竞争力

有些书画家不明白这个正确发展的关键，而往往走偏方向，把注意力、精力和时间放在其他方面。比如，有的书画家出画集，用很大的篇幅编排他和领导、外宾的合影照片，以及出席某种会议或应酬的照片等，想通过这类照片来烘托、抬高自己，而自己的作品图片却寥寥无几；有的书画家在社会上弄了很多头衔，比如什么"当代书画家领军人物""当代杰出书画家""最具实力最具潜力的书画家"等，可是一看他的作品，书画水平和这些头衔却很不相称。因此，人们常说一句话：书画家关键要看作品，不要看头衔！

为什么书画家正确发展的关键是提高个人作品的竞争力呢？因为，有书画作品，有书画市场，就有竞争，优胜劣汰，这是必然的。你的书画作品不行，和领导合影再多、你的头衔再多也没用，关键要看你书画作品的水平。竞争是好事，竞争能出精品、出成果、出人才。改革开放32年来，讲竞争，提倡竞争，呈现市场竞争、技术竞争、人才竞争、企业竞争、事业竞争、地区竞争，中国大踏步前进了，改革开放取得举世瞩目的伟大成就！

那么，书画家应当如何提高个人作品的竞争力。讲两点：

1. 什么是竞争力？什么是核心竞争力？

竞争力，是指你的产品、你的作品在激烈的市场竞争中所表现出来的竞争能力。要看你的产品、你的作品在市场竞争中能不能战胜众多的竞争对手，在竞争中取胜。

什么是核心竞争力？核心竞争力，是指你的产品、你的作品的竞争力中的核心部分，最重要的那部分竞争力。对企业来说，比如可口可乐的配方、奔驰的设计制造能力、瑞士手表的精密制造技术、麦当劳的特许经营模式等，这就是企业的核心竞争力。什么是书画

家作品的核心竞争力呢？比如徐悲鸿画马、齐白石画虾、李可染画牛、黄胄画驴、于志学画冰雪等，这就是书画家作品的核心竞争力，是他们的书画作品在书画市场竞争中最有战斗力的能够战胜竞争对手的核心竞争力。

这些核心竞争力（包括企业和书画家作品的核心竞争力）表现出共同的四个特性：（1）稀缺性（甚至是唯一性）；（2）难于替代性；（3）难于模仿性；（4）特殊的竞争性。比如，徐悲鸿画马、齐白石画虾、李可染画牛、黄胄画驴、于志学画冰雪，就具有唯一性、不可替代性。在画坛上，他们是唯一的，你模仿他们的作品，叫做仿品、赝品，在市场上不是这些书画家的真品就不值钱，人家一幅真品几百万、几千万，甚至上亿元！仿品、赝品就不值钱，只值几百元，甚至没人要。

从这里就可以理解作品核心竞争力的内涵、特性和核心竞争力在市场竞争中的何等重要性。

2. 如何提高作品的核心竞争力？

（1）定位定向。首先要对提高自己书画作品的核心竞争力进行准确的定位定向，就是你的书画作品应当确定在什么位置？你应当画什么画？往哪个方向发展、往哪个方向去提高你作品的核心竞争力？既不要丢失你书画特长的资源优势，又不要失去难得的市场需求。那么，应当如何准确定位定向呢？有一个公式可供各位参考：

准确的定位定向=市场需求+市场短缺+个人书画特长（个人书画技艺资源优势）

这里要确定几个问题：（1）比如你究竟是画油画、画国画，还是画水粉画？（2）如果你确定画国画，那么你究竟是画山水、画花鸟，还是画人物？（3）如果你确定画花鸟，那么你究竟是画大写意、画小写意，还是画工笔？至少有这三个问题。应当如何确定呢？

应当参照上述公式：首先要考虑当今和今后市场需求和发展，尤其要认真分析市场短缺和空白（这非常重要!），再加上你个人绘画技艺方面的特长，就可以定位、确定你画什么了；然后再明确你应当往哪个方向去提高你的绘画技艺和特长，去提高你的作品在市场上的核心竞争力，目标是尽可能达到：你的书画作品在市场竞争中的稀缺性（最好是唯一性）、不可替代性、不可模仿性。

（2）千方百计提高专业水平。要打基础，要写生，要苦练基本功。范曾学毛笔字，先临摹后创新，整整苦练五年，才形成自己的风格和字体。刘海粟八十多岁高龄还到黄山写生！张大千临摹花鸟、山水、人物各种画作，临摹十年，才有后来的大作品、大发展、大收获！

（3）要大胆创新。胡锦涛总书记多次强调指出："只有把发展的基点放在自主创新上，才能真正提高国家的核心竞争力。"说明"自主创新"和"核心竞争力"这两个概念在当今是多么重要！国家如此，企业也是如此，我们书画家更是如此！我们书画家的作品，要有创新才有竞争力，才能真正提高作品的核心竞争力。齐白石有一句非常精辟、非常经典的话："像我者死！"说明：不创新，死路一条。

（4）要参加各种书画活动，把自己的书画作品放到社会和市场中去较量、去取长补短，去感觉"山外有山"，从而不断提高自己作品的水平，向优秀作品的方向努力。究竟什么样的书画作品才是优秀作品呢？当今社会众说纷纭。从市场鉴定到媒体报道等资料，综合起来看，我认为，优秀书画作品应当有三条标准（达到一条即可）：

A、市场（拍卖）的售价高。一幅书画作品能拍卖几千万、上亿元，能说这幅作品不好吗？B、流传的地域广、时间久。流传得越广、越久，说明这幅作品越有价值、越有生命力。C、收藏的级别高。比如，一幅作品被美国国家博物馆、英国伦敦博物馆等世界级的博物馆收藏，说明这幅作品具有顶级的收藏价值。

这也应当成为书画家一辈子努力追求的目标。

二、书画产业应当如何正确发展

党的十七届六中全会作出"深化文化体制改革，推动社会主义文化大发展大繁荣"的决定，提出"大力发展公益性文化事业"的同时，要求"加快发展文化产业，推动文化产业成为国民经济支柱产业"，确立了建设社会主义文化强国的战略目标。显然，我们现在所说的书画，属于文化范畴。书画可以分为：公益性书画事业和书画产业两大类。那么，书画产业应当如何正确发展呢？先讲一讲赵本山艺术产业迅速发展的典型例子。

赵本山艺术产业是怎么迅速发展起来的？归纳起来，可以分成四步：第一步，先是东北二人转，从铁岭到沈阳再到北京；第二步，从二人转到小品上北京上春晚，到连续五年春晚小品得票第一；第三步，从小品发展到电视剧《刘老根》《乡村爱情》等；第四步，再发展到《刘老根大舞台》，沈阳2个、东北5个、北京2个、天津2个，还有广东等，逐步扩张上规模。从二人转、小品到拍影视剧、创建《刘老根大舞台》，几年功夫，赵本山把它做成一个文化大产业，每年有几个亿的收入！

张艺谋说："我不如赵本山，不是艺术上不如他，而是经营上不如他。"经营，就是办企业，就是企业经营，企业化管理。说明，艺术家可以成为企业家，但艺术家不一定都能成为企业家。有的艺术家搞艺术是一流的，但办企业，不仅企业亏损倒闭，自己还带手铐进牢房。

赵本山文化产业发展道路有几个突出特点：一是始终围绕他的特长发展，不离开他的特长。他的特长是二人转、小品这类搞笑节目。他曾经一度离开他的特长，去搞足球，结果损失惨重，赔了几千万；二是把产业链做长再做长，延伸再延伸。从春晚小品冠军，树立了全国品牌，延伸到拍影视剧、再延伸到《刘老根大舞台》；三是自我资源开发再开发。电视剧《刘老根》成功之后，立马组建

《刘老根大舞台》，并做为样板平台，采取加盟连锁的形式，逐步在东北三省、北京、华北、广东扩大产业规模；四是带出一个强有力的团队。先推出小沈阳，而后团队演员轮番出现在电视剧、各地舞台和许多电视台上，逐步形成知名度，打造出一支当今具有一定知名度、很有影响力的演艺明星团队。

那么，书画产业应当如何正确发展呢？应当学习赵本山艺术产业发展的经验，用来发展书画产业。具体是：

（1）要有特色、特长，始终围绕你的特色、特长发展。比如，作画廊要有你的特色、特长，尽可能做到稀缺性、甚至唯一性。你的画廊是某某当今走红画家的专卖店，就具有唯一性。

（2）要把产业链做长再做长。比如，画虎是你的特长，从画虎到出精品，树立画虎品牌；然后创办画虎培训学校；创立画虎画廊；开设特许加盟连锁店，占领国内市场；再扩张到国际市场。把画虎书画产业做强做大。

（3）建设书画专业团队，不仅是书画家，更需要书画经纪人队伍。中国当今书画家多，书画作品多，供大大于求，市场价格必然下跌，很惨！北京公园里一个卖画的个体户，一幅画得很不错的老虎，从开价500元一直降到30元成交；一幅山水画从400元降到20元成交。画那样一幅小写意老虎，至少要两天；画那幅山水也需要两天。这对书画家打击太大了！书画家的劳动没有多大价值，什么原因？是在某些地区书画供大大于求，而在其他地区书画又奇缺买不到，这就需要书画经纪人来调剂运营。

（4）书画市场急需书画企业家、书画龙头企业。像农业、畜牧业、养殖业的龙头企业那样，着重做经营管理。他不养鸡，但他组织农户散养鸡、提供种鸡和饲料，收购后深加工投放市场和出口。书画龙头企业也应当如此，书画龙头企业要掌握一批有实力的书画家，建立合同式的书画作品生产机制。合同签字后，双方分工明确：书画家专心作画，按合同规定，比如每月交10幅画，先按底价结算；由书画企业做市场营销。书画龙头企业是书画作品的集散地，是书画家作品的运营商。

（5）书画产业发展必须走企业化、市场化、产业化、规模化、国际化的道路。当今国内这方面的差距很大：书画产业的企业化管理不够，不规范；缺少真正做强做大的书画龙头企业；市场不规范，缺少书画市场管理法规，书画鉴定缺乏标准，鉴定队伍缺少考核等；产业化、规模化差距更大；国际书画市场的开发、发展做得更少。

这些都需要书画界和书画家们大家共同努力，祝各位书画家事业取得更加辉煌的成就！

多出精品，多出人才，创新
发展中国书画艺术

——在"中国专家学者协会书画创作研究院成立揭牌
仪式暨新闻发布会"上的演讲

（2011 年 1 月 8 日　北京　全国政协礼堂）

在新年元旦刚过、兔年春节即将来临的时候，今天在全国政协礼堂隆重举行"中国专家学者协会书画创作研究院成立揭牌仪式暨新闻发布会"，我认为，这是一件很有意义的事情，让我们对研究院的成立揭牌表示热烈的祝贺！刚才书画院给我颁发聘书，聘我为书画创作研究院名誉院长，对此表示衷心感谢！

俗话说：战争年代买黄金，和平年代买书画。当今中国太平盛世，经济平稳快速发展，大大推进了文化产业、尤其书画艺术的发展。2010 年北京艺术品拍卖成交额创下历年新高，达到 200 亿元人民币，单幅书画拍品超过 1 亿元的频频出现，李可染的山水画《长征》拍卖 1.07 亿元，徐悲鸿国画《巴人吸水图》拍卖 1.7 亿元，创下中国绘画拍卖的世界纪录。这就从一个侧面说明：书画艺术大有可为，书画产业大有可为！因为书画不仅是一种高雅艺术，不仅是一种修养健身手段，更重要的是她具有极高的艺术价值、文化价值、收藏价值、历史价值和经济价值。

因此，希望今天成立的书画创作研究院应当树立"精品意识""创新意识""人才意识"，多出精品，多出人才，为创新发展中国的书画艺术，为弘扬中华国粹作出应有的贡献！

本人爱好书画，但纯属业余爱好。今天被聘为书画院名誉院长，愿与书画院的书画家们共同努力，办好书画院。谢谢大家！

妈祖文化进京的重要意义以及
如何在北京传播妈祖文化

——在"2011'首届妈祖文化（北京）论坛"上的发言

（2011 年 10 月 15 日　北京）

一、妈祖文化进京、在北京传播妈祖文化具有重要意义

1. 妈祖文化进京、在北京传播妈祖文化完全符合中央精神

今天是 10 月 15 日，再过 10 天就要召开党的十七届六中全会。这次全会的主题是：深化文化体制改革，推动社会主义文化大发展大繁荣。中央指出，当今文化的重要性是四个"越来越成为"：当今，文化越来越成为民族凝聚力和创造力的重要源泉；越来越成为综合国力竞争的重要因素；越来越成为经济社会发展的重要支撑；丰富人民文化生活越来越成为我国人民的热切愿望。妈祖文化属于中华优秀传统文化的范畴，妈祖文化进京、在北京传播妈祖文化，完全符合中央的精神，有利于推进社会主义文化大发展大繁荣。因此说，妈祖文化进京非常需要，妈祖文化进京、在北京传播妈祖文化具有重要的现实意义和深远的历史意义。

2. 妈祖文化进京、在北京传播妈祖文化，符合社会主义价值观的要求

传播妈祖文化的核心是传播妈祖精神，妈祖精神概括起来是10个字：立德、行善、大爱、平安、和谐，其精髓是：舍己救人、行善济世的无私奉献精神。妈祖，她的名字叫林默娘，宋代出生在福建莆田的湄洲岛上。她多次救助海难，立志以济世救难为己任，誓不婚嫁，为救助渔民在狂风恶浪中献出28岁的年轻生命。林默娘生命才短短28年，辞世一千多年，信众达2亿多人，庙宇5000多座。人们纪念她、信仰她、崇拜他，其根本原因是：她舍己救人、行善济世。这充分说明精神的力量、道德的力量。最近北京市举行第三届首都道德模范表彰活动，得到社会广泛的高度称赞，这都充分说明一个真理：伟大的时代需要崇高的精神支撑，伟大的事业需要榜样的力量引领。道德力量是事关国家发展、事关社会和谐、事关人民幸福的重要因素。因此，在市场经济的背景下，妈祖文化进京，宣传、传播妈祖这种舍己救人、行善济世的无私奉献精神和高尚道德，是很有现实意义和深远意义的。

3. 妈祖文化进京、在北京传播妈祖文化，有利于促进海峡两岸和平统一

台湾有妈祖信众一千多万，占岛上居民三分之二以上。台湾民众把参与妈祖文化活动看成是最荣幸的事，不惜投入大量的人力、财力、物力和时间，台湾每年举行妈祖环岛游活动，其规模之大、时间之长、信众之狂，是台湾任何活动无法比拟的。妈祖文化就像一条无形的纽带紧紧维系着海峡两岸人民的感情，妈祖精神的巨大感召力是一般政治手段、行政手段所无法替代的。北京作为祖国的首都，尤其应当积极宣传、弘扬妈祖文化，吸引台湾广大民众，加强首都人民与台湾民众之间的文化交流和情感沟通，加深了解，增

进友谊，对促进海峡两岸和平统一具有特殊的重要意义。

4. 北京是祖国的首都，是中国的政治、经济、文化中心，具有不可替代的统领功能和辐射功能

统领功能，就是北京对全国各省市、对海内外处于居高临下的特殊位置、特殊身份，具有特殊的统领功能。这种统领功能具有唯一性和不可替代性；辐射功能，就是北京作为首都，是中国的核心、中心，如同太阳，便于向全国、全世界辐射。这也是所有省市所不可能具备的特殊功能，也具有唯一性和不可替代性。而文化传播的特点又不像行政命令，它有一种逐步扩散、逐步辐射的特点。因此，妈祖进京、在北京传播妈祖文化不仅具有重要的现实意义和长远的历史意义，而且对全国各省市、对海内外来说，作为首都她具有唯一的不可替代的特殊作用和特殊意义。

二、在北京如何传播妈祖文化

今天召开的是首届论坛，今后还将召开若干届。在首届论坛上讨论北京如何传播妈祖文化，我觉得还应当强调"三度"，这是一个总的纲目，总的要求，将来再展开、再细化、再逐条落实。

一是，高度。在思想认识的高度上，要充分认识到：妈祖文化，不仅是莆田的、福建的，同时也是北京的，是中华民族的，全人类的。妈祖文化，已作为"民间信俗"列入联合国教科文组织的"非遗目录"。因此，我们的思想境界要高，眼界要开阔，必须立足北京，从中华民族、从全世界的高度，来研究、规划、发展妈祖文化；面向全国，面向世界，落地北京。

二是，广度。妈祖文化，如何做广、做大？一要做成公益事业；二要做成产业。两个方面缺一不可。既要把它做成传播妈祖"舍己救人、行善济世"无私奉献精神的大事业，以及做成对台文化交流、促进两岸和平统一的大事业；又要把它做成文化产业，走企业化、

市场化、产业化、规模化、国际化的发展道路，做成妈祖文化的大产业。

从经济学上讲，妈祖文化是一种难得的珍贵资源，它具有稀缺性（甚至是唯一性）、不可替代性、不可模仿性，这是产业核心竞争力的重要特征，而妈祖文化都同时俱备了。妈祖文化品牌具有很强的竞争力，必须抓紧把它做广做大。

三是，深度。把妈祖文化产业做深、做实、做细、做精，着力提高妈祖文化产业的产品质量、管理水平、服务质量、品牌形象等。要树立精品意识，把妈祖文化产业做好，作出好口碑、作出高水平。这方面有大量的工作要做，如果这方面的工作没有跟上，产品质量、管理水平、服务质量没有到位、没有做好，必然会影响妈祖文化整个产业的品牌形象和今后的可持续发展。

如何把妈祖文化产业做广做大？两个方面：

（1）横向，向妈祖文化产业的序列化发展。如妈祖旅游、妈祖影视、妈祖戏曲、妈祖歌舞、妈祖演艺、妈祖书画、妈祖论坛、妈祖网络、妈祖服饰、妈祖建筑、妈祖饮食、妈祖商品等。立足北京，面向全国（包括面向台湾），走向世界。妈祖文化产业发展空间多么广大。

（2）纵向，向妈祖文化产业的"一条龙"发展。把妈祖文化产业链中的上游产业、中游产业、下游产业（包括国际市场营销网络）的"一条龙"产业链，全部做起来，把产业链做长做大，延伸到全中国、全世界。要进行充分论证，科学确定北京妈祖文化的发展战略、发展目标和发展步骤，要科学发展、可持续发展，避免无计划的乱发展。

妈祖精神对中国当代精神文明
建设的积极影响和作用

——在"纪念妈祖信俗申遗成功三周年暨妈祖文化
专家访谈会"上的专家访谈

（2012 年 11 月 24 日　北京　人民大会堂重庆厅）

中国当代精神文明建设，实际上是指：中国当代社会主义精神文明建设。那么，妈祖精神对中国当代社会主义精神文明建设的积极影响和作用，我认为，主要有以下 4 个方面：

第一方面，弘扬妈祖精神，对推进实现社会主义精神文明建设的根本任务和目标，将产生积极的影响和作用。

大家知道，我国社会主义精神文明建设的根本任务和目标，最主要的是提高全民族的思想道德素质和科学文化水平，培养有理想、有道德、有文化、有纪律的社会主义公民。妈祖精神的核心内涵：立德、行善、大爱；具体内容包括：热爱祖国、热爱人民、热爱劳动、勤劳勇敢、见义勇为、舍己救人、扶危济困、救灾救难、无私奉献。显而易见，妈祖精神与社会主义精神文明建设的要求完全一致。因此，大力宣传妈祖精神，弘扬妈祖热爱人民、乐善好施、勤劳勇敢、见义勇为、舍身救人、无私奉献的高尚品德和崇高精神，无疑对培养有理想、有道德、有文化、有纪律的社会主义公民、推进社会主义道德建设、推进实现社会主义精神文明建设的根本任务和目标，必将产生积极的影响和作用。

第二方面，弘扬妈祖精神，对引导人们树立正确的世界观、人生观、价值观，将产生积极的影响和作用。

"人究竟为什么活着?""人应当怎样活着?""人活着有什么意义?"这是每一个人经常思考的一个重要问题——即世界观、人生观、价值观问题。在这方面，妈祖恰恰为我们树立了光辉的榜样，树立了实现人生真正意义、真正价值的的崇高楷模!

妈祖于公元960年农历三月二十三日出生在福建莆田湄洲岛上一个美丽的小渔村。妈祖一生奔波海上，立志不嫁，一心为了救助海难，一心为了扶危济困、救灾拯溺、福佑民众。公元987年农历九月初九这一天，妈祖为了救助海上遇难的渔民，不畏艰险，奋不顾身，在狂风恶浪中献出了年轻的生命。

妈祖的人生才短短28年，她虽然没有留下什么著作，也没有留下什么财产;但她却给人类留下珍贵的妈祖精神，留下珍贵的妈祖文化，留下丰厚的精神财富!妈祖已经辞世一千多年，可是她那具有巨大的长久的感染力、亲和力和影响力的妈祖精神和感人事迹，却能跨洋过海，穿越时空，一直流传到今天，流传到全中国，流传到全世界!妈祖虽然已经离世一千多年，可是妈祖精神却一直还在感动、感染、感化着世界许多国家和地区不同种族、不同语言、不同文化的甚至越来越多的亿万民众。妈祖虽然已经离世一千多年，可是妈祖精神却一直还在积极影响、推进人类事业的发展与进步!今天我们在中国首都北京人民大会堂召开"妈祖文化·申遗成功三周年纪念大会"本身，也足以说明这一点。妈祖精神一千多年来所产生的积极影响和作用，充分展示并深刻说明了人的生命的真正意义、人生的真正价值!

妈祖精神一千多年来广为传播和对人类社会产生积极影响和作

用的事实，深刻告诉人们一个真理：为民众、为人类、为社会的发展进步，牺牲自己、奉献一切，才能使人的生命真正有意义，才能使人的一生真正有价值！

因此，广泛深入宣传妈祖精神和她那活生生的英雄事迹，无疑对引导人们深入思考和树立正确的世界观、人生观、价值观，必将产生积极的深刻的影响和作用。

第三，弘扬妈祖精神，对树立良好的社会风气，将产生积极的影响和作用。

社会风气，是社会主义精神文明建设的重要标志。应当看到，党的十一届三中全会以来，我国社会主义道德建设取得新的进展，社会风气有了可喜的变化。同时，还应当看到，当今社会上有的地方道德失范，是非、善恶、美丑界限混淆，出现"老人昏倒没人敢扶""路人摔伤没人敢救"等不良现象，人们对不良的社会风气议论纷纷。

党的十八大报告指出："要全面提高公民的道德素质。要坚持依法治国和以德治国相结合，加强社会公德、职业道德、家庭美德、个人品德教育，弘扬中华传统美德，弘扬时代新风。"面对上述这种社会现象，我认为，特别需要发挥榜样的力量，让人们在与榜样高尚品德和英雄事迹的对比中，分清是非、善恶、美丑的界限，从正面引导转变社会上的一些不良风气。在广泛宣传当代英雄模范事迹的基础上，广泛宣传古代妈祖那种不畏艰险、救灾救难、见义勇为、舍己救人、广施仁爱的感人事迹和中华传统美德，使之深入人心，潜移默化，积极引导人们心理向善，都能像妈祖那样怀着一颗善良的心，从我做起，不畏艰险，见义勇为，舍己救人，乐施善举，逐步形成褒扬真善美、贬斥假恶丑的社会氛围，转变不良的社会风气，树立良好的社会风尚。

可见，广泛宣传、弘扬妈祖精神和她见义勇为、舍己救人的中华传统美德，无疑对树立正气、支持正义、树立良好的社会风气将产生积极的影响和作用。

第四，弘扬妈祖精神，对树立社会主义荣辱观，弘扬民族精神，建设社会主义核心价值体系将产生积极的影响和作用。

这是一个重要问题。我们在探讨妈祖精神对我国当代社会主义精神文明建设的积极影响和作用时，必须涉及妈祖精神对社会主义核心价值体系建设的关系。为什么呢？因为，社会主义核心价值体系建设，是社会主义精神文明建设的中心环节。它不是一般环节，而是中心环节。因此，我们在探讨妈祖精神对社会主义精神文明建设的积极影响和作用时，必须探讨妈祖精神对社会主义核心价值体系建设的积极影响和作用。大家知道，社会主义核心价值体系的精髓是以爱国主义为核心的民族精神和以改革创新为核心的时代精神；社会主义核心价值体系的基础是社会主义荣辱观。党的十八大报告指出："要加强社会主义核心价值体系建设。要深入开展社会主义核心价值体系学习教育，用社会主义核心价值体系引导思潮，凝聚社会共识。"

现在，我们来看妈祖精神。妈祖热爱祖国、热爱人民、勤劳勇敢、见义勇为、舍己救人、扶危济困、救灾救难、无私奉献。在妈祖身上恰恰凝聚了中华民族的传统美德和朴实而崇高的民族精神！那么，我们广泛深入宣传妈祖爱国爱民、勤劳勇敢的民族精神和感人至深的英雄事迹、故事传说，告诉人们什么样的行为是真、善、美，什么样的行为是假、丑、恶，引导人们以妈祖为榜样，分清是非、善恶、美丑的界限，分清光荣与耻辱的界限，明确反对什么、支持什么，倡导什么、抵制什么，扶正祛邪，扬善惩恶，见荣知荣，见耻知耻，有利促进树立社会主义荣辱观，有利培育社会主义核心价值观。

勤奋积累 造就人生

　　同时，广泛深入宣传妈祖爱国爱民、勤劳勇敢、无私奉献的民族精神，广泛深入宣传中华民族古代涌现出来的真善美的光辉形象，充分发挥中华民族历史上形成的优秀传统文化的积极作用，弘扬和培育以爱国主义为核心的民族精神，这就抓住了社会主义核心价值体系的精髓，无疑对推进社会主义核心价值体系建设，将产生积极的影响和促进作用。

关公文化的当代价值

——在湖北省当阳市"玉泉寺关庙落成开光庆典"上的讲话

（2007 年 6 月 24 日　湖北当阳玉泉寺）

　　最近阅读了关公文化的一些资料，我很同意许多专家把关公文化的核心内容概括为七个字：忠义信仁礼智勇。我个人认为，关公文化对当今时代具有重要的价值，应当引起领导和有关方面的重视。我认为，关公文化对当代大体有以下几方面的价值：

第一、关公文化对中国文化建设有价值

　　我国文化建设必须走中国特色社会主义文化发展道路，建设面向现代化、面向世界、面向未来的民族的科学的大众的社会主义文化。关公文化的核心内容"忠义信仁礼智勇"，是中华民族的优秀传统文化，一千多年来对中华民族精神产生重要的影响。把关公文化的核心内容"忠义信仁礼智勇"，结合当今时代的特征（当代世界的主题是"和平与发展"以及经济全球化趋势，当代中国是以经济建设为中心，为全面建成小康社会而奋斗），紧紧围绕中国经济建设这个中心，围绕全面建成小康社会这个目标，弘扬关公文化"忠义信仁礼智勇"，传承中华优秀传统文化，弘扬民族精神，促进社会和谐，推动中国文化建设，是很有价值，很有积极意义的。

另外，作为中华文化的代表性人物，民间称孔子为"文圣"，称关公为"武圣"。对"文圣"孔子文化的研究、宣传比较早，比较多，比较深，比较广。现在全球孔子学院达282所、孔子教堂272个，分布在88个国家和地区。孔子学院已成为世界各国人民学习汉语和了解中华文化的重要园地，还将迅速发展。相比之下，对"武圣"关公文化的研究、宣传就远远不够。因此，加大力度研究、宣传"武圣"关公文化本身，对弘扬中华优秀传统文化、对促进中国文化建设、促进社会主义文化的繁荣发展、促进中国文化走向世界也是很有价值的。

第二、关公文化对中国道德建设有价值

2006年3月4日，胡锦涛主席在全国政协十届四次会议上提出"八荣八耻"的社会主义荣辱观，他要求"把发展社会主义先进文化"放在十分突出的位置，充分发挥文化启迪思想、陶冶精神、传授知识、鼓舞人心的积极作用，努力培育有理想、有道德、有文化、有纪律的"四有"社会主义公民。荣辱观，实际上就是道德观，是人们对光荣、耻辱行为道德界限的基本观点和看法。党中央要求，要全面提高公民的道德素质，弘扬中华传统美德，弘扬真善美，弘扬时代新风，培育知荣辱、讲正气、作奉献、促和谐的良好风尚。

关公文化的核心内容"忠义信仁礼智勇"，所体现的是一种高尚的道德观，是中华民族传统美德的集中体现。在当今社会有些地方道德失范、是非混淆、善恶颠倒、美丑不分的情况下，大力弘扬关公文化，结合社会主义核心价值观、荣辱观教育，积极提倡"忠义信仁礼智勇"精神，对推动中国当今社会的道德建设是很有价值、很有积极意义的。

第三、关化文化对中国经济建设有价值

众所周知，当今中国（包括港、澳、台和海外华侨华人）有相

当多企业和民间百姓都供奉关帝爷，作为财神供奉。还有一些海外企业将关公文化运用于企业管理，培育企业文化，培养"忠诚、仁爱"的企业团队，培养"公平诚信"的企业精神等。因此，深度开发关公文化，大力宣传关公文化，势必会得到企业界和民间百姓广泛地热烈拥护。通过广泛持久地宣传关公文化，深度挖掘、弘扬关公文化的精髓，把工作做到广大企业家和老百姓的心坎里，理顺心态，激发热情，必将有力推动企业和经济的发展。

还有，如同山东曲阜的孔庙、陕西的黄帝陵、福建莆田的妈祖文化一样，关公文化也是该地区一种稀缺的、其他地区难以替代的核心资源优势。应当积极地全方位地进行深度开发，把关公文化事业、关公文化产业做强做大，逐步做到规模化、集约化、专业化，构建关公文化研究、交流、旅游、经济贸易的平台，把这种地区核心资源优势转变为地区经济的核心竞争力，必将有力地推动地区经济的发展。

关公文化除以上三个方面价值外，还有：大力宣传关公文化的"忠"字，对培养忠诚于党的事业、与党同心同德的干部队伍；大力宣传关公文化的忠义、仁和、诚信，对促进构建和谐社会；大力宣传关公文化的"忠义智勇"，对培养军队将士英勇善战精神；大力宣传关公"匡扶汉室"的"大一统思想"，对促进海峡两岸和平统一；大力宣传关公文化，对中国企业走向亚洲、走向国际化发展道路等，都具有很现实的价值和积极的深远的意义。简单归纳起来，关公文化对当代大概有以上七八方面的重要价值，在这里就不一一细谈了。

既然关公文化对当代有如此重要的价值，那么我们应当如何深入开发、积极宣传、弘扬发展关公文化呢？这是当今领导及有关方面需要认真思考的问题。

为此，作为建言献策，本人建议：应当逐步加强对关公文化的学术研究、学术交流，举行海内外人士参加的多种形式的研究、宣传、交流活动，创办关公文化报刊，举办关公文化（含书画）展览，举办关公文化旅游及经济贸易洽谈会，编导关公文化方面的影视剧和其他文艺节目，还有关公文化上网络，逐步把关公文化做成弘扬中华民族优秀传统文化的大事业、大产业，促进中国的文化建设、道德建设、经济建设与和谐社会建设。

关于拓展文化品牌亮点的建议

——在石家庄市委宣传部召开的"《燕赵讲坛》名师座谈会"上的发言

(2009 年 5 月 23 日　河北石家庄)

很高兴，应邀出席石家庄《燕赵讲坛》开办五周年纪念活动。去年 12 月 6 日应邀给《燕赵讲坛》做了一次演讲，题目是《如何提升个人事业发展的竞争力》，受到与会听众的热烈欢迎，算是本人为石家庄市文化建设奉献一点微薄之力。

石家庄市委宣传部、社科联主办《燕赵讲坛》，是个创举。五年来，坚持利用每周六时间，请省内外专家给本市民众演讲，深受欢迎，取得良好效果，在省内外产生积极的影响。

今天座谈会的题目是：如何拓展《燕赵讲坛》文化品牌的亮点。我提两条建议：一是应当使《燕赵讲坛》文化品牌的"亮点"更亮；二是应当使《燕赵讲坛》文化品牌的"亮点"更大。也就是建议把石家庄《燕赵讲坛》文化品牌进一步做强做大。

第一条建议：如何使《燕赵讲坛》文化品牌的"亮点"更亮，关键是提升质量。如何提升质量呢？

1. 从内容上提升讲坛的质量。演讲内容：一是民众最关心、最关注、最喜闻乐见的内容；二是民众议论的热点、难点、疑点等内容；三是文化类、生活类的内容；四是科普类，如神舟飞船、绕月飞船等；五是经济类，如国际金融危机的影响和对策等。

2. 从讲师队伍上提升讲坛的质量。扩大讲师队伍的规模，保证讲师队伍的质量，提高演讲水平。

第二条建议：如何使《燕赵讲坛》文化品牌的"亮点"更大。建议有几个拓展：

（1）讲师队伍资源拓展。讲师队伍资源，可以再开发，有的可以深度开发，整合外部资源，为石家庄城市建设服务。①可聘为市级顾问、部门顾问、企业顾问；②可组织讲师进行专题考察、研讨，献计献策；③制定讲师团回访制度。

（2）听众对象拓展。现在是全市范围的报告会，根据内容和需求，可以拓展为企业专场、政府工作人员专场、文化界人员专场报告会等。

（3）讲坛的联办组织形式拓展。比如多引入赞助企业，举行部分有偿演讲；并适当引入市场机制，适当向产业化方面做些拓展。这些都需要进行很好的研究，使《燕赵讲坛》更科学地发展，使这个文化品牌更亮更大。

推动全民健身运动，弘扬中华
优秀传统文化

——首届中国（河北）民间传统健身大赛开幕词

（2010 年 10 月 23 日　河北石家庄）

在全国上下认真学习贯彻党的十七届五中全会精神的热潮中，今天在这里隆重举行首届中国（河北）民间传统健身大赛开幕式，是很有意义的。首先，让我们对大赛的隆重开幕表示热烈的祝贺！

民间传统健身活动，既是健身，又是一种休闲；既是娱乐，又是一种文化。这种活动，它有广泛的民间性、群众性，又有悠久的历史性、文化性。这项活动，确实是深受广大民众欢迎的一项非常好的活动。举行民间传统健身大赛，可以直接推动这项活动的广泛开展，同时还可以推动全民健身运动，推动社会主义精神文明建设，弘扬中华优秀传统文化，促进社会和谐发展，将产生积极的良好影响。因此，我们希望应当继续办好民间传统健身的系列活动，办得既要轰轰烈烈，又要扎扎实实，切实办出水平、办出效果来。

最后，预祝这次大赛取得圆满成功！

为什么中国不经过资本主义社会发展阶段就建立社会主义社会？

(发表在《职工政治教育资料》1991 年第 3 期)

人类社会发展，一般是从原始社会依次发展为奴隶社会、封建社会、资本主义社会和社会主义社会（共产主义社会的低级阶段），而中国跳过了资本主义社会发展阶段，由半殖民地半封建社会经过新民主主义社会转变为社会主义社会。在"双基"（党的基本理论和党的基本路线）教育中，有些职工对此很不理解，怀疑中国建立社会主义社会是否违背了人类社会发展的规律，这的确是一个有一定代表性的重大的疑难问题。如果不给予科学的回答，将直接影响职工对社会主义坚定信念的确立。下面谈谈我们的粗浅看法，供同志们参考。

一、人类社会形态依次更替发展，既有普遍性，又有特殊性（或者说既有共性，又有个性）

在马克思主义诞生以前，人们认为人类社会发展变化是杂乱无章的，没有什么客观规律可遵循。胡适曾把历史比作任人打扮的少女，就是讲的这个意思。自从马克思创立历史唯物主义之后，才根本改变了这种状况。马克思发现了人类社会存在的基本矛盾，即生产力和生产关系的矛盾、经济基础和上层建筑的矛盾。人类社会的发展变化，就是人类社会基本矛盾运动的结果。马克思的历史唯物主义告诉我们，生产力决定生产关系，经济基础决定上层建筑；生产关系对生产力、上层建筑对经济基础又具有反作用。生产力是最活跃、最革命的因素，它时刻处于不断发展变化之中。而生产关系一经确立，就在一定历史时期内保持其相对的独立性。当生产关系基本适应生产力发展要求时，生产关系就推动生产力的发展，当生产关系不再适应生产力发展状况时，它就阻碍生产力的发展，以至成为生产力进一步发展的桎梏。这时，社会革命的时机就到来了。通过社会革命，消灭了旧的生产关系，建立和完善新的生产关系，人类社会也就由低级阶段进入新的高级阶段。历史唯物主义第一次揭示了人类社会发展变化的客观规律。从此，历史学才变成为一门科学。

原始社会由于生产力低下，一个人生产出来的东西，除了自己消费外，没有任何剩余，这就排除了剥削他人剩余劳动的任何可能性。因此，在原始社会里只能实行共同占有生产资料、共同劳动和共同分配的原始共产主义。随着生产力的发展，一个人的生产物除了用于自己消费外，有了剩余，这就为剥削他人的剩余劳动提供了现实可能性。在这种情况下，战争中的俘虏再也不被杀掉了，而是强迫他们从事生产劳动，以便占有他们的剩余生产物。这样做是对社会劳动力的极大保护，促进了社会生产力的发展，这无疑是人类历史性的进步。然而这样一来，第一次出现了主人与奴隶的对立的阶级关系，产生了剥削与被剥削的关系。随着生产力的发展，私有制的出现，原始社会就逐渐解体了，而代之以奴隶社会。在奴隶社会里，奴隶是会说话的工具，没有一点人身自由，残酷的压迫，繁重的劳动，必然激起奴隶的反抗，尤其在奴隶社会后期，奴隶经常举行大规模起义，对社会生产力起了巨大的破坏作用。在这种新的形势下，一种新的封建制生产关系应运而生；农民有了少许生产资料，而且可以自由劳动，虽然还要向地主交纳地租和赋税，受地主的剥削，但比起奴隶来，的确是一次历史性解放，因而能调动他们的生产积极性，这种新的生产关系适应生产力的发展，封建社会必然代替奴隶社会。在封建社会里，小商品经济受价值规律的支配必然产生两极分化，这就为资本主义生产创造了劳动市场、商品市场。随着生产力的发展，一种新的资本主义生产关系必然产生。这种新的生产关系比封建制生产关系具有更大的优越性，必然要代替封建社会的生产关系。人类社会也就由封建社会进入资本主义社会。资本主义社会存在着生产社会化与生产资料资本家私人占有的基本矛盾。随着生产力进一步发展，这种基本矛盾就会激化起来，表现为剧烈的阶级对抗与冲突，爆发周期性的经济危机。资本主义社会本身根本解决不了这个矛盾，只有通过社会主义革命，建立社会主义社会才能解决。总之，人类社会就是这样由低级向高级、由简单到复杂地向前发展的；而且，人类社会形态的更替发展，一般都是经由原始社会、奴隶社会、封建社会、资本主义社会到共产主义社会（社会主义是它的低级阶段），这是人类社会发展的普遍性，或叫共性。

　　如前所述，人类社会形态更替发展，归根到底是由生产力的发展决定的，但是，人类社会发展变化又不仅仅是一个纯经济的过程，而是政治、经济、军事、思想文化乃至国际环境等多种因素形成的若干个合力促成的。由于各个民族和国家所处的历史环境和所具备的条件各不相同，因而每个民族和国家的社会发展变化必然具有特殊性、多样性。普遍性寓于特殊性之中，否认事物的特殊性，就等于否定了事物的普遍性。正因为有这种特殊性存在，所以某些民族和国家借助某些特殊条件，跳过某一个或几个社会形态发展阶段，直接进入某一个高级阶段，是完全可能的。马克思在1877年11月写给《祖国纪事》杂志编辑的信中，就明确提出了人类社会历史演变过程中的一般与特殊的关系，指出在不同的国度里，在具体的条件下，某个社会形态或某几个历史发展阶段是可以逾越的。他还尖锐批判了那种把五种社会形态绝对化而到处照套的错误思想。后来，马克思、恩格斯在研究了俄国具体情况之后，曾认为俄国在一定条件下"可以不通过资本主义制度直接由封建农奴制过渡到社会主义"。列宁也指出："世界历史发展的一般规律，不仅丝毫不排斥个别发展阶段在发展的形式或顺序上表现出特殊性，反而是以此为前提的。"

事实上，在世界各个民族和国家的社会形态更替发展过程中，也存在跨越一个或几个社会形态的先例。原始社会解体后，希腊、罗马等国进入了奴隶社会，而日尔曼民族和多瑙河流域国家则因外部条件的变化，而由原始社会直接进入了封建农奴制社会。又如，北美的社会发展，在西方殖民主义者入侵以前，这里的土著居民还处在原始社会，但是，在殖民化以后，就逐步建立了资本主义制度，从而跨过了两个社会形态。再有，苏联和中国的一些少数民族，在党和国家的帮助下，分别从奴隶社会、封建社会，甚至从原始社会直接进入了社会主义社会。这样看来，中国跳过资本主义社会，由半殖民地半封建社会经过新民主主义社会转变为社会主义社会，也就不奇怪了，就容易理解了。

二、中国半殖民地半封建社会是一个畸型发展的社会形态

中国的社会形态更替发展，和世界上其他许多国家一样，也经过由原始社会发展为奴隶社会，再发展为封建社会。中国的封建社会延续时间最长，创造了灿烂的东方文化，成为世界文明发达最早的国家之一。

中国封建社会时期的商品经济有根本的发展。著名的丝绸之路和郑和下西洋，都说明了中国与世界许多国家有着广泛的贸易往来。在商品经济发展的基础上，早在明代就产生了资本主义萌芽。中国资本主义萌芽产生并不比欧洲晚；但是，由于中国封建统治的严重束缚，使中国资本主义萌芽发展非常缓慢。但不管怎么慢，还是在

发展，总有一天中国也会发展成为资本主义社会的。1840 年，第一次鸦片战争，英国殖民主义者用武力打开了中国的大门，西方资本主义像洪水猛兽一样侵入中国，打断了中国社会正常的发展道路。

　　不错，外国资本主义的侵入，不仅对中国封建经济的基础起了解体作用，它破坏了自给自足的自然经济基础，破坏了城市的手工业和农民的家庭手工业；而且又给中国资本主义生产的发展造成了某些客观的条件和可能。因为自然经济的破坏，给资本主义造成了商品的市场，而大量农民和手工业者的破产，又给资本主义造成了劳动力的市场。事实上，由于外国资本主义的刺激和封建经济结构的某些破坏，还在十九世纪下半期，就开始有一部分商人、地主和官僚投资于新式工业，成为中国第一代资本家。但由于外资商品的倾销，中国资本主义萌芽被扼杀了，中国民族资本主义经济，不是从中国资本主义萌芽发展起来，而是在外国资本主义的刺激下，由封建经济转化而来的；到了十九世纪末、二十世纪初，中国民族资本主义便有了初步的发展。在第一次世界大战期间，由于欧美帝国主义国家忙于战争，暂时放松了对中国的压迫，中国的民族工业，主要是纺织业和面粉业，又得到了进一步发展。然而，这只是外资侵入中国以后发生的一个方面的变化，而且是次要的变化。另一方面，也是更主要的变化，是他们同中国封建势力勾结起来，共同压迫和限制了中国资本主义的发展。因为帝国主义侵略中国的目的，不是为了使中国变成一个发达的资本主义国家，不是把中国培养成为一个与之竞争的对手，而是要变中国为它们的半殖民地和殖民地。帝国主义为了达到这个目的，它们运用了军事的、政治的、经济的、思想文化的各种手段来侵略和打击中国，堵死了中国发展成为资本主义国家的道路。毛泽东同志曾明确指出："帝国主义侵略中国，反对中国独立，反对中国发展资本主义的历史，就是中国的近代史。历来中国革命的失败，都是被帝国主义绞杀的，无数革命的先烈，为此而抱终生之恨。"

总之，若没有外国资本主义的入侵，中国本来也会发展成为资本主义社会的，只是由于外国资本主义的入侵，使中国社会的发展发生了严重扭曲，由独立的封建社会发展成为一个半殖民地半封建社会。这是一个畸型发展的社会，是个"四不象"，它既不同于完全的封建社会，因为有了资本主义经济，有了近代的新兴的资产阶级和无产阶级；又不同于资本土义社会，因为民族资本主义虽然有了某些发展，并在中国的政治、经济和文化的生活中起了颇大的作用，但它毕竟没有成为中国社会经济的主要形式，封建经济在国民经济中仍然占着显著的优势。中国的统治者是地主阶级和官僚资产阶级联合专政，但是真正的统治者是外国资本主义，中国的反动统治者只不过是其代理人。

有人说，中国没有经过资本主义的发展，这是不对的。中国有过资本主义一定的发展，只是没有得到充分发展，没有发展成为社会经济的主要成分，没有掌握国家政权，一句话，就是没有发展到资本主义社会。正因为中国资本主义经济促使了民族资产阶级和无产阶级的产生和发展，因而才使中国社会发展有了新希望。如果否认中国资本主义一定的发展，那就无法理解中国的近、现代历史了。

三、中国经由新民主主义社会进入社会主义社会是中国近代社会发展的历史必然

半殖民地半封建社会的基本矛盾是帝国主义同中华民族的矛盾，封建主义同人民大众的矛盾。帝国主义和封建主义以及它们杂交而生的官僚资本主义是压在中国人民头上的三座大山。推翻帝国主义、封建主义和官僚资本主义的统治，是中国革命的基本任务。中国迫切需要进行民族民主革命，以便从帝国主义、封建主义和官僚资本主义的统治下解放出来。为达到此目的，中国的先进爱国分子，前仆后继，英勇顽强地展开了大规模的斗争，包括太平天国运动和辛亥革命运动，结果都以失败而告终。历史已经作出结论，资产阶级、

小资产阶级领导的旧民主主义革命救不了中国。领导中国革命的重任，历史地落到了无产阶级及其政党中国共产党的肩上，叫新民主主义革命。

在中国共产党领导的整个中国革命运动，是包括新民主主义革命和社会主义革命两个阶段在内的全部革命运动；这是两个性质不同的革命过程，只有完成了前一个革命过程，才有可能去完成后一个革命过程。新民主主义革命是社会主义革命的必要准备。

社会主义革命是新民主主义革命的必然趋势。中国人民在中国共产党的领导下，经过28年艰苦卓绝的斗争，终于推翻了三座大山，取得了民主革命的彻底胜利。无产阶级通过共产党，在民主革命中取得的革命领导权，必然发展为以无产阶级为领导，以工农联盟为基础的人民民主专政政权。人民民主专政实质上是无产阶级专政，这就为由新民主主义革命转变为社会主义革命提供了强大的政治基础和政治保障；没收官僚资本民营经济，掌握了国家的经济命脉，加上日益发展的劳动者的合作经济，这就为由新民主主义革命向社会主义革命转变提供了经济基础；经过党的多年的有成效的马列主义教育，全国人民社会主义觉悟日益提高，这就为新民主主义革命转变为社会主义革命准备了思想基础和群众基础。正因为我们具备了政治、经济、思想的强大基础，加上有利的国际条件，所以，我们比较顺利地实现了两个阶段革命的转变。我们党又从中国实际出发，找到了一条适合我国国情的社会主义改造道路，终于在1956年基本完成了社会主义改造任务，在中国的大地上确立了崭新的社会主义制度。这是一个伟大的社会经济制度的根本变化。尽管在社会主义改造过程中出现了这样那样的缺点偏差，但是在一个几亿人民的大国中比较顺利地实现了如此复杂的社会变革，整个国民经济不但未遭受破坏，而且还有所增长，这不能不说是一个伟大的历史性胜利。

有人说，中国是由半殖地半封建社会直接过渡到社会主义社会。

这不是事实，这是不对的。中华人民共和国的建立，标志着反帝反封建任务的基本完成。因此，建国后的中国社会与半殖民地半封建社会有本质的区别，因为国家政权已经是无产阶级领导的人民民主专政。建国后的中国社会又不同于社会主义社会，因为这个时期在经济上的本质特征是两种经济结构并存的斗争，社会主义经济制度尚未完全建立，还有五种经济成分并存，社会主义与资本主义谁战胜谁的问题还未解决。建国后的社会是新民主主义社会，是一个过渡时期，中国社会主义是由新民主主义社会过渡来的。

半殖民地半封建社会的中国，经过了新民主主义义革命，经由新民主主义社会转变为社会主义社会是历史的必由之路。中国社会主义社会的建立，是中国历史发展合乎规律的结果。中国的经验证明，在资本主义有一定发展的国家，只要在工人阶级及其政党掌握民主革命的领导权，就可以跳过资本主义社会这个历史发展阶段而建立起社会主义社会，这不但不违背人类社会发展规律，恰恰是这个规律在特殊条件下的生动体观。

（注：本文是作者与哈尔滨工业大学张巨浩副教授合作撰写）

关于树立社会主义荣辱观的
几个重要问题

——在北京大学马克思主义学院党建高级研修班的讲稿

（2006 年 5 月 9 日）

很高兴，应北大马克思主义学院邀请，今天来给党建高级研修班讲课，谈谈本人对学习社会主义荣辱观的一些体会。

看了研修班代表名单，多数是党建干部，也有部分企业干部。看到党建干部、政工干部、纪检干部、企业干部，感到格外亲切！因为，本人一走上工作岗位，分配到航天部就改行做政治工作，可以说是地地道道的政工干部，开始在航天部三院当团委书记，后到导弹总装厂（国营大型军工企业）当政治部主任、党委副书记兼纪委书记，在航天部一干就是 28 年。后来调到中央统战部下属的中央社会主义学院工作，任副教务长、秘书长、副院长，做教学管理、行政管理以及主管中华文化、民营企业培训等工作，直到退休，又是十几年。因此，今天看到各位感到很亲切，因为我和大家原来都是政工干部，是"一条战壕里的战友"！

下面，言归正传，谈谈对树立社会主义荣辱观的一些学习体会，供大家参考，不对之处，请批评指正。

讲课的题目是：《关于树立社会主义荣辱观的几个重要问题》。

讲五个问题。

第一个问题，胡锦涛总书记重要讲话的六层含义

2006 年 3 月 4 日，胡锦涛总书记看望出席全国政协十届四次会议民盟、民进联组会的委员，听取委员们的意见和建议，并发表了重要讲话。

胡锦涛总书记的这段讲话，是我们今天讲课的主题、中心和前提，我们要展开讲一讲。这段话非常重要，共 490 个字。按新华社发稿，可分 6 层意思：

第一层：胡总书记说：实现"十一五"时期的发展目标，必须广泛深入动员人民群众，坚定不移依靠人民群众，真心诚意造福人民群众，把人民群众的历史主动精神充分发挥出来。（第一层讲人民群众，两个方面：一是依靠，二是造福。）

第二层：胡总书记说：要把发展社会主义先进文化放到十分突出的位置，充分发挥文化启迪思想、陶冶情操、传授知识、鼓舞人心的积极作用，努力培养有理想、有道德、有文化、有纪律的社会主义公民。（第二层讲先进文化、文化的四个作用，落脚到培育"四有"公民上。）

第三层：胡总书记说：社会风气是社会文明程度的重要标志，是社会价值导向的集中体现。树立良好的社会风气是广大人民群众的强烈愿望，也是经济社会顺利发展的必然要求。（第三层讲社会风气的重要性。）

第四层：胡总书记说：在我们的社会主义社会里，是非、善恶、美丑的界限绝对不能混淆，坚持什么、反对什么，倡导什么、抵制什么，都必须旗帜鲜明。（第四层讲社会主义社会三个界限绝对不能混淆。）

第五层：胡总书记说：要在全社会大力弘扬爱国主义、集体主义、社会主义思想，倡导社会主义基本道德规范，促进良好社会风

气的形成和发展。(第五层讲要弘扬三个主义思想,倡导社会主义道德规范,促进良好社会风气的形成和发展。)

第六层:胡总书记说:要引导广大干部群众特别是青少年树立社会主义荣辱观,坚持以热爱祖国为荣,以危害祖国为耻;以服务人民为荣,以背离人民为耻;以崇尚科学为荣,以愚昧无知为耻;以辛勤劳动为荣,以好逸恶劳为耻;以团结互助为荣,以损人利己为耻;以诚实守信为荣,以见利忘义为耻;以遵纪守法为荣,以违法乱纪为耻;以艰苦奋斗为荣,以骄奢淫逸为耻。(第六层最后落脚到"八荣八耻"社会主义荣辱观上。)

以上六层含义,层层相扣、层层深入,非常有逻辑、非常精辟、非常经典!中宣部文件对"八荣八耻"社会主义荣辱观有八句高度评价:

(1)涵盖爱国主义、集体主义、社会主义思想;

(2)体现中华民族美德和时代要求;

(3)反映社会主义世界观、人生观、价值观;

(4)明确当代中国最基本的价值取向和行为准则;

(5)是马克思主义道德观的精辟概括;

(6)是新时期社会主义道德的系统总结;

(7)是以人为本、全面协调可持续科学发展观的重要组成部分;

(8)是新形势下社会主义道德建设的重要指导方针。

第二个问题,社会主义荣辱观的深刻内涵和基本要求

一、荣辱观的基本概念和思想渊源

1. 基本概念:什么是荣?什么是辱?什么是荣辱观?

(1)荣,即是荣誉,是社会对个人行为的褒扬和嘉许,体现社会对个人的积极评价。辱,即是耻辱,是社会对个人行为的贬抑和嘲弄,体现社会对个人行为的精神打击。

(2)荣辱,是荣誉和耻辱的合称。荣和辱,是道德范畴的一对

概念。自从人类物质生产和文化精神活动一开始，就有"荣、辱"，一直紧紧伴随着人类。

（3）荣辱观，是人们对荣誉和耻辱问题总的看法和观点。荣辱观是由世界观、人生观、价值观决定的。

（4）荣辱观的功能（三个功能）。定位功能：人的生存价值；导向功能：对干什么不干什么选择取向；内省功能：有廉耻心、要自省。

（5）荣辱观的作用（四个作用）：荣辱观渗透在整个社会生活中，影响社会风气；体现社会的价值取向；标志社会文明程度；对社会经济发展产生巨大的反作用。

2. 荣辱观的思想渊源

中国最早在春秋战国时期，管仲（？—公元前645年）比孔子早100多年，他提出："礼、义、廉、耻，国之四维。""四维不张，国乃灭亡"，把它看成是治国方略。

过了100多年，孔子（公元前551—公元前479年）修《尚书》，提出："物，耻足以振之。国，耻足以兴之。"

又过了100多年，荀况（公元前298—公元前238年）进一步提出，"荣、辱"分"义"和"势"：义荣，义务带来的荣誉，是内在荣；势荣，权势带来的荣誉，是外在荣。义辱，自身恶劣行为带来的耻辱，是内在辱；势辱，是被人诬陷、强暴的耻辱，是外在辱。

从中国古代以来，逐步发展形成中国的耻感文化，是中华伦理道德的一个重要组成部分。比如，形成投降可耻、卖国可耻、叛变可耻；舍生就义是英雄，见义勇为光荣等中华民族的道德观、荣辱观。

二、社会主义荣辱观是马克思主义世界观、人生观、价值观的鲜明体现

1. 基本概念

世界观：指人们对世界的总体看法和根本观点（宇宙观），有唯

物主义世界观、唯心主义世界观。

人生观：指人对人生的基本看法，对人生目的、人生意义、人生态度的根本看法和态度。如"人为什么活着？""人活着有什么作用和意义？""人应当怎样活着？"。

价值观：指人们对普遍性价值问题的立场、观点、态度的总和。

2. 马克思主义世界观为我们树立正确的荣辱观奠定了思想基础。

马克思主义世界观：包括辩证唯物主义世界观和历史唯物主义世界观。辩证唯物主义世界观，认为世界是物质的，物质是运动的；历史唯物主义世界观，认为社会主义必然代替资本主义，但这是一个长过程。因此，我们必须坚定信念，为实现社会主义、共产主义而奋斗。以此决定我们爱祖国、爱人民、爱科学、爱劳动、爱社会主义的道德观、荣辱观。

3. 马克思主义人生观、价值观为我们树立正确的荣辱观指明了方向。

马克思主义人生观、价值观，认为"人民利益高于一切""为人民服务"是马克思主义人生观的核心、灵魂和基本特征。以此确定：以实现共产主义为人生目标——理想信念；以服务社会、服务人民为人生价值；以积极进取为人生态度。所以，应当树立热爱国家、热爱人民、崇尚科学、辛勤劳动、艰苦奋斗的道德观、荣辱观。

三、"八荣八耻"是社会主义道德建设的重大理论成果

1. "八荣八耻"的基本要求

（1）热爱祖国是最基本的道德规范。

（2）为人民服务是公民道德的核心。

（3）崇尚科学，反对愚昧迷信，弘扬科学精神。

（4）热爱劳动，弘扬社会主义劳动美德。

（5）团结互助，发扬社会主义人道主义精神。

（6）诚实守信，树立社会主义义利观。

（7）遵纪守法，增强法律意识和法制观念。

（8）艰苦奋斗，发扬中华民族优秀精神和党的光荣传统。

2. "八荣八耻"是对中华民族传统美德的继承和发扬。

中华民族几千年形成的传统美德，如"天下兴亡，匹夫有责"的爱国主义精神，"先天下之忧而忧，后天下之乐而乐"的奉献精神，"天时不如地利，地利不如人和"的团结精神，"富贵不能淫，贫贱不能移，威武不能屈"的浩然正气，"历览前贤国与家，成由勤俭败由奢"的勤劳俭朴美德等。"八荣八耻"都给予继承和发展。

3. "八荣八耻"是对我们党和人民在长期革命、建设和改革实践中形成的崇高精神的集中体现。如井岗精神、长征精神、延安精神、抗美援朝精神、大庆精神、"两弹一星"精神、抗洪救灾精神等，"八荣八耻"都加以继承和发扬，是上述精神的集中体现。

第三个问题，树立社会主义荣辱观的重大意义

1. 树立社会主义荣辱观是贯彻落实"三个代表"重要思想的必然要求。

什么是"三个代表"重要思想？我们党必须始终代表中国先进生产力的发展要求，代表中国先进文化的前进方向，代表中国最广大人民的根本利益。

什么是中国先进文化？当今的先进文化，就是社会主义文化。什么是社会主义文化？社会主义文化就是面向现代化、面向世界、面向未来（三个面向）的，民族的、科学的、大众的社会主义文化。

文化，是上层建筑中的意识形态范畴。任何社会形态都包括经济基础和上层建筑。经济基础，是一定社会生产关系各方面的总和；建立在经济基础之上的是上层建筑，上层建筑包括政治法律制度和意识形态；而意识形态包括理想信仰、思想道德、哲学、艺术、宗教等。

因此，先进文化的前进方向，是由意识形态中的思想道德特别是由世界观决定的。世界观处在意识形态的最高层次，对整个文化

建设起指导作用。文化建设的内容：包括世界观、人生观、价值观、理想信念、道德教育、科学、文学艺术、新闻出版、广播影视等。思想道德建设是文化建设的重要内容。所以，树立社会主义荣辱观、加强社会主义思想道德建设是落实"三个代表"重要思想的必然要求。

2. 树立社会主义荣辱观是贯彻落实科学发展观的必然要求。

什么是科学发展观？以人为本，全面协调可持续发展。这是胡锦涛总书记2004年3月10日在中央人口资源环境工作座谈会发表重要讲话时提出的。科学发展观，是对社会主义市场经济条件下经济社会发展规律认识的重要升华，是我们党执政理念的一个飞跃，是对毛泽东、邓小平（包括马、恩、列、斯）发展思想的重要发展。

要不要发展？邓小平回答了这个问题。他说：必须发展，发展是硬道理，不发展死路一条。

究竟如何发展？胡锦涛总书记回答了这个问题。他说：必须科学发展，以人为本，全面协调可持续发展。

当时社会上出现一些硬发展、盲目发展、乱发展的现象。媒体归纳有12种乱发展的现象：利在一己的发展；利在一时的发展；利在本位的发展；作秀工程的发展；装点门面的发展；唯上官欢的发展；片面性发展；垄断性发展；破坏性发展；严重污染的发展；所谓政策保护性发展；后门关系发展等。

理论界说：发展是硬道理，硬发展没道理。怎么办？如何正确发展呢？针对发展过程中出现的问题，胡锦涛总书记从战略高度，从总体指导思想的高度，及时提出科学发展观，非常英明、非常正确！

从企业、事业、部门到一个地区、一个国家甚至家庭、个人都有"要不要发展？如何发展？"的问题。回答是：必须发展！必须科学地正确地发展：以人为本，全面协调可持续发展。

所以，树立社会主义荣辱观，树立正确的价值观、利益观、是非观、荣辱观，对发展有取有舍、有保有压，"有所不为才能有所为"，避免乱发展，促进科学发展观的落实。

3. 树立社会主义荣辱观是全面建设小康社会奋斗目标的必然要求。

什么是小康社会？党的十六大（2002 年 11 月）提出全面建设小康社会的奋斗目标是 6 个"更加"：经济更加发展、民主更加健全、科教更加进步、文化更加繁荣、社会更加和谐、人民生活更加殷实。

要建设社会主义物质文明、政治文明、精神文明和和谐社会，必须加强社会主义思想道德建设和精神文明建设，树立社会主义荣辱观，促进良好社会风气的形成和发展，为建设小康社会提供坚实的思想基础和强大的精神动力。

4. 树立社会主义荣辱观是构建社会主义和谐社会的必然要求。

什么是和谐社会？党的十六大提出"社会更加和谐"是建设小康社会的目标之一。党的十六届四中全会（2004 年 9 月）进一步提出构建和谐社会的任务。2005 年 2 月 19 日胡锦涛总书记在省部级主要领导干部研讨班上发表重要讲话指出："我们所要建设的社会主义和谐社会应该是：民主法治、公平正义、诚信友爱、充满活力、安定有序、人与自然和谐相处的社会。"

构建和谐社会，是我们党对执政规律、执政能力、执政方略、执政方式的新认识。中国特色社会主义事业的总体布局由"三个建设"（经济建设、政治建设、文化建设）发展到"四个建设"（经济建设、政治建设、文化建设、社会建设），加上"党的建设"是"五个建设"，五位一体；由"两个文明"（物质文明、精神文明）建设发展到"三个文明"（物质文明、精神文明、政治文明）建设。我认为，这是以胡锦涛为总书记的党中央提出的一项重大战略任务，一项重大战略举措；一个重大的治国方略、治国机制、治国目标；同时也是对马克思主义科学社会主义理论的重大发展。

那么，一个社会要和谐，要长治久安，很大程度上取决于全体社会成员的思想道德水平和素质，尤其是取决于社会风气。因此，树立社会主义荣辱观，促进良好社会风气的形成和发展，是构建社会主义和谐社会的必然要求。

关于树立社会主义荣辱观的重大意义，中共中央精神文明建设委员会在今年5月19日颁发的《关于深入学习实践社会主义荣辱观的意见》指出：

以"八荣八耻"为主要内容的社会主义荣辱观，是我们党从全面建设小康社会、加快推进社会主义现代化建设的高度，把发展社会主义先进文化放到十分突出的位置，为提高人的素质、促进人的全面发展，加强思想道德建设，培育"四有"社会主义公民而提出的重要指导思想，是社会主义市场经济条件下加强思想道德建设的强大思想武器和重要指导方针。树立社会主义荣辱观是促进社会主义市场经济健康发展的重要保证。

提出"八荣八耻"为主要内容的社会主义荣辱观，为构建与社会主义市场经济相适应、与社会主义法律相协调、与中华民族美德相承接的思想道德体系指明了方向。

总之，树立以"八荣八耻"为主要内容的社会主义荣辱观，对弘扬以爱国主义为核心的民族精神和以改革创新为核心的时代精神，加强思想道德建设，巩固马克思主义在意识形态的指导地位，打牢全国人民团结奋斗的共同思想基础，形成积极向上的社会风气，贯彻科学发展观，构建和谐社会，振兴中华都具有重大的现实意义和深远的历史意义。

第四个问题，加强社会主义荣辱观教育的时代背景和紧迫性

1. 从国际环境看，加强社会主义荣辱观教育是顺应时代发展，应对各种风险和挑战的必然选择。

国际形势概括起来有 6 个特点：

（1）和平与发展，是当今时代的主流。一是和平，二是发展。现在还应当加上"合作"。当今在国际上是：要和平，促发展，谋合作。"合作"是中心环节：只有合作，才能维护和平；只有合作，才能促进发展。在国际经济交往上，只谈经济贸易合作，不谈意识形态分歧。这样，在国际经济贸易等方面，就可以"与狼共舞"。去年中国经济贸易总额 5000 亿美元，其中美国占 2000 亿美元、日本接近 2000 亿美元。

（2）世界形势的发展是：政治多极化、经济全球化、文化多元化。过去美苏称霸的"两极"时代已经过去；经济全球化是必然的，商品无国界、货币无国界、市场无国界、技术无国界、信息无国界、资源无国界、人才无国界等；文化，既丰富多彩，又有民族文化差异；文化源远流长，不能割断历史，文化必然是多元化。

（3）世界经济快速增长。美国、日本、欧盟三大经济体经济复苏。美国更强劲，去年经济增速 4.4%，日本 4.5%，欧盟稍疲软。中国经济的快速增长，加大对美、日等国的经济贸易，对美、日等国经济增长起重要作用。

（4）中国加入 WTO 对世界经济产生重要影响。"中国需要WTO，WTO 需要中国。"中国人口多，消费大，市场大，发展快，政治稳定，货币稳定，市场稳定。中国加入 WTO 后，世界 500 强企业大部分进入中国市场。

（5）国际社会主义运动暂时处于低潮。现在，世界上共产党执政的国家有五个：中国、越南、古巴、朝鲜、老挝。其中，社会主义国家只有一个中国。过去说，"只有社会主义才能救中国"。现在要加上一句，"只有中国才能救社会主义"。苏联解体，东欧巨变，原来的社会主义阵营 23 个国家，只剩中国一个。越南、古巴明确称"努力创造条件，进入社会主义初级阶段"；朝鲜，开始进行改革，实行新的货币政策，商品提价，职工增加工资等；老挝，人民党执政，经济基础较弱。

（6）美国把中国作为它称霸全球的最大障碍，还有一些西方敌对势力，他们必然对中国进行"西化""分化"。政治上，他们打"和平演变"牌，千方百计渗透"西方哲学"，企图动摇科学社会主义信念；意识形态战线，他们以"民主""人权"为口号，推销西方价值观，利用文化艺术、通俗文化进行渗透；还利用民族矛盾，通过宗教和民间组织（某些海外基金会等），在西藏、新疆、台湾等问题上，进行分裂活动。

对国际上的这些挑战，我们必须加强公民的社会主义、爱国主义教育，加强社会主义荣辱观、道德观教育，热爱祖国，保卫祖国，抵制西方敌对势力的挑战和渗透。这是一项重要的紧迫任务。

2. 从国内经济社会发展看，加强社会主义荣辱观教育是新时期新阶段社会主义思想道德建设的客观要求。

国内形势有以下几个特点：

（1）改革开放来之不易。从1840年鸦片战争—1949年新中国成立，100年！从1949年—1977年，28年；从1978到2006年，改革开放，太平盛世，28年，真不容易！

（2）我国从2004年起进入经济社会发展的黄金时期（战略机遇期）。世界发达国家发展有个规律：到人均GDP达1000美元，标志国家经济发展进入黄金时期，经济发展将更快、更好、更稳、更协调。中国2003年底人均GDP达1000美元，从2004年起进入经济发展的黄金时期。从人均GDP1000～3000美元，美国用19年，法国17年，德国12年，日本7年，韩国8年。中国底子薄，准备用15年。胡锦涛总书记前年5月访美，在美国耶鲁大学演讲时指出：过15年，到2018年中国人均GDP争取达到3000美元（是我国小康社会的经济指标）；2020年达3500美元，达到初步发达国家的水平；2050年达到中等发达国家的水平，2100年走在世界前列。

（3）中央领导班子是个非常好的领导班子。作为一位学者，我认为：以胡锦涛为总书记的中央领导班子，是执政为民的班子、求真务实的班子、团结实干的班子、能驾驭国内外复杂局势的班子、非常有创建有创新的班子，是完全可以信赖的好班子。

①抓求真务实。召开中央全会，作出决定。

②抓执政党建设。召开中央全会，作出决定。

③提出贯彻落实"科学发展观"重大战略方针。

④提出构建"和谐社会"的治国方略和战略目标。

⑤加强马克思主义理论研究和建设工程。

⑥推进社会主义新农村建设。

⑦提出建设创新型国家。

⑧对台湾和平统一提出"四个绝不"，颁布《反分裂国家法》。

⑨提出"八荣八耻"社会主义荣辱观等。

（4）我国经济发展速度是全世界最快的。我国 GDP 总量处于世界第 6 位。美国第一，日本第二，德国第三，英国第四，法国第五，中国第六，意大利第七。我国改革至今，经济增速平均为 9.3%，是世界最快的。

（5）我国社会稳定、民族团结、文化繁荣、人民生活不断改善，思想道德建设做了大量工作，取得良好成绩；精神文明建设呈现积极健康向上的良好态势：崇尚先进、学习成风，中华美德得到发扬光大。但是，在思想道德领域仍存在一些突出问题：

①社会上一些领域和一些地方道德失范。是非、善恶、美丑界限混淆，拜金主义、享乐主义、极端个人主义有所滋长。

②不讲信用，欺骗欺诈现象成为社会公害。经济活动中，假冒伪劣、坑蒙拐骗、见利忘义现象不断出现。

③以权谋私、腐败堕落现象严重存在。高级干部陈希同、成克杰、胡长清等腐败案子在群众中造成恶劣影响。

④愚昧落后、封建迷信、歪理邪说危害严重。黄、赌、毒、黑现象死灰复燃。

总之，面对国际上西方势力的挑战、西方文化的侵蚀，面对国内思想道德领域出现的新情况、新问题，迫切需要加强社会主义荣辱观教育，分清是非、善恶、美丑界限，振奋精神，推进社会主义思想道德建设和精神文明建设。

第五个问题，结合实际开展学习实践活动，牢固树立社会主义荣辱观

按照中央要求，必须从贯彻落实科学发展观的高度，把树立社会主义荣辱观作为社会主义思想道德建设的基础性工程和长期任务，切实抓紧抓好社会主义荣辱观的学习实践活动。

一、开展社会主义荣辱观学习实践活动的基本要求

1. 开展实践活动的主题与目标。主题：以践行社会主义荣辱观、加强思想道德建设为主题。目标：以促进社会风气不断改善为目标，形成"知荣辱，讲正气，树新风，促和谐"的文明风尚。

2. 开展学习实践活动要做到"五个结合"：与加强爱国主义教育结合起来；与贯彻"公民道德建设实施纲要"结合起来；与加强未成年人思想道德建设和大学生思想政治教育结合起来；与群众性精神文明建设活动结合起来；与学习宣传先进典型结合起来。

3. 开展学习实践活动要在三个方面下功夫：在深入人心上下功夫；在联系实际上下功夫；在弘扬正气上下功夫。

二、深入开展社会主义荣辱观的宣传教育

1. 社会主义荣辱观教育要进机关、进单位、进军营。

2. 社会主义荣辱观教育要进校园、进课堂、进教材。

3. 社会主义荣辱观教育要进社区、进农村、进家庭。

4. 大众媒体和互联网等传播工具要成为"八荣八耻"的自觉实践者和推动者。

三、广泛开展社会主义荣辱观学习实践活动

1. 要把树立社会主义荣辱观融入群众性精神文明创建之中。

2. 开展学习实践活动要突出重点领域，解决突出问题。

3. 党的领导干部要做表率。

四、加强社会主义荣辱观学习实践活动的领导

1. 各级党委、政府要把它列入重要议事日程，摆在突出位置，建立完善责任机制。

2. 要健全完善长效机制。通过修订完善市民公约、乡规民约、职业规范等具体行为准则，把"八荣八耻"具体化。

3. 求真务实，狠抓落实，务求实效，避免形式主义。

论"无私奉献"与"按劳分配"

（获航天部征文二等奖，1991 年 10 月）

无私奉献与按劳分配，这确是一对矛盾。在日常工作中，经常遇到这样的情况：一方面强调一定要打破"大锅饭"，实行按劳分配，做到多劳多得，甚至实行经济责任承包，规定超额多，得奖多，以调动职工的积极性；另一方面，又强调无私奉献，也就是说，要多劳动，多做奉献，少得奖金、甚至不要奖金。这是不是自相矛盾呢？两者的关系究竟应当如何处理呢？职工经常遇到这个难题，领导也经常遇到这个难题。无私奉献与按劳分配，这确是一个经常遇到的实际问题，也是经济体制改革中的一个重要的理论问题，是现实要求我们认真回答的一个重大问题。笔者通过学习，准备就无私奉献与按劳分配的内涵、关系以及具体实行中的有关问题，谈一些个人的粗浅认识，和大家一起进行探讨。

一、深刻认识无私奉献与按劳分配的内涵

无私奉献，就是为了集体、国家、人民的利益，为了党的事业，为了建设社会主义、实现共产主义，作出无私的奉献。这就是毛泽东同志为代表的老一辈无产阶级革命家谆谆教导的，被确定为我们党的宗旨的全心全意为人民服务的精神。这种无私奉献精神，把党的事业、祖国的利益、人民的利益看得高于一切，放在第一位；它

集中体现了工人阶级的阶级本色和优秀品质；这种无私奉献精神包含着两个方面的内容：一是个人利益上的牺牲，包括经济上和精神上的牺牲；二是革命和建设事业需要的时候，勇于献出自己的一切，甚至宝贵的生命。

按劳分配，多劳多得，按照劳动者的劳动成果——量的多少和质的优劣付给劳动报酬。这是社会主义的分配原则，是社会对一个人劳动价值的一种承认。按劳分配是处理最广大人民群众经济利益关系的分配原则，它的政策导向是引导广大人民群众勤劳致富。按劳分配是对雇佣劳动和剥削制度的根本否定，是对平均主义的根本否定，是社会主义公有制的具体实现，是社会主义物质利益原则的正确体现。

从无私奉献与按劳分配的内涵分析可以看到：无私奉献是一种精神，是一种道德规范，属于上层建筑意识形态的范畴；按劳分配是一种分配原则，是社会主义生产关系的一个重要组成部分，它属于社会主义经济基础的范畴。

二、正确理解无私奉献与按劳分配的关系

（一）无私奉献与按劳分配，属于不同的范畴，二者缺一不可，既不能混同，也不能互相替代。

上面分析的结论是：无私奉献是一种道德规范，属于意识形态的范畴；按劳分配是一种分配原则，属于经济基础的范畴。

马克思主义的历史唯物论告诉我们，道德规范与分配原则属于不同的范畴，二者缺一不可，二者既不能混同，也不能互相替代。按劳分配所体观的具体分配形式（工资、奖金、津贴等）是规定性的，无私奉献这种道德规范是倡导性的；按劳分配原则是处理最广大人民群众经济利益的现实规定，而无私奉献的道德规范是向全社会提倡、代表一部分先进分子的理想要求。显然，我们既不能按照无私奉献的道德规范来制定广大人民群众的分配政策，也不能用按

劳分配原则来限制先进分子无私奉献的道德要求。

如果把无私奉献这种共产主义道德规范与按劳分配原则混同起来，就会给实际工作带来极大的损害。较长一段时间，人们用无私奉献这种共产主义道德去评判、甚至责难按劳分配的奖励制度和合理的多劳多得的奖励办法，结果导致"吃大锅饭"平均主义盛行，干多干少一个样，干好干坏一个样，严重挫伤人们的生产积极性。近几年，我们认真贯彻按劳分配原则，从农村到城市，广泛推行"承包"经济责任制，鼓励多劳多得，超多奖多，极大地解放了生产力。但是，有些地区和部门却"以包代管""以包代教"，忽视先进道德的提倡和鼓励，使损人利己的个人主义和"一切向钱看"的拜金主义思潮泛滥起来，反过来，影响经济工作的健康发展。

（二）道德规范是以经济基础为依据的，又反过来深刻影响经济基础。

我们必须明确，在整个社会主义阶段，实行按劳分配，是不以人们的主观意志为转移的。（1）按劳分配是社会主义公有制的产物，又是社会主义公有制的实现。（2）按劳分配是改造资产阶级和其他剥削阶级分子的强制性的经济形式。（3）按劳分配打破平均主义，实行多劳多得、不劳动者不得食的原则，有利于调动劳动者的积极性。

同这种按劳分配原则相适应的全民范围的道德标准是社会主义的道德标准，它反对一切损人利己，损公肥私，金钱至上，以权谋私，欺诈勒索的思想和行为；但决不是否定按劳分配，决不能把平均主义当作我们的道德准则。同时必须指出，社会主义是向共产主义前进的历史运动，现阶段我们就必须向全社会认真提倡，要求共产党员、领导干部和社会先进分子身体力行无私奉献的共产主义道德规范。

从马克思主义的能动的反作用论出发，实行按劳分配的同时，也必须大力倡导无私奉献的道德规范。因为，在实行按劳分配原则时，如果听凭社会道德自发地向各种价值取向自由跃动，放弃健康向上的道德导向，不健康的道德必然会反过来直接或间接地阻碍按劳分配原则的正确执行。按劳分配，对劳动者按照劳动的质和量付给报酬。这样，部分职工容易产生"给多少钱干多少活"的雇佣思想和消极情绪，容易产生"一切向钱看"的拜金主义思想。如果听凭这种道德取向自由跃动，那么，斤斤计较、讨价还价、弄虚作假，欺上瞒下等不良现象必然出现，其结果，势必反过来严重影响"按劳分配"原则的正确执行，进而阻碍生产力的发展。

实行按劳分配的同时，大力倡导无私奉献的道德规范，不仅是必要的，而且是可行的，二者可以相辅相成：一、无私奉献的道德规范，能够形成健康的有力的社会舆论，制约"给多少钱干多少活"的雇佣思想，遏制"一切向钱看"的拜金主义思潮，促进按劳分配原则的贯彻执行；二、无私奉献的道德规范符合社会先进分子的觉悟水平和理想要求，在执行"按劳分配"原则中，可以起到先进道德规范的典型示范作用，这样就可以制衡、改善商品经济条件下的人际关系；三、无私奉献这种共产主义道德规范，有利于培养、造就"有理想、有道德、有文化、有纪律"的一代新人，从根本上提高劳动者的素质，促进生产力的发展。

从以上分析可以看到，我们一方面必须强调实行按劳分配；另一方面必须积极倡导无私奉献。这两者不是自相矛盾，而是缺一不可，相辅相成，可以统一的。

三、妥善处理执行按劳分配原则，积极倡导无私奉献精神中的一些具体问题

为了正确贯彻按劳分配原则，积极倡导无私奉献精神，在实际工作中一些具体问题必须妥善加以处理。

（一）必须避免两种倾向

一种是片面夸大道德教育的作用，夸大思想政治工作的作用，忽视马克思主义的物质利益原则，贬低认真执行按劳分配原则的必

要性和重要性。结果，平均主义盛行，必然损害广大人民群众的经济利益，挫伤广大人民群众的生产积极性。

一种是片面强调和夸大物质利益和按劳分配原则的作用，忽视道德建设和思想政治工作的作用。结果，"一切向钱看"的拜金主义思想、"给多少钱，干多少活"的雇佣思想必然泛滥，就会反过来阻碍生产力的发展。

可见，"精神万能，道德万能"是错误的，"物质万能，金钱万能"也是错误的。在实际工作中，我们必须认真避免和纠正这两种错误倾向，避免走两个极端，力求达到道德建设与经济政策的统一，这是领导干部和思想政治工作者必须认真把握和深入研究的一个重要课题。

（二）必须处理好三种关系

进行无私奉献的共产主义道德宣传教育时，必须处理好三种关系：

1. 现实与未来的关系。我们现在处于社会主义初级阶段，生产力比较落后，社会上还存在一些不文明、甚至腐败的现象。但同时，我们社会主义初级阶段，还要向高级阶段——共产主义社会发展。因此，我们的道德宣传教育，既要面对现实，又要着眼于未来。一方面要讲文明，反腐败，查处案件，进行有针对性的道德教育；另一方面还要大力宣传共产主义道德，大力表彰、树立像雷锋、焦裕禄，航天战线的罗健夫等一系列体现无私奉献的共产主义道德的典范，形成共产主义道德的良好风尚。

2. 多数和少数的关系。道德宣传教育的对象，既要照顾大多数人的觉悟程度，不要盲目地过高地提出一些脱离实际的要求；又要考虑少数先进分子的榜样作用，提出更高的要求，比如在有一定危险性的科学实验、抢险救灾、义务献血等活动中，在为人民利益需要作出个人牺牲的危急关头，对领导干部、共产党员提出高标准，严要求，不但是应该的而且会产生良好的社会效果，为广大群众起到表率作用。

3. 广泛性与先进性的关系。广泛性，指全民范围的道德；先进性，指共产主义道德。社会主义初级阶段的全民范围的道德就是社会主义道德，它要求人们自觉地以社会主义、集体主义精神处理国家、集体、个人三者的利益关系。同时，还要肯定按劳分配、等价交换带来的合理差别。而先进道德，无私奉献的共产主义道德，对全社会要大力提倡，对先进分子要求能够做到。事实上，在革命战争年代，在和平建设时期，在社会的各条战线上，包括航天战线上，许多英雄模范人物已经达到了这样的思想境界。

（三）必须强调道德建设的层次性、渐进性、政策性。

层次性。主要是指教育对象的两个层次：一是先进分子层，包括英雄模范、先进人物、领导干部、共产党员及群众中的骨干积极分子，对他们要高标准严要求，树立共产主义理想，发扬无私奉献精神；二是广大人民群众层。对他们也要倡导无私奉献的共产主义道德，但主要应大力倡导社会公德和职业道德，做到社会主义道德的基本要求：爱祖国、爱人民、爱劳动、爱科学、爱社会主义，正确处理国家、集体、个人三者利益关系。

渐进性。主要是指道德建设，既不能要求过高，过急，也不能要求过低、过慢，而应当"走小步，不停步"，长期坚持，做到渐进性，一步一个脚印。

政策性。主要指在道德建设的具体工作中，要掌握政策界限，要明确区分四种情况：一是应当提倡的；二是必须做到的；三是允许存在的；四是坚决反对的。比如："无私奉献"精神，是应当向先进分子和全社会大力倡导的；正确处理国家、集体、个人三者利益，是社会主义社会每个成员都必须做到的；靠劳动得到报酬的多少差别是允许存在的；而损公肥私、损人利己、欺诈勒索，以权谋私等是必须坚决反对的。这不仅是人们判断是非的界限，也是我国立法和制定政策条规的基本依据。

人皮鼓与康熙严惩贪官的传说

（发表在《黄河工商报》1995 年 10 月 20 日；《莆田政协报》1995 年 10 月 5 日；江苏社会主义学院《同心圆》1999 年第 1 期）

从兰州驱车去敦煌，必经甘肃省安西县的桥湾故城。在桥湾故城的文物展馆里，展示着一只令人惊叹不已的人皮鼓。

据介绍，这只人皮鼓，是将两个人的头盖骨锯成碗状，顶部相靠进行粘接，两端碗面蒙上人皮制成的。人皮鼓两端高 18 厘米，中间呈腰状，鼓面直径 13.7 厘米，鼓面彩绘平纹图案，细腰处用黄布带做成握手，中间还镶嵌着白银透雕二龙戏珠，工艺相当精湛，令人叹为观止。

据民间传说，三百多年前，清圣祖康熙亲率大军西征，平定了新疆准噶尔叛乱。班师回京后，一天晚上忽然做了一个梦：西北某地，在荒无人烟的沙漠中，出现一片绿洲，但见风清水秀，河湾环绕，河边大树参天，树上挂着金冠玉带，城内一片宫殿，金碧辉煌，真似天上仙境，人间胜地。康熙醒来，觉得梦中之境必是龙游圣地，遂命钦差大臣按梦中情景绘图即速西行查访。果然，在茫茫的戈壁大漠中，竟发现在桥湾有一处绿洲。钦差回京禀报，康熙大喜，立即下诏，拨巨款，委派名叫程金山的地方官员父子二人在桥湾督修一座九里九的城池，作为日后皇帝西巡歇息之地——西巡行宫。

可是，程金山父子领命到桥湾后，见这里偏僻荒凉，便起了邪念。心想"山高皇帝远",京城的皇帝哪能到如此边远的荒漠地带巡游?于是,见财枉法,将修建九里九城池的巨款贪污去一大半,只草草修建一座一里九的小城交差了事。这座小城,名曰"桥湾城"。

不久,钦差大臣西巡发现此情,则上奏康熙。康熙大怒,降旨立斩程金山父子,割下他俩的头,剥下他俩后脊背上的皮,令工匠做成这只人皮鼓。

康熙三十年(公元1690年),下令在桥湾城西北,修建"永宁寺",意为永久安宁。在"永宁寺"的北门楼则悬挂着这只特殊的人皮鼓,由僧人分早、午、晚各击鼓三次,令"警鼓长鸣",以告戒各级官员,如妄胆贪污国家钱财,程氏父子的人皮鼓就是"榜样"!

人皮鼓和康熙严惩贪官的消息,很快传遍全国,震撼天下。时至今日,我们撇下封建帝王的酷刑戾制不谈,这只人皮鼓本身所具有的警戒意义仍发人深省!它似乎仍在告诫那些今日的"程金山"们,"手莫伸,伸手必被捉"!制作人皮鼓的时代已一去不复返,但等待贪官们的是法律的严惩!

谈谈电影《南拳王》中的虎门销烟

（发表在《北京日报》1994 年 10 月 28 日）

电影《南拳王》中有一组描写销毁鸦片的镜头：虎门海滩上，人声鼎沸，人们围着许多箱鸦片，林则徐手执"制怒"的扇子。一会儿，一些士兵和群众拿来火把点着鸦片，有的还把火把投入鸦片堆中，顿时浓烟四起，群众欢呼雀跃。

这就是电影《南拳王》中描写的虎门销烟。

显然，这组销烟镜头是违背历史事实和科学原理的。殊不知，鸦片不像汽油、蜡烛之类的可燃物，用火把是不容易点着的。据近代历史资料记载，虎门销烟的具体历史事实是：

由于中国人民的坚决斗争，英、美鸦片贩子于 1839 年 4、5 月间，被迫陆续缴出鸦片二万零二百八十三箱又二千多麻袋，合计二百三十七万六千多斤。

1839 年 6 月 3 日，在林则徐的主持下，在虎门海滩上，中国军民用盐卤和石灰把一箱箱鸦片放在池中销毁。具体方法是：在海滩高处挖池，放入卤水，然后将鸦片切碎投入浸泡，再加上石灰焚化。待海水退潮时，打开池子前边的涵洞，使鸦片的焚化物随海潮出海。

由于鸦片数量巨大，虎门销烟，采取这种方法，从 6 月 3 日一直销毁到 25 日，一共进行 23 天，才把鸦片全部销毁干净！销毁鸦片工作的认真，表明了中国人民反对外国侵略者的坚强意志和决心。

中华人民共和国成立后，在北京天安门广场人民纪念碑的碑座上，铭刻的第一幅巨大浮雕，展示的就是"六三虎门销烟"的巨大场面。

然而，这一载入史册的重要的历史事实，当今仍有一些人乃至文艺知识界的人们还不了解！从描写农民反抗外国侵略斗争的武打片《南拳王》的一些镜头，可以看出，明显缺乏近代史基本常识的情况，说明当今向广大人民群众、广大青少年进行爱国主义教育、近代中国历史教育、中国革命传统教育是多么迫切和必要。

为政篇

　　人的一生，难免有工作变动，但总结、研究、积累不应当间断。

　　从航天工业部到中央统战部下属的中央社会主义学院，虽然两个单位工作性质截然不同，但"工作—总结—提高"的要求不应当改变；工作职务往往发生变动，但"学习—琢磨—研究"的习惯不应当改变。比如，观察、琢磨研究：社会主义学院究竟有哪些特色？如何加强非公有制经济代表人士的培训？为什么要成立中华文化学院？中华文化学院又是怎样成立的？中华文化学院的办学方向和发展道路是什么？如何举办海外培训班？等。随着工作的进行，把它琢磨、研究、归纳、总结出来，或许会有一点参考价值。

社会主义学院应当有哪些特色

(发表在山西省社会主义学院 1999 年 "春之卷")

1992 年 10 月，江泽民同志在给中央社会主义学院建院 36 周年复校 10 周年《贺信》中提出："力争在 2000 年以前，把中央社会主义学院建设成为更富有自己特色的名副其实的党外代表人士和党的统一战线干部的学习培训基地"，宋平同志在纪念会的讲话中要求"从实际出发办出中央社会主义学院特色"。按照中央领导同志的指示，要把社院建设得更富有自己特色。办出社院的特色，首先必须弄清：社院究竟应当有哪些特色？这是落实江总书记《贺信》，加强社院建设的首要问题。它关系到社院的性质和任务，关系到社院建设和发展的方向，关系到社院的全局。因此，从事社院工作的同志，都来认真研究、探讨、弄清这个问题，对于指导社院工作，加强社院建设，无疑是非常重要和必要的。

本文准备结合学习江泽民同志《贺信》的体会和一些工作实践，就社院特色问题谈一点个人的粗浅认识，和大家一起讨论。

一、社院的学员应当有特色

社会主义学院，作为民主党派和无党派人士的联合党校，统一战线性质的政治学校。既区别于普通高等院校，也区别于一般的成人院校和培训中心。社院的学员必须有特色。社院的培训对象应当以民主党派各级领导干部和无党派代表人士为主，同时培训统战系统的领导干部。

现阶段社院的学员应当包括：民主党派的领导干部和后备干部，人大代表和政协委员中的民主党派和无党派代表人士，人大、政协中的非中共正副主任、正副主席和工商联中的正副主委、在政府和司法机关任职的非中共人士，无党派和民族宗教界代表人士，非公有制经济代表人士，统战领导干部，社院教学科研和行政管理骨干。

随着形势的发展，社院学员的范围应适当拓宽，应当包括港、澳、台和海外人士等。

中央社院和地方社院，上述学员的层次应当有区别。

二、社院的教学目标应当有特色

大家知道，普通高等院校对学生都有明确的培养目标，即把他们培养成为社会主义建设事业某个方面的有用人才，理工科院校与文科院校对学生的培养目标又有明显的差别。那么，社院对来校学习的学员的培训目标应当具有哪些特色呢？

对非中共学员，通过学习培训，要求他们拥护中国共产党的基本理论和基本路线，提高统战理论和政策水平，提高参政议政和民主监督能力；对中共统战干部，通过学习培训，要求他们坚持党的基本理论和基本路线，提高统战理论和政策水平，提高政治素质和业务工作能力。

社院培训对象和教学目标的特色，决定了社院办学形式、教学内容、教学方法等方面的特色。

三、社院的办学形式应当有特色

社院的办学形式必须坚持两条原则：一是适合学员的特点；二是服从教学目标的要求。因此，社院的办学形式必然明显区别于普通高校和一般的成人院校，具有自己的特色。

从中央社院的情况来看，办学形式坚持现职培训和学历教育相结合，以现职培训为主；现职培训，根据学员的不同情况，确定不同的班次：研讨班、进修班、培训班、读书班，学习时间一般为1~3个月；学历教育，准备建立统战专业，开设大专班、本科班和研究生班，为统战系统培养人才。

社院的办学形式应当力求灵活多样，适合学员的特点。办学的路子应当拓宽，如开展海外有关人士的学习培训和文化交流等。

四、社院的教学内容应当有特色

社院作为统一战线性质的政治学院，教学内容必须具有鲜明的政治性，这就是社院教学内容的特色。社院教学内容：一是学习中国共产党的基本理论，即马克思列宁主义、毛泽东思想，中心是学习邓小平同志建设有中国特色社会主义理论；二是学习中国共产党的统一战线理论和方针政策。这两个方面，是最主要、最基本的教学内容，是必修课。此外，还可以辅之学习社会主义市场经济基本知识、现代管理、法律、科技文化等方面的内容。

五、社院的教学方法应当有特色

由于社院的学员一般的特点是：年龄较大、资历较深、文化较高、级别职务较高。所以，为了适合学员的特点和需求，社院的教学方法必须明显区别于普通高校那种对青年学生以灌输为主的教学方法，形成自己的特色。社院教学方法的特色体现在：贯彻一条原则，坚持两个方针，做到三个结合，抓好五个环节。

贯彻一条原则："学马列要精，要管用"和理论联系实际的原则。

坚持两个方针："三自"（自己提出问题、自己分析问题、自己解决问题）和"三不"（不抓辫子、不扣帽子、不打棍子）的方针。

做到三个结合：学员自学与必要的辅导相结合、理论学习与工作研讨相结合、校内教学与社会考察相结合。

抓好五个环节：自学、辅导、研讨、考察、总结交流。采取这种别具特色的教学方法，通过学习理论、联系实际、社会考察、研讨交流，使学员能够从远到近、从虚到实、从宏观到微观、从理论到实践的结合上，切实提高学习的效果。

六、社院的教师队伍应当有特色

社院的教师队伍建设，是提高社院教学质量、增强办学吸引力的重要环节，是社院建设发展的一个关键问题，应当具有鲜明的特色。

1992 年 7 月，中央统战部前任部长丁关根同志在听取中央社院工作汇报时指出："关于师资队伍建设，总的还是专兼结合。专职教师一定要专业对口，结构合理，少而精。中央社院的教师队伍，质量在全国应是一流的。当然还是指专职和兼职两部分。单讲专职，显然够不上。把兼职的包括进来，社院教师队伍将是非常强的。"1994 年 3 月王兆国部长听取中央社院党组工作汇报后指出："社院要有一定数量的、高水平的、固定的师资、科研队伍，但不要太多。太多了，负担就重。这样，既可以搞教学，又可以搞科研。……有固定的，有外请的，这样对提高教学质量有好处。"

中央统战部领导对社院教师队伍建设的指示，很有指导意义。实践中大家确实感到，社院教师队伍必须专兼结合，专兼职教师讲课各有优势，两者缺一不可，很难互相替代。

社院的课程大体可以分成五类：（1）形势课（国际形势、国内经济、金融形势）；（2）有中国特色社会主义理论（简称"特色论"）课，包括国家经济体制改革等方面的方针政策课；（3）统战理论、方针政策课；（4）统战历史和近代史课；（5）市场经济、现代管理、法律、科技文化、领导科学等讲座。

从教学效果看，一般来说，形势课和方针政策课（包括国家的方针政策和统战方针政策）这两类课，兼职教师（外请各部委领导、司局领导和专家）讲课有特殊的优势，具有高层次、时效性、权威性和很强的说服力，所以学员普遍感到很满意、很有吸引力。这是社院专职教师很难替代的。

"特色论"的课，优势在中央党校，这是众所周知的。兆国同志说："对市场经济理论的教学，可以和中央党校教授联起来。"这话是很有道理的。

那么，社院专职教师的优势在何处呢？笔者认为，社院专职教师的优势在于统一战线基本理论课和统一战线历史课。统一战线基本理论课包括：新时期统战理论若干问题，中共与民主党派合作和政治协商理论，政党理论，民主党派建设理论，民族宗教统战理论，海外统战、经济统战和党外知识分子统战理论等方面的课；统一战线历史课包括：统战史、民主党派史、中共与民主党派合作史、工商联史、近代革命史等方面的课。相对来说，这两个方面的课比较短缺，也比较重要，又是兼职教师很难替代的。

从以上分析可以看出，社院的教师队伍应当有以下几个特色：

一是专兼结合。专职教师与兼职教师各有优势，是缺一不可、很难互相替代的。"重专轻兼"或"重兼轻专"，都必然会影响和损害社院的教学质量。

二是兼职教师侧重于讲形势课、国家的方针政策和统战方针政策课；专职教师侧重于讲统战基本理论课和统战历史课；"特色论"课和市场经济等讲座，应当专、兼结合，视不同班次有主有次。这样，社院专职教师就可以找准位置，发挥优势。而且，专职教师与兼职教师讲课，可以互相匹配，互为补充，相辅相成，可以提高讲课的整体质量。

三是专职教师队伍建设，必须坚持专业对口，结构合理，少而精，最好一专多能，并努力培养学科带头人。避免引进、培养教师问题的盲目性、权宜性和任务性，避免造成人才浪费和社院的负担。

四是兼职教师队伍建设也不可忽视。通过颁发聘书等方法，建立相对固定的联系。加强教学沟通，不断提高教学质量。

七、社院的理论研究应当有特色

社院的理论研究，与统战部政策理论研究室、民主党派和工商联研究室的研究工作，应当有所区别，有所侧重，应当具有自身的特色。

根据中央统战部领导的指示精神和实际工作情况，统战部政策理论研究室比较侧重于统战工作的方针政策性研究、对策性的研究，为部领导提供政策理论方面的咨询服务。社院的理论研究，比较侧重于理论性研究，学术性更强一些。1992 年 7 月丁关根同志指出："社院在办好教学的同时，应加强统一战线基本理论和统一战线历史的研究。"这话非常正确。所以，社院理论研究的方向和重点应当是：统一战线基本理论和统一战线历史的研究。社院应当着重在这两个方面提高学术研究的水平，拿出更多更好的研究成果，树立应有的学术权威。同时，为统一战线的方针政策研究提供更加雄厚、更加扎实的理论依据和理论基础。两者可以相辅相成，互相促进，共同提高。

社院的理论研究必须与教学紧密结合。从上面分析可以看到，社院专职教师讲课的优势和重点与社院理论研究的重点恰好相同：都是统一战线基本理论和统一战线历史。这就更有利于教学与科研的结合：教学、科研人员，既可以搞教学，又可以搞科研，一专多能；教学工作以理论研究为基础，理论研究回答教学中的问题，充分为教学服务；两者还可以做到相辅相成，互相促进，共同提高。

八、社院的行政、后勤管理应当有特色

也许有人感到，这个问题提得有点怪："教学、科研要有社院特色，理所当然。行政、后勤管理要有社院特色，不大理解。"请看丁关根同志是怎么讲的。1992 年 7 月丁关根同志说："社院的一切工作都要紧密结合社院的实际，有自己的特点。要处处从培训对象出发，

不能照搬一般高校的做法。刚才看了一些设施，感到有些方面不适合社院的学员，如图书馆的楼梯太陡。……还有一点要引起注意，不能走小而全的路子。今天《光明日报》有篇文章，题目是《现在还想万事不求人吗?》建议同志们认真看一看。社院在校学员规模是400人，可能经常达不到400人，又是短期培训班，搞小而全就形不成规模效益，还会造成非教学人员过多。"

丁关根同志的话讲得多么深刻。实践中，大家在这方面也深有感触。可见，社院的行政、后勤工作也必须有特色：

一是牢固树立为学员服务的思想。包括社院的基本建设、各项设施、学员宿舍的设计、食堂的伙食、文娱体育活动、服务员的服务水平等都要考虑学员层次和年龄等各方面特点，体现社院的特色，尽可能使学员感到满意。

二是行政、后勤管理机构要精干，不能搞成"小而全""万事不求人"；否则，必然造成非教学人员太多，变成社院的负担。

三是行政、后勤管理体制要力求统一、高效，逐步走向规范化、制度化、科学化。

以上浅谈了社院应当具有的八个特色，只是一孔之见。

此外，社院的学报、图书资料工作、党群工作也都应当有自己的特色。在这里就不一一赘述了。

总之，通过做好有社院特色的教学、科研、行政、后勤工作，加强社院的各项建设，提高工作水平，社院才能在社会上享有更良好的声誉，在党外各界人士中更具有吸引力。

（1995 年 7 月 30 日于北京）

勤奋积累 造就人生

对加强非公有制经济代表人士培训
工作的几点思考

（发表在《人民政协报》2000 年 1 月 12 日；收入
《中国改革丛书——世纪论典》）

邓小平同志视察南方和十四大胜利召开之后，非公有制经济迅猛发展，经济实力显著增长，人数不断增多，影响不断增大。一个新的社会群体已基本形成，代表人物不断涌现，已成为新时期统战工作不可忽视的新领域。

本文准备就加强对非公有制经济代表人士的培训工作，谈几点粗浅的认识。

一、培训的必要性和迫切性

（一）非公有制经济迅猛发展，迫切需要加强对非公有制经济代表人士的培训工作

实行改革开放以来，私营企业、个体工商户、三资企业发展迅猛。据统计，到 1994 年底，全国注册的私营企业已达 42 万户，注册资金 1389 亿元，从业人员 635 万人，产值 500 亿元，15 年来产值平均增长率为 44.27%；全国注册的个体工商户达 2147 万户，从业人员 3694 万人，注册资金 1275 亿元，产值 600 亿元；三资企业，自 1980 年诞生第一家外资企业到 1994 年底，已有外资企业 207000 多

户，注册资金 3100 多亿元，从业人数 2336 万人。仅 1994 年一年，外商投资额就比 1993 年增长 35％。说明，近年来非公有制经济发展多么惊人。

为了引导、促进非公有制经济继续健康发展，加强对非公有制企业主及代表人士的培训工作，显然是一项非常必要和迫切的任务。

（二）非公有制经济利益群体的素质状况，迫切需要加强对他们的培训工作

目前，我国非公有制经济人士，大都是社会主义劳动者和各方面的爱国者，他们的思想意识、价值观念、行为方式、经济活动等受到我国社会主义制度和一系列方针政策、法律法规的制约。因此，不能把他们等同于我国过去的民族资产阶级，更不能提什么改造。但是，由于历史的原因和主客观条件的影响，这一利益群体的自身素质确实存在两面性：他们一方面拥护现在的改革政策，另一方面某些成员为了局部或个人利益，又不时出现抵制现行政策、法规的倾向；他们一方面谋求法律保护，另一方面某些成员又不时做出违法违纪的事情；他们一方面对社会上的腐败现象深恶痛绝，另一方面某些成员从各自利益出发，采取一些不正当行为，助长腐败现象的发展；他们一方面是社会主义精神文明建设的积极参与者，另一方面某些成员的行为又与社会主义主义精神文明不相协调。总之，这一利益群体，既对改革开放有巨大的促进作用，某些成员又确实存在一定的负面影响。

面对非公有制经济人士队伍素质的客观状况，我们除了抓紧采取经济的、行政的、法律的手段之外，迫切需要我们加强对他们进行培训，提高他们的素质，团结、帮助、引导、教育他们为社会主义事业发挥更大的作用。

（三）非公有制经济人士强烈的政治要求，迫切需要加强对他们的培训工作

经济与政治，从来都是密不可分的。我国非公有制经济发展到

今天这样的规模，其从业人员、尤其是业主和代表性人物，他们为了保护这一群体的自身权益，为了追求更高层次的自我价值，为了扩大他们的社会影响，他们对政治的要求和呼声逐步高涨起来。他们的政治要求主要表现在：要求入党，要求担任人大、政协、民主党派和工商联的社会职务，甚至要求担任政府职务，要求缔结私营企业家公会、俱乐部等社会团体，要求扩大公众舆论影响等。

非公有制经济人士高涨的政治要求，需要我们高度重视和正确引导，也迫切需要加强对他们的培训工作，要求他们拥护中国共产党的路线，提高自身的方针政策水平和参政议政能力。

（四）为了建设一支拥护党的领导的非公有制经济代表人士队伍，迫切需要加强对他们的培训工作

我们要从建立社会主义市场经济体制、实现党的战略目标的高度，充分认识当前抓紧建设一支拥护党的领导的有威信的非公有制经济代表人士队伍的重要性和紧迫性。那么，集中一段时间，分期分批地比较系统地对他们进行培训，无疑是建设这支队伍的容易见效的好办法。

二、培训的内容和方法

为了提高培训的针对性和有效性，必须根据统战工作的需要，针对非公有制经济人士的特点，确定培训的内容和方法。

（一）非公有制经济代表人士学员的一般特点

从几年来举办培训班的实践情况看，非公有制经济代表人士的学员，大体有以下几个特点：

1. 年龄：35-50岁居多，约占50%-60%；35岁以下和50岁以上约占20%-25%。

2. 文化程度：多数是高中生、中专生、大专生，少数是大学生，个别研究生。还有一部分初中生、小学生。

3. 政治面貌：多数是无党派人士、普通群众，少数为民建成员，

有一部分是其他党派成员，个别是中共党员。

4. 社会职务：几乎都是各级工商联执委、常委，一部分是各级政协委员、人大代表，相当一部分是私营企业家协会或个体劳协成员，或会长、副会长。

5. 资产和雇工情况：差别很大。据本人介绍和学员间了解，多数资产达几百万、几千万，个别的达几个亿，也有一部分才有几十万元的资产。多数企业雇工几十人至一两百人，多的达四、五百人甚至近千人，少的雇工几个、十几人。

（二）非公有制经济代表人士参加培训的心态和需求

1. 希望培训时间短一些，培训安排紧凑一些。因为他们大都是私营企业的董事长、总裁或总经理，企业离不开他们。"时间就是金钱"这句话，他们感受最深。因此他们提出讲课要浓缩，白天、晚上全部安排讲课都可以，最好不要安排观光旅游性的参观活动。

2. 希望多听一些最新的最重要的国家方针政策的课，多听一些重要的经济信息，不少学员要求多听一些中外先进企业的经营管理经验。

3. 希望多见一些大人物、政府官员和各界名人，能和他们照个相，换张名片；同时，还可以向上反映大家的意见和呼声，保护非公有制经济的权益。

4. 希望多结交朋友，建立友谊，结成一定的学友网络，以利于沟通信息，促进企业的发展。

5. 希望搞好学习期间的伙食和生活服务。他们要求：只要水准高，不怕多花钱。

（三）培训的内容和方法

根据统战工作需要和学员的特点，对非公有制经济代表人士的培训内容和方法，应掌握以下几条原则：

1. 培训时间不宜过长。一般安排一个月左右，短训班可安排15天左右。因年初、年中、年末他们太忙，办班时间一般安排在三、四月份或十月、十一月较好。

2. 培训计划安排要紧凑，要求快节奏、高效率。上、下午都可以安排讲课，晚上可适当安排讲座、讨论、交流和联谊活动。

3. 培训内容：以学习邓小平同志建设中国特色社会主义理论和统战理论、方针政策为主，作为主课、必修课。同时，还需要讲国内外形势（尤其是国内经济形势），关于经济体制改革的方针政策，关于国家发展非公有制经济的方针政策，举行法律法规、中外先进企业经营管理经验等知识讲座，提高讲课的针对性和吸引力。

4. 培训方法：由于他们抽出来集中培训一次不容易，培训时间又短，他们愿意多接受一些知识和信息。因此，对他们可以采取类似灌输的方法，加大授课量，加大信息量；适当安排大组或小组讨论、交流；适当安排参观中外先进企业、高科技企业和知名度较高的民营企业、乡镇企业，使他们开阔眼界，交流信息。这样，可以提高培训的时间利用率，提高培训效果。

5. 授课教师：尽量聘请政府各有关部门的领导和专家、学者讲课，提高讲课的针对性、权威性、时效性和说服力，提高培训的声誉和吸引力。

三、培训工作的领导和管理

开展对非公有制经济代表人士培训，是新时期爱国统一战线的一项新的重要工作。由于对象新、情况新、工作新，往往缺乏经验。因此，对培训工作，必须加强领导，精心组织，强化管理，认真安排。

（一）培训工作在宏观上要加强组织领导

1. 统战部、工商联、社会主义学院应共同组织培训工作。按照中共中央（1989）14号文件和（1991）15号文件精神，根据各自的职能和分工，应当由统战部牵头，会同工商联、社会主义学院共同研究，协同工作，加强对非公有制经济代表人士整个培训工作的组织领导，及时解决培训工作中的各种问题，指导培训工作的深入发展。

2. 抓紧建立坚持长期培训非公有制经济代表人士的机制。1994年3月，中央统战部领导同志听取中央社会主义学院党组工作汇报后指出，"今后应提出，他们（指非公有制经济代表人士）要进组织，进私营经济协会、个体劳动者协会，属哪级的到哪级学习，分期分批地轮训。经过培训，发结业证。否则，不让入会。"为此，迫切需要建立权威性的规范性的培训机制。比如，规定非公有制经济代表人士加入工商联之前，必须到社会主义学院进行不少于一个月的培训，经考核合格，取得结业证书后，方可入会；又如，规定担任工商联执委以上的非公有制经济代表人士，每届任期内应参加社会主义学院或统战部门组织的不少于一个月的培训。建立规范性的培训机制，是保证培训工作健康发展和顺利进行的重要环节，应当尽快形成。

3. 制定培训规划和计划，分层次、分期分批地组织培训。按全国、省（区、市）、地（市）、县四个层次，分别制定本地区五年（1996—2000年）对非公有制经济代表人士的培训规划和计划，"属哪级的到哪级学习"。按照培训计划下达指标，落实到人。这样，就可以对各级非公有制经济代表人士分期分批地进行轮训。

（二）培训工作在微观上要加强管理

由于非公有制经济代表人士这批学员，比起其他学员（如：民主党派领导干部、宗教界代表人士、中共统战干部和社院教师），具有独特的鲜明的特点，因此对他们的培训工作在微观上要特别强调加强管理、精心组织。

1. 加强班部工作。学校应委派较强的班主任，加上较强的辅导员和联络员，组成班部，加强对整个培训班的组织管理。

2. 建立班委会，让学员自己管理自己。选好班长很重要，应当物色社会职务高、在社会上较有影响的学员当班长。这样，开展班委会工作较有号召力。还应从有特长的学员中物色学习委员和文体委员，组成班委会，以便主动开展工作，组织学员自身的活动，发挥学员自我管理的作用。

3. 严格按照学校的规章制度和组织纪律进行大胆管理。因这些学员在企业既有权又有钱，个别人长期养成了自由散漫的习惯，到学校后往往过不惯集体生活。因此，培训班一开始就要明确宣布学校的规章制度和培训班的组织纪律，要求他们和其他班的学员一样严格实行，自觉上轨道，树立好的风气。

4. 加强思想政治工作。非公有制经济代表人士，从企业到学校，要实现三个转变：从工作转变为学习，从企业主转变为学员，从家庭生活转变为集体生活。因此，刚开始不少学员在学习、上课、作息和伙食等方面，会感到诸多不习惯。为了搞好培训，除了宣布纪律、加强管理之外，还需要班部和班委会的同志积极开展思想政治工作，深入班、组，交友谈心，说明情况，理顺情绪，解决实际问题，安排好活动，调动大家的学习积极性。

中华文化学院是怎样成立的

（载入《中央社会主义学院成立50周年纪念文集》）

（2006 年 10 月 15 日　北京）

1997 年 1 月 29 日批准成立中华文化学院，这是中央社会主义学院发展史上的一件大事。那么，中央社会主义学院究竟为什么要成立中华文化学院、中华文化学院又是怎样成立的呢？值此中央社院校庆 50 周年之际，作为当时承办这项工作的主要工作人员，有必要将当时的情况作一简要的回忆。

起　因

1995 年 3 月，中央组织部任命中央统战部主管党派工作的副部长刘延东同志兼任中央社院党组书记。刘延东同志到任不久，主持召开院党组会，研究决定在全院开展"大学习大讨论"活动。全院职工在认真学习文件的基础上，对中央社院的建设发展，展开热烈的讨论，提出许多宝贵的建设性意见。本人当时是副教务长兼院办主任，在院党组领导下，负责"大学习大讨论"的文件起草和材料整理工作，收集全院教学、行政、后勤各处室小组讨论记录本，将学习讨论情况和建设性意见"梳辫子"，归纳整理报院党组。经院党组研究，确定中央社院的发展目标，就是江泽民总书记在《贺信》中提出的"四个更"的目标：把中央社院建设成为"更有特色、更有良好声誉、更有吸引力、学术方面达到更高的水平和应有的权威性"。为了达到这个目标要求,中央社院亟待办好十件大事:1996年举行 40 周年校庆纪念活动、中央社院再挂一块牌子、筹办研究生班、聘请一批兼职教授、申请增加办学经费、研究制定基本建设规划等。院党组上述意见于 1995 年 10 月上报中央统战部。

十件大事中的第二件大事,就是中央社院再挂一块牌子。在"大学习大讨论"中广大干部职工普遍认为:新时期党的统一战线包括两个范围的联盟,一个是大陆范围的联盟,一个是港澳台同胞和海外华侨华人的联盟。中央统战部有六个局,其中三局就是负责海外统战工作业务局。而中央社院在"海外统战"方面完全是"缺腿",很不相称。中央社院成立 40 年,从来没办过一期海外人士培训班、研修班,也没有派过一个人出境出国、开展海外联谊活动。职工说:改革开放将近 20 年了,中央社院这种状况实在太闭塞、太落后了,与中央社院作为中央一级的统战性质的高等政治学院的身份太不相称了。那么,其中的一个重要原因是:"中央社会主义学院"这个牌子对外往来不方便。"中央社会主义学院"这个名称是 1956 年毛泽东主席亲自起的,但到了改革开放的新时期,对海外、国外开展培训和联谊活动确实感到不方便。如果以"中央社会主义学院"的名义组团出国,签证都办不了。因此,广大干部职工一致意见:中央社院不能"缺腿",为了开展海外培训工作,迫切需要再挂一块牌子。

起 名

中央统战部对中央社院十件大事的请示,很快给予批复:原则同意。既然部里同意中央社院再挂一块牌子,那么这块牌子起什么名字呢?一时间,院领导和干部职工纷纷在会上会下提出不少名字。记得有:神州大学、华夏大学、中国社会大学、中国政治大学等。但都感到不理想、不满意,又不知道究竟叫什么名字好,许多人在积极动脑筋。

1995 年 12 月，院里举办第五期非公有制经济代表人士进修班，请《中外管理》杂志总编、企业管理著名教授杨沛霆先生讲课，中午我陪他吃饭，无意中聊起中央社院再挂一块牌子的事。我说，其目的是为了开展海外培训，现正在酝酿起校名。我说有人提议叫神州大学、华夏大学。杨先生说：这类校名有点俗，社会上已有不少；我说还有人建议叫中国社会大学，杨先生说：这个名字也有点俗，而且已经有叫这个名字的；我说还有人提议叫中国政治大学，因为台湾就有中国政治大学，大家觉得这个校名太"政治"了，不方便开展海外培训工作。杨先生说，应当贴近"文化"。这时，我们俩人几乎是异口同声说：那就叫中国文化大学，中华文化大学。觉得"中华文化大学"这个名字最好，既有利于开展海外培训，又有高度和容量，包容性、亲和力都好。

第二天，我就以个人的名义用书面向院党组提出中央社院再挂一块牌子的名字叫"中华文化大学"的请示。不久，经院党组研究决定：再挂一块牌子的名字叫"中华文化学院"。因为当时社会上刮起一股"学院改大学"的风，院党组认为，如果以"中华文化大学"的名字申报，是很难得到批准的；而且"中华文化学院"与中央社会主义学院，都叫"学院"，顺理成章，比较对称。

报　批

根据院党组的决定，责成本人起草中央社会主义学院再挂一块"中华文化学院"的牌子的请示，报中央统战部。中央统战部很快就批转报国家教委。

得知这个消息后的一段时间里，我个人或与院办的同志一起多次到国家教委汇报介绍情况，催促报批之事。向教委有关局送去中央社院简介、江泽民总书记《贺信》以及江泽民、乔石、李鹏、李瑞环等 19 位党和国家领导人给中央社院校庆 40 周年题词的缩印件等。得知国家教委有的局提出成立涉外的院校要转外交部审批时，我们就立即向他们说明：这是海外统战性质的学校，不是外事口的业务，与外交系统的院校是有区别的；得知有的局提出：带"中"字头的院校要报总理批准的消息，经院领导同意，又请教金开诚副院长，我们立即起草《关于"中华文化学院"校名的几点说明》的材料送到该局，说明"中华文化学院"是"中华文化"的学院，不能看成是"中华"的"文化学院"，与"中"字头院校是有区别的。

接着，刘延东副部长亲自向国家教委张天保副主任说明中央社会主义学院迫切需要再挂一块牌子的原因和有关情况。1996年10月国家教委终于批复："非学历性质的教育机构，不需我委审批，由学院主管部门审批，抄送学校所在地方教育行政部门备案。"可是，这时批复下来的校名不是"中华文化学院"，不知何故却变成"中华文化研修学院"。

这个消息传出后，大家对国家教委的批复感到很高兴，而对这个校名感到很纳闷：为什么要加"研修"二字？金开诚副院长说："中华文化学院"这个名字本身就包括学习、培训、研究、进修等内涵，面很宽，没有必要加"研修"两个字进行限制。赶巧，1996年11月院领导派我出席在福建社院召开的全国社院后勤工作会议。在会上听到不少地方社院领导的反映：校名叫"中华文化研修学院"加"研修"二字是画蛇添足，太别扭了，一定要想办法把"研修"两个字去掉。

那么，怎样才能把"研修"两个字去掉呢？我苦苦思索了好多天。后来，我在仔细阅读国家教委批文时，突然脑中一亮：国家教委明确批复"非学历性质的教育机构，不需我委审批，由学院主管部门审批"，这不就是国家教委授权最后由中央统战部审批吗？这是去掉"研修"二字的好机会。

于是，我把上述反映和去掉"研修"二字的想法向院领导作了详细汇报。经院领导同意，我以个人名义向院党组提出将"中华文化研修学院"改为"中华文化学院"的书面请示。经院党组研究，同意这个意见。于是，按照国家教委关于"非学历性质的教育机构由主管部门审批"的批复精神，于 1997 年 1 月 6 日再次起草《关于成立中华文化学院的请示》（社院 1997-1 号文件），报中央统战部。

成　立

中央统战部于 1997 年 1 月 29 日批复："同意在中央社会主义学院成立中华文化学院。中华文化学院的性质属非学历教育机构，与中央社会主义学院一个实体，两块牌子。"（统函-97-四-43 号文）

不久，按照国家教委批复的要求，姜汝真副院长和我一起携带有关文件、材料到北京市教委，姜副院长同北京市教委比较熟悉，中华文化学院当即在北京教委备了案。中华文化学院终于成立了。

接着，我和保卫处、财务处等处室的同志分别到海淀区公安局、财政局、物价局等部门办理中华文化学院办学的涉外住宿许可证、涉外培训收费许可证等手续。后来在办理中央社院定编过程中，又得到中央编办的批准。

在刘延东同志和院党组的领导以及各处室的大力支持下，1997 年夏季中华文化学院成功举办第一期美国学生班（美国洛杉矶帕莎迪那学院中文班）和第一期香港学生班（香港青少年暑假中文研习班），也是中央社会主义学院历史上第一期国外班和第一期海外班。

中华文化学院像株小幼苗，沐浴着灿烂的阳光，转眼将近 10 周岁了。在中央统战部和院党组的领导下，在全院干部职工的关怀支持下，这株幼苗正在茁壮成长。

中华文化学院首次举办海外班的
基本情况和体会

(发表在中央社会主义学院《学报》1997年第12期)

经上级批准，1997年1月29日，中央社会主义学院成立了中华文化学院，目的是吸收港澳台同胞和海外华人到学院来进行中华文化的学习、培训、研究和交流，弘扬中华文化，促进祖国和平统一，振兴中华。

按照这个宗旨，今年暑期中华文化学院首次举办两个学习班，取得圆满成功，在院内外产生良好的影响。

一、办班概况

7月13日—27日，中华文化学院与香港宋庆龄儿童基金会联合举办"庆回归，香港青少年艺萃北京行中华文化学习班"（下称"香港班"），有香港青少年90人参加学习，大部分是中学生，主要学习普通话、中国民族舞蹈、民族音乐、国画，还进行军训、观看升国旗、与清华附中联欢等一系列有意义的活动。

7月14日—8月10日，中华文化学院与美国帕莎迪那市立学院联合举办"你好，北京！'97暑期中文研习班"（下称"美国班"），26人参加学习，大部分是大学生、研究生，其中华裔15人、日裔3人，合占64.5%。主要学习中文，按美国课本，聘请中国的大学教师授课，按美国试卷进行考试，合格者给5个学分。另外，还安排国画、书法、中医、针灸等简单的教学和参观活动。

二、办班效果和主要收获

1. 办班收到良好效果。香港班学习普通话和民族舞蹈等收到明显效果。结业时汇报演出一台中国民族舞蹈节目,十分精彩。参加军训,观看升国旗,在人民大会堂香港厅受到吴阶平、何鲁丽等国家领导人接见等活动都组织得很成功,使香港学生受到深刻的爱国主义教育。

美国班教师授课认真,学生学习刻苦,80%以上考试合格。通过参观游览北京的名胜古迹,使他们增加了对中华文化的认同感和浓厚的兴趣。而且,学生与老师之间还建立了深厚的友谊,结业离校时一些学生流了泪,有几位再三表示明年还要来。

2. 政治意义比较大,在部内外影响很好。7月1日香港回归祖国,7月13日中华文化学院就接待第一批回内地学习的的香港青少年,和香港机构联合举办中华文化学习班,确实很有政治意义。中央统战部、国务院港澳办非常重视、关心、支持举办香港班,而且得到吴阶平、何鲁丽等领导的接见,在部内外产生良好影响。

美国班自始至终进行摄像,制作的录像将作为网页上美国网络,通过全美乃至其他国家的网络可以随时了解中华文化学院与他们联合办班的情况,影响范围会更大一些。

3. 办班期间,宣传报道是空前的。海内外有11家新闻机构进行报道。中央电视台、中国国际广播电台、新华社、《人民日报》《经济日报》《中国文化报》《人民政协报》《香港文汇报》《香港大公报》等都进行了宣传报道。

4. 借首次办班开学典礼的机会,宣布中华文化学院成立,宣传了成立中华文化学院的重要意义,扩大了其在海内外的影响。

5. 探索了中华文化学院办学的经验。香港班、美国班都是第一次举办,既有共同点,又有不同点。为今后办这类班探了路,积累了一些经验。

6. 经济上略有结余。按院党组会议精神，"首次办这类班，主要是探索经验，政治上不出问题，经济上略有结余"。经过两个班经费收支结算，达到了院党组的要求。

三、初步体会

1. 领导重视是办好这两个班的关键。刘延东同志和院领导都非常重视、关心、支持这两个班，大的原则院党组、院办公会决定。大的活动院领导亲自过问、亲自参加。

2. 制定好办班教学活动计划，是办好班最基本的前提和要求。联合办班的双方通过多次协商制定了意见比较一致的教学活动计划，保证了两个班的顺利进行。

3. 成立精干得力的班部，是办好这种班的重要环节。组建两个分别由 6 人组成的班部，组织能力比较强，能够独立开展工作，心齐、劲足，取得良好效果。

4. 全院一盘棋，后勤保障和各服务部门大力支持、积极配合是办好班的基本保证。

5. 联合办班的双方建立友好协商关系，是办好这种班的重要条件。美国班带队教师要求自己严，要求美国学生严，遇事友好协商，使美国班的运作更加顺利。

总之，这两个班之所以取得成功，是院党组、院领导正确领导，两个班部艰苦工作以及全院各处室、全院教职工共同努力的结果。

中华文化学院以海外培训交流
为主开展全新的工作

(2000 年 10 月　北京)

1997 年 1 月 29 日，经国家教委、中央统战部批准，中央社会主义学院再挂一块"中华文化学院"的牌子，这是中央社院发展史上的一件大事。几年来，中华文化学院以海外培训交流为主，迅速打开局面，开展了全新的工作。

一．上级批准及定性定位

1995 年在院党组领导开展的全院"大学习大讨论"中，干部职工普遍认为：中央社院在"海外培训"方面长时间"缺腿"的主要原因是，"中央社会主义学院"这个名称到了改革开放新时期，对开展海外培训交流活动确实不方便，迫切需要再挂一块牌子。于是，广大干部职工起了一些再挂一块牌子的名字，院党组认为，"中华文化学院"这个校名最好。因为，中华文化是中华民族的根本和纽带。"中华文化学院"这个名字，既有利开展海外培训工作，又有高度和容量，包容性、亲和力都好。

中央统战部很快批准这个意见并报国家教委审批。经过向国家教委反复说明情况，1996 年 10 月国家教委批复："非学历性质的教育机构，不需要我委审批，由学院主管部门审批，送学院所在地方教育行政部门备案。"

1997 年 1 月 29 日，中央统战部对中央社会主义学院《关于成立中华文化学院的请示》批复："同意在中央社会主义学院成立中华文化学院。中华文化学院的性质属非学历教育机构，与中央社会主义学院一个实体，两块牌子。"这是对中华文化学院的定性和定位。中华文化学院的宗旨是：以中华文化为纽带，以港澳台同胞和海外华侨华人为对象，开展培训和文化交流工作。同时面向社会培养社会主义现代化建设急需人才。

二、海外培训迅速打开局面

1997 年 7 月，香港刚刚回归祖国，中华文化学院刚成立半年，在刘延东副部长的关怀支持下，迅速促成中华文化学院与香港宋庆龄儿童基金会于 7 月 13 日—27 日联合举办"庆回归，香港青少年艺萃北京行中华文化学习班"，受到香港青少年的热烈欢迎，有 90 名学生参加学习。学习内容包括普通话、中国民族舞蹈、民族音乐、国画等，并组织军训、观看升国旗、与清华附中联欢等活动。学习期间，何鲁丽、吴阶平等领导在人民大会堂香港厅接见全体香港学生。通过学习和活动，使香港学生受到深刻的爱国主义教育。

1997 年 7 月 14 日—8 月 10 日，中华文化学院与美国洛杉矶帕莎迪那学院联合举办"你好，北京！'97 暑期中文研习班"，26 名美国大学生参加学习，课程有中文、中国画、书法、中医、针灸等。

中华文化学院成立之初举办香港班、美国班获得成功，在院内外产生很好的影响。中央统战部、国务院港澳办对中华文化学院举办海外班非常重视。新华社、中央电视台、《人民日报》、中央人民广播电台、《香港文汇报》《香港大公报》等 11 家新闻媒体对中华文化学院及其办班的情况进行了宣传报道。

接着，1998、1999 年暑期又与美国帕莎迪那学院联合举办两期中文班；1999 年 6 月还与美国克拉克·亚特兰大大学联合举办一期中文研习班。

中华文化学院成立后积极开展对台工作，陆续接待安排台湾学生和文化界等方面人士来院学习、访问和研考。1997 年 7 月，接待台湾淡江大学 25 名研究生来院学习参观，受到海协会副会长唐树备、副会长兼秘书长张金成的接见和宴请。1998 年 9 月，接待台湾文化工作者访问团 16 人，安排文学理论、美学等讲座。1999 年 9 月和 2000 年 5 月先后安排接待台湾中华文化研考团两批共 45 人来院学习、研考，实现了该团赴京研考的多年夙愿，学习收获显著，反映非常好。2001 年 5 月接待安排台湾夏潮合作经济考察团来院学习等。为加强海峡两岸文化交流、增进两岸同胞的了解和友谊发挥了积极作用。

三、举办中华文化学术研讨会

中华文化学院成立不久，1997 年 5 月 13 日中华文化学院与《中国文化报》联合举办"社会主义精神文明建设与中国特色社会主义文化建设研讨会"，国家文化部副部长李源潮、中外友协副会长陈昊苏以及文化界名人、著名学者任继愈、何祚庥、方克立、张立文、刘梦溪等出席并对中华文化的性质、地位、作用展开热烈的讨论。与会代表级别高、与会名人影响大、发言水平高、内容深刻，研讨会取得良好效果。

为了迎接新世纪的到来，1999 年 12 月 31 日中华文化学院举行"中华文化与二十一世纪"学术研讨会，中华文化学院副院长蔡福金主持会议。中华文化学院副院长金开诚、民进中央副主席楚庄和来自海外的著名学者：洛杉矶王仲平、纽约熊玠、华盛顿黄企之、台湾雷渝齐、吴仪等，对中华文化在新世纪的发展与展望，展开热烈的讨论，与会专家学者发表了独到的见解，研讨会取得很好的效果。

这两次学术研讨会，有关报刊作了报道，在海内外产生良好影响。

四、开展多方面的对外交流工作

40多年来，由于"中央社会主义学院"这个校名不便开展海外工作，海外交流工作几乎等于零。中华文化学院成立后，开展海外交流自然就成为学院的一项重要工作。学院积极运用"中华文化学院"这块牌子，迅速打开海外交流工作局面，大力发展海外联谊关系，为今后 对外交流工作打下初步基础。

1998年2月，中华文化学院蔡福金、李道湘随中国和平统一促进会组团访美，这是中央社院有史以来第一次派人出国访问。他们在美国纽约、费城、华盛顿、洛杉矶等地参加当地中国和平统一促进会举办的"两岸和平统一"学术研讨会，拜访当地侨领和华人知名人士共50多人，结交了朋友，为开展海外联谊工作打下良好基础。

1998年3—7月，美国洛杉矶华夏政略研究会会长王仲平、费城坦普大学教授（后来为全球华人反独促统总会会长）程君复、纽约中国和平统一促进会副会长章爱龙先后来中华文化学院访问。王仲平、程君复分别向学院教师作了"海峡两岸和平统一的前景展望""中美关系与克林顿访华"的演讲，并进行座谈。1999年3月，海峡两岸交流协会会长、中央社院的老朋友李惠英来院访问，并与学院教师们就"中美关系、两岸和平统一问题"进行座谈交流，气氛友好热烈。

2000年7月，蔡福金等应香港中华文化发展基金会邀请赴香港参加"香港回归祖国三周年文艺晚会"。同年8月20日—9月3日，以游洛屏副院长为团长的中华文化学院考察团组织全国地方社院领导赴德国考察访问。

2001年，中华文化学院与香港中华文化发展基金会联合邀请奥地利青少年室内乐团在学院礼堂举行"黄河与多瑙河友好之声音乐会"，与香港闻声音乐研习中心共同举办京港青少年音乐交流会等，开展了多方面的文化交流活动。

五、举办民营企业管理培训班和书画班

根据院党组确定的中华文化学院办学宗旨"以海外培训和交流为主，同时为社会培养急需人才"，中华文化学院针对民营企业的特点，抓住迎接我国加入 WTO 的时机，针对"民营企业如何应对"的需求，采取"短平快"、分地区招生或与地方组织机构（统战部、工商联、工商局、社院等）联合办班的多种灵活形式，从 1999 年 10 月—2001 年 11 月，短短两年时间共举办 9 期民营企业管理培训班，培训了来自河北、福建、新疆、天津、山东、湖南、辽宁、黑龙江、北京等地民营企业学员 665 人，其中有"七匹狼""匹克"等知名企业参加学习。平均每班 73 人，最多的班达 117 人，初步实现办班上规模。这种培训班适应民营企业发展的需要，及时学习 WTO 的基本规则及应对方法，还学习了企业管理知识，为民营经济的发展培养了人才，又为学院面向社会办学摸索了经验，还为学院创造了一些经济效益。

此外，从 1999 年 9 月—2002 年，连续 4 年举办写意花鸟国画班，共培训学员 600 多人。国画班之前和国画班期间，应学员要求，举行两场共有 1500 人参加的免费书画技艺知识讲座，深受欢迎。

六、加强组织建设，研究中华文化学院的发展道路

1997 年初，中华文化学院刚成立时，院党组分工院党组成员蔡福金一人抓中华文化学院的工作，没有设立具体的工作机构，工作力量显然不足。为了适应工作需要，后来成立了中华文化教研部；1998 年 12 月又成立了中华文化学院办事机构——中华文化学院工作处，2001 年 3 月更名为中华文化学院办公室，2002 年 3 月改名为中央社会主义学院培训中心。

中华文化学院成立不久，为了研究中华文化学院的发展道路，

勤奋积累 造就人生

1997 年 4 月召开两次教学、行政处室代表参加的座谈会，提出中华文化学院的办学宗旨是：开展海外培训交流工作，这是办学的总方向，也可适当面向社会办学。中华文化学院的培训对象主要是港澳台同胞和海外华人，但不要办成纯学术、纯文化的教育机构，我们的优势在统战、特色也在统战。要坚持树立大统战意识，树立构建广泛的爱国联盟的思想，可以开展适合海外华人需求的多种形式的学习、参观活动，如学习中文、民族舞蹈、音乐、书画、游览祖国大好河山等，要区别于党派班、统战部长班那种政治培训班的模式。中华文化学院的接待、财务、后勤等项工作，也应体现"一个实体，两块牌子"的精神。

中央社会主义学院成立中华文化学院之后，广州市、北京市、辽宁省等地方社院很快相继成立地方中华文化学院，其他省市社院也在积极筹备成立当地的中华文化学院。1998 年 12 月 4 日，中央社院与部分省市社院领导召开关于中华文化学院工作座谈会，及时交流开展工作和活动的情况和经验，研究中华文化学院的办学和发展道路，对中华文化学院的性质、定位、宗旨等问题形成了初步共识。

1999 年 10 月 21 日，刘延东同志主持召开院党组、院长联习会议，蔡福金汇报中华文化学院两年来的工作后，何鲁丽、刘延东、金开诚对中华文化学院两年来的工作给予充分肯定，并就中华文化学院的建设和发展提出了重要意见，形成了院领导的基本共识。《中央社会主义学院 1998—2000 年发展规划及 2005 年远景目标》指出，中华文化学院建设的主体目标是：把中华文化学院建设成为国内外知名的海外华侨华人的中华文化的学习培训中心、研究中心、交流中心。

后 记

人到老的时候，往往喜欢回忆往事，往往想总结写点东西。

基于这样一种普通老人的想法，又看到几位老人编印的文集、书籍，一本一本的，很受启发和激励，退休十多年了，这才翻箱倒柜，把从航天部到中央社会主义学院，几十年来在报刊上发表的文章，参加各级举行的论坛、征文活动的论文，特别是退休后应邀外出参会或考察时演讲的讲稿，或应邀给各种培训班讲课的稿子，统统找出来，筛选一下（民营企业管理的稿子，绝大部分抽出来了，如有可能拟另出一本），53 篇，30 万字，时间跨度 26 年，从1987—2013年。原来，想按倒排时间表的方法，把这些文章从现在一直排到 1987 年，但文章排出来，一看目录没有条理，不好阅读。后来确定把这些文章大体分成五类：励志篇、经济篇、企业篇、文化篇、为政篇。琢磨半天，这么编排也不那么严谨，但把文章进行这种大体的分类，阅读起来就方便多了。

这些文章，基本上是随工作走的，干什么学什么，总结什么写什么。原来，我大学毕业后分配在航天部工作，改行做政治工作，总结写出来的大都是党建、思想政治工作方面的文章（本书挑选一部分）；后来调到中央社会主义学院工作，很长时间抓民营企业培训，就研究、总结写出一些有关民营企业培训、民营企业管理方面的文章；再后来成立中华文化学院，抓中华文化学院的工作，编了几本书，也写了一些文章。退休后，不受工作范围的限制，基本上

勤奋积累 造就人生

是"需要什么就研究什么，讲什么就写什么"。因此文章内容的面就宽一些，有谈人生意义、个人事业发展、领导干部素质的；还有中国 GDP 发展、地区经济核心竞争力、国际金融危机；还有书画家、书画产业以及其他文化产业如何发展、妈祖文化、关公文化等。说实在的，哪类文章，都不是科班的、专业的，水平确实一般般，只是作为个人一生的总结性文章、自我安慰罢了。文中的错误实在难免，请读者多多批评指教。

这本书的出版，首先要感谢记者赵宝敏，2009 年她采访我并撰写《蔡福金：勤奋积累，造就人生》的文章发表，对我是一个不小的鼓励和鼓舞。为此，这次编辑这本书时经她同意，将此文作为代序，并以该文的题目作为本书的书名。这本书的出版，还得到中央社会主义学院李道湘的大力支持和帮助，他不仅对本书内容和目录编排等方面给予正确指导，还对具体出版工作给予积极帮助。本书的资料搜集等准备工作，得到江苏社院杨传林、航天部曲臣、王培雷的热情帮助。知识产权出版社赵军等同志对编辑出版工作，精心策划、精心安排、精心实施，付出了辛勤的劳动。在此，对支持本书编辑出版工作的各位同志一并表示由衷的感谢！

蔡福金

2013 年 6 月于北京